U0499853

博士论文
出版项目

马克思对蒲鲁东的批判

一种历史性的解读

Marx's Critique of Proudhon

A Historical Reading

陈 铮 著

中国社会科学出版社

图书在版编目（CIP）数据

马克思对蒲鲁东的批判：一种历史性的解读 / 陈铮
著. -- 北京：中国社会科学出版社，2025. 7. -- ISBN
978-7-5227-5174-0

Ⅰ. A81；D122

中国国家版本馆 CIP 数据核字第 20255TZ301 号

出 版 人	季为民	
责任编辑	程春雨	
责任校对	郝阳洋	
责任印制	张雪娇	

出　　版	中国社会科学出版社	
社　　址	北京鼓楼西大街甲 158 号	
邮　　编	100720	
网　　址	http：//www. csspw. cn	
发 行 部	010 - 84083685	
门 市 部	010 - 84029450	
经　　销	新华书店及其他书店	

印　　刷	北京君升印刷有限公司	
装　　订	廊坊市广阳区广增装订厂	
版　　次	2025 年 7 月第 1 版	
印　　次	2025 年 7 月第 1 次印刷	

开　　本	710×1000　1/16	
印　　张	21. 75	
字　　数	303 千字	
定　　价	128. 00 元	

出 版 说 明

　　为进一步加大对哲学社会科学领域青年人才扶持力度，促进优秀青年学者更快更好成长，国家社科基金 2019 年起设立博士论文出版项目，重点资助学术基础扎实、具有创新意识和发展潜力的青年学者。每年评选一次。2023 年经组织申报、专家评审、社会公示，评选出第五批博士论文项目。按照"统一标识、统一封面、统一版式、统一标准"的总体要求，现予出版，以飨读者。

全国哲学社会科学工作办公室

2024 年

序　言

170 多年前，马克思为回应蒲鲁东带有挑衅意味的《贫困的哲学》而写下了著名的《哲学的贫困》。在这本书中，马克思对蒲鲁东进行了严厉的批判，以至于两者在巴黎时期结下的十分密切的私人交往，由此"永远结束"了。伴随蒲鲁东主义在巴黎公社失败后的逐渐式微，以及马克思主义理论在世界范围内的广泛传播与蓬勃发展，马克思对蒲鲁东的批判，这段马克思思想发展史上的往事，时至今日，似乎正在逐渐被人们遗忘。事实上，回顾马克思创立和发展历史唯物主义的历程，这是很不应该的。因此，我很高兴能为陈铮老师的专著《马克思对蒲鲁东的批判：一种历史性的解读》写几句话，因为我相信对此问题的研究是很有意义的。

我以为，推进马克思历史唯物主义哲学的研究，始终需要密切关注马克思思想发展过程中曾经批判过的那些人的观点本身。从思想论战的诉求出发，马克思在批判理论对手时，有时候并不会把对手的理论逻辑完全地阐述清楚。结合当时的语境看，马克思这么做是很容易理解的，但如果今天的马克思思想史研究，特别是历史唯物主义研究，只是从马克思所批判的那些观点的角度来理解他们的理论对手的思路和观点，那就容易在不了解他们的整体思路的前提下对其观点进行较为简单化的理解。反过来，对马克思批判对象的观点的简单化理解，也必然会影响我们对马克思本人学术水平的准确把握。试想一下，如果一个理论对手的思想水平是很低的，那么，批判他的人的理论水平也不见得高到什么地方。换句话说，我们只有真实地理解了马克思的理论对手的整体思路及其相关观点的思想基础，即把他们当作人类思想史上的一个有影响的理论家来看，才能通过马克思对他们的批判来映衬马克思自己的思想的深刻性。

马克思对蒲鲁东的批判，就是一个非常典型的例子。我们知道，在《哲学的贫困》中，马克思把蒲鲁东的经济学定性为形而上学，并提出应该从经济关系的历史运动的角度来研究政治经济学的观点。对蒲鲁东思想的这种定性是非常准确的。问题在于，蒲鲁东其实是故意这么做的。在《贫困的哲学》中，蒲鲁东宣称自己的经济学就是形而上学，并且认为，凡是研究劳动与交换的规律的专家，必定是真正的形而上学专家。既然如此，我们除了要准确把握蒲鲁东形而上学经济学的结论，还应当进一步追问：蒲鲁东为什么要这么做呢？这就需要我们对蒲鲁东本人的理论逻辑有清楚的认识。事实上，在蒲鲁东看来，现实的经济关系或经济范畴都是与不具有合法性的所有权联系在一起的，因而，研究社会存在的一切原则和全部希望的经济学就不应该与现实的经济关系纠缠在一起，而应当把早已存在于经济过程中的理性的永恒规律阐述出来。

因此，对于马克思来说，要想真正驳倒蒲鲁东，就不能仅仅指出现实生活中的经济关系是历史运动着的，因为蒲鲁东根本不承认这种思路的学术价值。马克思应该更进一步指出这种经济关系是如何与生产力构成内在矛盾的，整个社会历史又是如何在这种内在矛盾运动的基础上实现真正的自由王国的。一旦马克思把这一点讲出来，蒲鲁东所谓的理性的永恒规律自然也就失去了任何理论意义。如果我们站在这样的解读视角上，就不仅能够对蒲鲁东作出一个更加全面和准确的评价，也能够更加深刻地领会马克思对蒲鲁东的批判在社会历史理论的维度上所具有的价值和意义。

还应该指出的是，尽管马克思对蒲鲁东的批判是众所周知的，但只要回到马克思自身的思想发展过程中就不难发现，蒲鲁东也曾对青年马克思的思想发展产生过影响。比如，蒲鲁东在《什么是所有权》一书中提出的"所有权就是盗窃"的口号，在一定意义上，为青年马克思第一次进入经济学研究提供了所有权的人本主义批判示例。从马克思成熟时期的观点看，蒲鲁东的示例当然是错误的，因为当蒲鲁东将所有权的存在指认为劳动价值与劳动所购买到的劳动量不相等的原因时，他不过是从法权层面回避了由斯密提出的理论难题。所以从政治经济学史看，蒲鲁东并没有推进劳动价值论的发展。但是，蒲鲁东的意义就在于，他率先展开了对所有权的人本主义批判，因而同青年马克思产生了一定的思想共振，这具体表现在《1844 年经济学哲学手稿》中马克思异化劳动理论的建构上。更为重要的是，蒲鲁东对所有权的批判，以及他对整合哲学、政治经济学和社会主义理论所作的探索，在一定意义上，也为青年马克思转向政治经济学研究，并以此为基础整合哲学和社会主义提供了方向上的影响。蒲鲁东的这种先期影响是不应该忽视的。

当然，从更长的一个时段看，蒲鲁东绝大多数时候是以被马克思批判的对象示人的。因此，对于马克思的思想史研究来说，我们需要追问的其实是：批判蒲鲁东究竟给马克思带来了什么？可喜的是，近年来，国内学界已经有越来越多的青年学者回到马克思与蒲鲁东理论交锋的经典文本，如《哲学的贫困》和《贫困的哲学》，重思两者思想关系的思想史价值和现实意义。相对于既有的研究成果，能够看到，陈铮老师的侧重点在于：对两者的思想关系进行历史性的梳理和解读，更为重要的是，接着《哲学的贫困》和《贫困的哲学》往下讲，对《资本论》手稿及相关文本中马克思对蒲鲁东的批判所具有的思想史意义进行分析和解读。应该说，这种理论探索对于推进这一思想史课题，以及深化对马克思历史唯物主义哲学的研究是很有意义的。我为他取得的学术成就感到高兴。我也希望陈铮老师能够继续在此领域深入研究下去，并取得更多的理论成果。

张正东

2024 年 7 月 12 日于南京大学

摘　　要

本书的目标是，厘清批判蒲鲁东在马克思创立和发展历史唯物主义的过程中所具有的思想史意义，从而使蒲鲁东得到应有的理论归位，并由此深化对马克思历史唯物主义哲学之变革性与深邃性的认识。

总体而言，在马克思走向历史唯物主义的过程中，蒲鲁东理论中的积极因素对马克思的早期思想转变具有不可忽视的先期影响。随着马克思唯物史观的创立，蒲鲁东的理论缺陷则充当着马克思不断磨炼其历史唯物主义的重要参照。

首先，蒲鲁东理论中的积极因素对于马克思的早期思想转变具有不可忽视的先期影响。这是本书前两章论述的主题。早在1840年，蒲鲁东就对所有权和资产阶级经济学进行了猛烈的抨击。相形之下，此时仍沉浸在对宗教和哲学的批判中的青年马克思显然要逊色得多。《莱茵报》的社会实践，为青年马克思接触蒲鲁东的理论创造了条件。在初次接触蒲鲁东的理论时，马克思也正为物质利益难事而苦恼；尽管马克思并不认同蒲鲁东的观点，但蒲鲁东受到了马克思的尊重。在《巴黎笔记》时期，在蒲鲁东等人的影响下，马克思实现了批判对象的转换，即由批判哲学、国家和法转向批判私有财产。《神圣家族》中，在把蒲鲁东置放到德国思辨哲学和资产阶级经济学的比较视域中加以把握时，马克思逐渐意识到，无论是扬弃思辨哲学之抽象性，还是论证社会主义之现实性，政治经济学批判都发挥着至关重要的作用；而意识到这一点，正是马克思创立历史唯物主义的关键所在。

　　其次，蒲鲁东的理论缺陷充当着马克思不断磨炼其历史唯物主义的重要参照。这是本书后两章论述的主题。在唯物史观创立之后，马克思试图争取蒲鲁东站到与其相同立场上的想法，影响了他在《德意志意识形态》中对蒲鲁东的复杂评价。然而，蒲鲁东随后的理论和实践活动最终打消了马克思的这一想法。因此，以《致安年科夫的信》为起点，马克思展开了对蒲鲁东的持续批判。蒲鲁东始终是一个密切关注社会现实的理论家，他虽无法对其所面对的社会问题作出科学的解读，但他的理论能触及关涉现代资产阶级社会的诸多核心问题。这样，为了使社会主义摆脱蒲鲁东主义这个"假兄弟"，马克思就必须对资本主义生产方式的内在结构及其矛盾运动作出更为科学的解读。《资本论》手稿见证了马克思围绕商品、货币、资本、利润、利息及所有权等问题同蒲鲁东展开的系列论争。正是在对这些问题的解答上，马克思最终获得了关于资本主义生产方式的科学认识，并由此实现了其历史唯物主义的深化。

　　关键词：马克思；蒲鲁东；历史唯物主义；思想关系；历史性解读

Abstract

The aim of this book is to clarify the intellectual-historical significance of critiquing Proudhon in the process of Marx's creation and development of historical materialism, so as to assign Proudhon his proper theoretical position and thereby deepen the understanding of the transformative and profound nature of Marx's philosophy of historical materialism.

On the whole, the positive elements of Proudhon's theory had a significant impact on Marx's early ideological transformation as he moved towards historical materialism; and with the creation of Marx's historical materialism, Proudhon's theoretical shortcomings served as an important reference for Marx's continuous refinement of his historical materialism.

First, the positive elements in Proudhon's theory had a non-negligible antecedent influence on the early transformation of Marx's thought. This is the subject of the first two chapters of this book. As early as 1840, Proudhon had launched a fierce attack on ownership and bourgeois economics. By contrast, the young Marx, who was still immersed in his critique of religion and philosophy at that time, was clearly much less so. The social practice of the *Rheinische Zeitung* set the stage for the young Marx's exposure to Proudhon's theories. At the time of his first encounter with Proudhon's theories, Marx was also struggling with difficult matters of material interest; although Marx did not share Proudhon's views, Proudhon gained Marx's respect. During the *Paris Notes*, under the influence of Proudhon and others, Marx shifted the object of his critique from philosophy, state and law to private property. In *The Holy Family*, in placing Proudhon in the comparative perspective of German speculative philosophy and bourgeois economics, Marx came to realize that the critique of political economy played a crucial role, both in transcending the abstract nature the speculative philosophy and in arguing for the reality of socialism. This realization was the key to Marx's creation of historical materialism.

Second, Proudhon's theoretical flaws act as an important reference for Marx's ongoing refinement of his historical materialism. This is the subject of the next two chapters of this book. After the creation of historical materialism, Marx's attempts to win Proudhon to the same standpoint as him influenced his complex assessment of Proudhon in *The German Ideology*. However, Proudhon's subsequent theoretical and practical activities eventually disabused Marx of this idea. Thus, with the *Marx to Pavel Vasilyevich Annenkov* as a starting point, Marx launched a sustained critique of Proudhon. As Proudhon was always a theorist who paid close attention to social reality, his theories were able to reach many of the central questions concerning modern bourgeois society. However, it's unable for Proudhon to provide a scientific interpretation of the social problems he faced, but thus, in order to rid socialism from the "false brother" of Proudhonism, Marx had to give a more scientific interpretation of the inner structure of the capitalist mode of production and its contradictory movements. The manuscripts of *Capital* bear witness to Marx's series of debates with Proudhon on the questions of commodities, currency, capital, profit, interest and ownership. It was in the answers to these questions that Marx finally gained a scientific understanding of the capitalist mode of production and thus deepened his historical materialism.

Keywords: Marx; Proudhon; historical materialism; ideological relations; historical interpretation

目　　录

Contents

导　　论

一　研究的缘起与意义

马克思曾指出："我们见解中有决定意义的论点，在我的 1847 年出版的为反对蒲鲁东而写的著作《哲学的贫困》中第一次作了科学的、虽然只是论战性的概述。"① 对于这一论断，我们不但要看到马克思本人直接廓清并凸显了《哲学的贫困》这一文本的思想史地位，而且要注意到，《哲学的贫困》所公认的这种思想史地位，恰恰是通过"反对蒲鲁东"而取得的。在这个意义上，马克思实际上提示了，在《哲学的贫困》中，他们的见解中有决定意义的论点的阐发同批判蒲鲁东密切相关。换言之，马克思对蒲鲁东的批判是我们把握《哲学的贫困》之核心见解所无法回避的问题。但是，如果回到马克思自身思想的发展历程中去，那么就不难发现，针对蒲鲁东的评价与批判，几乎贯穿于马克思创立和发展历史唯物主义的整个过程。就此而言，马克思对蒲鲁东的批判作为一个无法回避的问题之判断，便不但是适用于把握《哲学的贫困》这单一的文本，而且适用于把握马克思唯物史观的创立和发展这一思想进程。

然而，他们之间的思想关系又是复杂的。当恩格斯在《论住宅问题》中严厉批评蒲鲁东主义在德国工人运动中的传播是一种严重的倒退，并借此阐发"德国科学社会主义"以试图清除前者对工人运动的消极影响时，也就表明，马克思对蒲鲁东的批判同时关涉着政治立场

---

① 《马克思恩格斯全集》第 31 卷，人民出版社 1998 年版，第 414 页。

的斗争问题。于是，相比于同其他人的思想关系，马克思与蒲鲁东的思想关系更容易为各种意识形态标签所禁锢。历史地看，这使马克思和蒲鲁东的形象，在不同立场和观点的学者那里或多或少地都被刻板化了。比如，根据马克思本人对蒲鲁东的相关评价，有部分学者往往以低智且反动的小资产阶级社会主义者来定义蒲鲁东，并轻视之；而根据巴枯宁对马克思的那个恶毒评价①，另有部分学者则倾向于以"个人主义到了疯狂的程度"的极权主义者来理解马克思，并攻击之。从表面上看，不同立场的学者都能为各自的观点提供必要的文本支撑，实际上，他们采取的却是同一策略，即通过筛选过的、片面的文本来建构一种有利于自身的马克思形象或蒲鲁东形象。如此，不但蒲鲁东本人应有的理论地位无法得到准确界定，而且马克思如何在对蒲鲁东的批判中逐步建构自身科学理论等问题也被忽视了。

　　基于上述理由，回到马克思批判蒲鲁东的思想进程，重新审视两者的思想关系，就成为当前马克思主义哲学研究中一项兼具理论与现实意义的重要任务。就理论意义来说，重新审视马克思对蒲鲁东的批判与唯物史观的创立和发展之间的联系，不仅能使蒲鲁东得到应有的理论归位，也有助于我们深化对唯物史观的理解。就现实意义来说，着重探思马克思在不断批判蒲鲁东的进程中展现出的两者思想的质性差异，不但能够使两者之间存在的政治立场的斗争摆脱前述提及的意识形态标签，而且有助于我们更加深刻地领悟区别于蒲鲁东主义的科学社会主义的理论力量，进而能够更加坚定地以科学社会主义理论为指导推进中国特色社会主义的建设和发展。

二　国内外研究现状

（一）　国外研究现状

　　在马克思思想发展史上，马克思与蒲鲁东的思想关系是一个无

---

　　①　参见［法］雅克·德罗兹《民主社会主义（1864—1960年）》，时波译，上海译文出版社1985年版，第23—24页。

法回避的问题，但从实际情况看，这一问题并没有得到大多数研究者的足够重视。一方面，马克思不仅在 1847 年的相关著述中对蒲鲁东进行了较为透彻的批判，还在《论蒲鲁东》中对蒲鲁东作了"盖棺定论"的评价；另一方面，蒲鲁东在其著作中表现出的"前后不一""出尔反尔"等问题也使他本人在当下的社会主义谱系中的处境变得颇为不堪。① 但是，不可否认，国外学界也有不少学者关注到两者的思想关系问题。

第一，关于青年马克思对蒲鲁东是否存在影响的争论。由于马克思与蒲鲁东的思想关系研究，不仅是马克思思想发展史上的基础性问题，也是蒲鲁东思想研究中的重要组成部分。相比于马克思，在蒲鲁东的著作、笔记和书信中，鲜有提及马克思的地方，并且，凡是提及马克思的地方，也没有透露太多关于两者思想关系的有用信息。因此，在国外学界的蒲鲁东思想研究中，一旦涉及马克思与蒲鲁东的思想关系问题，便无一例外地聚焦到马克思在 1865 年所撰写的《论蒲鲁东》一文。然而，由于马克思在该文中将蒲鲁东"感染了"黑格尔主义的部分责任归之于己，这就使青年马克思是否应对蒲鲁东的黑格尔主义负责成为蒲鲁东思想研究中的一个热点话题，并由此形成了一些理论探讨。

有一种观点认为，青年马克思对蒲鲁东的黑格尔主义的确存在部分影响，但马克思本人的说法是有待商榷的。法国神学家亨利·德·卢柏西（Henri de Lubac）是此种观点的主要代表。在《非马克思主义者的社会主义者：蒲鲁东研究》（*The Un-Marxian Socialist*：*A Study of Proudhon*）一书中，他指出，《贫困的哲学》一书能够反映出蒲鲁东受到黑格尔主义的影响，而这种影响可以部分地归之于旅居巴黎时期的马克思。② 在这一点上，卢柏西有所保留地认同了马克

---

① 参见达缅《重新解读普鲁东》，载高宣扬主编《法兰西思想评论·2011》，人民出版社 2011 年版，第 62 页。

② Cf. Henri de Lubac, *The Un-Marxian Socialist*：*A Study of Proudhon*, trans. Canon R. E. Scantlebury, London：Sheed and Ward, Ltd. , 1948, p. 138.

思的说法。除此之外，卢柏西认为，在马克思的"回顾"中的另外两点说法则无法得到证实。这两点说法分别为：第一，马克思被逐出巴黎之后，卡尔·格律恩继续向蒲鲁东教授黑格尔主义；第二，蒲鲁东"不能认真地研究黑格尔主义""他从来也不懂得真正科学的辩证法"。① 针对第一点，卢柏西指出，格律恩对他同蒲鲁东的谈话内容做过相关记录，而通过这些记录能够反映的是格律恩向蒲鲁东介绍过费尔巴哈，而非黑格尔。② 针对第二点，卢柏西认为，蒲鲁东并非严格意义上的黑格尔主义者，原因在于，蒲鲁东是一位具有自身个性的哲学家，黑格尔和傅立叶等人都曾对蒲鲁东自己的辩证法的形成产生过影响，但蒲鲁东之所以要研究、借用他们的观点，目的只在于"发现他自己"③。因此，当马克思指责蒲鲁东《贫困的哲学》中存在着一种"掺假的"黑格尔主义时，显然是一种恶意中伤。如果结合蒲鲁东曾在1846年5月拒绝过马克思的邀请这一事实来看，马克思之所以会在1847年之后对蒲鲁东由赞赏转向严厉批判，合理的解释只能是如巴枯宁所说的那样，他的"个人主义到了疯狂的程度"，以至于"他对蒲鲁东的评价充满了偏见"。④

　　另有一种观点认为，马克思与蒲鲁东的理论鸿沟过于巨大，以至于两者不存在相互影响的可能性。首先，美国学者罗伯特·霍夫曼（Robert Hoffman）通过对马克思与蒲鲁东思想关系的再审视后认为，马克思无法影响蒲鲁东，而围绕黑格尔主义对蒲鲁东的影响所产生的一系列争论，其实是学者们小题大做的一个例证。⑤ 霍夫曼分

---

① 《马克思恩格斯全集》第21卷，人民出版社2003年版，第57、62页。

② Cf. Henri de Lubac, *The Un-Marxian Socialist: A Study of Proudhon*, trans. Canon R. E. Scantlebury, London: Sheed and Ward, Ltd., 1948, p. 134.

③ Henri de Lubac, *The Un-Marxian Socialist: A Study of Proudhon*, trans. Canon R. E. Scantlebury, London: Sheed and Ward, Ltd., 1948, p. 139.

④ Henri de Lubac, *The Un-Marxian Socialist: A Study of Proudhon*, trans. Canon R. E. Scantlebury, London: Sheed and Ward, Ltd., 1948, p. 133.

⑤ Cf. Robert Hoffman, "Marx and Proudhon: A Reappraisal of Their Relationship", *The Historian*, Vol. 29, No. 3, May 1967, p. 419.

析道，关于谁应对蒲鲁东的黑格尔主义负责的争论，并不是由马克思的说法引起的，而是由蒲鲁东本人的说法引起的。蒲鲁东曾一再强调黑格尔对其思想的形成具有重要影响，这就导致很多人把这一问题看得过于严肃，以至于几乎没有人去反思蒲鲁东自己的说法是否能够得到支撑的问题。① 正是通过对这一问题的考察，霍夫曼指出，在接触马克思和格律恩之前，蒲鲁东已经在傅立叶和康德的影响下形成了他自己的辩证法。在这种情况下，当马克思向蒲鲁东介绍对后者来说颇为陌生的黑格尔主义时，已经几乎不会对他既有的辩证法产生影响了。② 因此，在霍夫曼看来，蒲鲁东其实错估了黑格尔对他自身思想的影响，相反，马克思对蒲鲁东的评价是公正的。霍夫曼认为，不但在辩证法的问题上，而且在经济关系之首要性的问题上，马克思也无法影响蒲鲁东。因为，即使蒲鲁东谈到经济关系的首要性作用，那么这也是从属于他的公平（justice）原则的。其次，霍夫曼认为，蒲鲁东也无法影响马克思。在霍夫曼看来，尽管青年马克思曾钦佩并阅读过蒲鲁东的《什么是所有权》一书，这或许可以成为蒲鲁东对青年马克思的思想存在影响的例证，但这种影响是"有限且难以界定的"③。正是在这个意义上，霍夫曼坚持认为，马克思与蒲鲁东之间并不存在可以使彼此产生实质性影响的基础。

第二，关于蒲鲁东对青年马克思的影响的不同解读。在国外学界的马克思思想研究中，大多数学者常常会根据马克思本人的相关描述来把握蒲鲁东的形象，这在很大程度上阻碍了人们对蒲鲁东理论及其对马克思思想演化进程之影响的准确认识。不过，也有不少学者在梳理马克思主义发展史的过程中，关注到蒲鲁东理论对青年

① Cf. Robert Hoffman, "Marx and Proudhon: A Reappraisal of Their Relationship", *The Historian*, Vol. 29, No. 3, May 1967, p. 415.

② Cf. Robert Hoffman, "Marx and Proudhon: A Reappraisal of Their Relationship", *The Historian*, Vol. 29, No. 3, May 1967, pp. 418 – 419.

③ Cf. Robert Hoffman, "Marx and Proudhon: A Reappraisal of Their Relationship", *The Historian*, Vol. 29, No. 3, May 1967, p. 428.

马克思思想发展的先期影响，以及青年马克思对蒲鲁东肯定多于批判的现实情况，并对此进行了一定的研究，也产生了理论争鸣。

首先，关于蒲鲁东对青年马克思具有何种影响。科尔纽（Auguste Cornu）从一般意义上概括了蒲鲁东对青年马克思的影响。通过对蒲鲁东 1844 年以前的著作即《什么是所有权》（1840）和《论人类秩序的建立》（1843）的研究，科尔纽指出，蒲鲁东对资产阶级经济学家的批判和他提出的"经济是历史的基础"① 等见解，对青年马克思的思想产生了一定的影响，而蒲鲁东的无神论也颇受马克思的重视。科尔纽概括的这几点内容同马克思的曾外孙的描述基本是一致的。在《我的外曾祖父：卡尔·马克思》一书中，罗伯尔－让·龙格（Robert Jean Longuet）指出："蒲鲁东吸引马克思的地方，是他不是空想主义者。蒲鲁东力求证明，建立在私有制（资产阶级社会的基础）之上的社会制度是工人贫困的原因。此外，他还认为，宗教是科学进步道路上的重要障碍。马克思和蒲鲁东在这两点上是一致的。"图赫舍雷尔（W. Tuchscheerer）则从经济术语和经济理论的角度出发，论证了蒲鲁东对青年马克思的影响。首先，图赫舍雷尔将蒲鲁东对青年马克思的先期影响追溯到 1842 年 10 月他所撰写的《关于林木盗窃法的辩论》一文。在图赫舍雷尔看来，这一文本中马克思使用的"额外价值"② 等术语可能来自蒲鲁东，虽然这些术语对马克思的经济理论的形成和发展毫无意义，但由此涉及的问题使他意识到经济问题在社会内部的决定意义。③

其次，基于对《巴黎笔记》的研究，图赫舍雷尔指出，这个时

---

① ［法］奥古斯特·科尔纽：《马克思恩格斯传》第 2 卷，王以铸等译，生活·读书·新知三联书店 1965 年版，第 79 页。

② 《关于林木盗窃法的辩论》中使用的"Mehrwert"一词通译为"额外价值"，表示林木所有者由于林木失窃而得到的追加价值，即罚款。马克思在《1857—1858 年经济学手稿》中才第一次把"Mehrwert"（"剩余价值"）作为术语，用来表示资本家无偿占有的、超出最初预付价值的余额。

③ 参见［德］瓦·图赫舍雷尔：《马克思经济理论的形成和发展（1843—1858）》，马经青译，人民出版社 1981 年版，第 17—18 页。

期的马克思认同了蒲鲁东的如下观点，即"凡是私有制存在的地方，一种物品之所值要大于它的价值"①，这就表明，此时的马克思同蒲鲁东一样，是站在所谓的让渡利润的立场上理解价值余额的。

最后，关于马克思为何在《神圣家族》中对蒲鲁东肯定多于批判的解读。就这一问题来说，国外学者大致可分为两种观点，一种认为马克思是策略性的让步，另一种则认为马克思当时并没有形成完整的世界观，因而不存在所谓的策略性让步的说法。

关于第一种观点，卢森贝（Д. И. Розенберг）和奥伊则尔曼（Т. И. Ойзерман）是代表性人物。在《十九世纪四十年代马克思恩格斯经济学说发展概论》一书中，卢森贝指出，即使当时蒲鲁东理论的反动性质尚未充分暴露，但马克思"对私有制所作的批判，同蒲鲁东所作的批判之间，就已经有着深刻的和原则的区别"。因此，"在阅读'神圣家族'时，需要记住，马克思在战略动机上不认为当时必须强调自己与蒲鲁东的分歧，但无疑问，这些分歧是存在着的"。② 奥伊则尔曼的观点与此相类似。在他看来，《神圣家族》中马克思的理论水平显然要比小资产阶级社会主义者、唯心主义者和形而上学者蒲鲁东高出一头。正因为如此，他认为，在《神圣家族》中，蒲鲁东是作为马克思和恩格斯的"同盟者"而得到高度评价的，因而这种评价绝不能代表马克思和恩格斯赞同蒲鲁东的观点。③ 值得一提的是，奥伊则尔曼的这一观点也被直接收录于纳尔斯基（И. С. Нарский）等人编写的《十九世纪的马克思主义哲学》两卷本中。④ 由此可见，策略性地弱化对蒲鲁东的批判，是解读该文

----

① ［德］瓦·图赫舍雷尔：《马克思经济理论的形成和发展（1843—1858）》，马经青译，人民出版社1981年版，第81页。

② ［苏］卢森贝：《十九世纪四十年代马克思恩格斯经济学说发展概论》，方钢等译，生活·读书·新知三联书店1958年版，第170页。

③ 参见［苏］捷·伊·奥伊则尔曼：《马克思主义哲学的形成》，潘培新等译，生活·读书·新知三联书店1964年版，第398—399页。

④ 参见［苏］И. С. 纳尔斯基等编写《十九世纪的马克思主义哲学》上，金顺福、贾泽林等译，中国社会科学出版社1984年版，第186—187页。

本中马克思对蒲鲁东的评价的一种相对主流的见解。

另外一种观点则认为，《神圣家族》中马克思对蒲鲁东的评价不存在策略性让步的问题。马雷什（А. И. Малыш）在《马克思主义政治经济学的形成》一书中直言，他所坚持的正是同卢森贝相对立的观点。马雷什分析道，在《神圣家族》时期，蒲鲁东的观点还没有暴露太多的小资产阶级立场，同时，马克思此时不仅同蒲鲁东保持了较为友好的关系，而且他本人也还没有形成一个完整的世界观，所以，在《神圣家族》中，"马克思当时所说的，正是他实际上所想的"①。

第三，对马克思与蒲鲁东后期思想关系的初步探讨。诚然，在马克思与蒲鲁东的思想关系研究中，国外学界普遍关注的是两者颇具戏剧性的早期思想关系。不过，从马克思的视角出发，有部分学者由于各自研究议题的需要，或多或少地触及对两者较后期的思想关系的初步探讨。大体说来，这些探讨主要涉及以下三个方面的问题。

其一，对蒲鲁东主义者的劳动货币论的批判与马克思价值（货币）理论的发展。罗斯多尔斯基（Roman Rosdolsky）从马克思《1857—1858 年经济学手稿》的写作动机入手，指出，除了众所周知的经济危机外，"显然还有其它的动力促使马克思继续写作《手稿》，这就是，打算对付社会主义工人运动的假兄弟"，即蒲鲁东主义者。在罗斯多尔斯基看来，尽管蒲鲁东主义在今天看来是"微不足道"的，但当时的马克思在手稿中以相当大的篇幅来批判蒲鲁东主义的劳动货币论。这就表明，"我们不该忽略这样一个事实，即理论在斗争实践中大大丰富了"，而与蒲鲁东主义的斗争恰恰对马克思货币理论的发展起了重要的作用。② 巴加图利亚（Г. А. Багатурия）和维

---

① ［苏］阿·伊·马雷什：《马克思主义政治经济学的形成》，刘品大等译，四川人民出版社 1983 年版，第 103 页。
② 参见［联邦德国］罗曼·罗斯多尔斯基《马克思〈资本论〉的形成》，魏埙等译，山东人民出版社 1992 年版，第 10—11 页。

戈茨基（В. С. Выгодский）则从马克思研究方法的角度对这一问题作了进一步的探讨。在《马克思的经济学遗产》一书中，他们指出，马克思著作中所呈现出的研究方法具有如下特点："从批判先辈开始，从批判地吸取他们的成就和批判地克服他们的错误观点开始。"① 或者也可以说，"对于马克思来说，批判资产阶级政治经济学和对对象的研究，制定自己独有的理论是一种合二为一的过程"，在他们看来，正是基于此种研究方法，马克思价值理论的建构才同批判蒲鲁东具有内在的关联性。"马克思创立自己的价值理论是以批判蒲鲁东的'劳动货币'论是一种小资产阶级理论，实质上是资产阶级对货币和货币流通理解的夸张形式开始的。"②

其二，对蒲鲁东"自在所有权"理论的批判与马克思所有权的历史理论的建构。在《马克思历史理论的研究》一书中，望月清司指出，马克思在展开他自己关于所有权的历史理论之前，必须首先驳倒蒲鲁东的"自在所有权"理论。这不仅是因为蒲鲁东在马克思之前率先对这一问题作出过回答，也是因为蒲鲁东把所有权的起源归之于"盗窃"，恰恰掩盖了近代资产阶级所有权的起源史。所以，当马克思在《1857—1858 年经济学手稿》的"资本主义生产以前的各种形式"中探讨资本的原始积累过程时，他的对话对象其实就是蒲鲁东的"自在所有权"理论。也正是在这个意义上，望月清司认为，当马克思意识到蒲鲁东所有权理论存在的根本问题时，后者恰恰成为"马克思不断进行批判，并通过批判来逐渐磨炼自己的社会＝历史认识，最后在理论上和实践上超越的目标"③。

---

① ［苏］格·阿·巴加图利亚、维·索·维戈茨基：《马克思的经济学遗产》，马健行等译，贵州人民出版社 1981 年版，第 200 页。

② ［苏］格·阿·巴加图利亚、维·索·维戈茨基：《马克思的经济学遗产》，马健行等译，贵州人民出版社 1981 年版，第 23 页。

③ ［日］望月清司：《马克思历史理论的研究》，韩立新译，北京师范大学出版社 2009 年版，第 375 页。

其三，关于蒲鲁东在《资本论》的理论结构中所处地位的讨论。津岛阳子结合《政治经济学批判》第一分册和《1863—1865 年经济学手稿》的"直接生产过程的结果"一章，探讨了《资本论》中马克思对蒲鲁东的批判，这种研究虽是初步的但也是开创性的。津岛阳子认为，通过《政治经济学批判》第一分册以及《资本论》手稿的理论探索，相比于《哲学的贫困》，马克思在商品概念、剩余价值理论、工资理论、占有规律的转变以及价格理论上都取得了实质性的进展。因此，在津岛阳子看来，《资本论》中马克思针对蒲鲁东的批判，"尽管例如在表面上，在形式上从《哲学的贫困》中引证了多处，换句话说，尽管成为批判对象的蒲鲁东理论的这一内容未变，但是其后二十年，马克思在他的理论研究的进程中，在重新建立《资本论》的理论结构中，从本质上规定了蒲鲁东理论内容是小资产阶级社会主义"①。

（二）国内研究现状

国内学界对两者的思想关系研究起步较晚。迟至 20 世纪 80 年代初，马克思与蒲鲁东的思想关系问题才逐渐进入国内学界的研究视域，但这并不意味着国内学界对这一问题的研究整体上都落后于国外学界。事实上，在充分借鉴和吸收国外学者的既有研究成果之基础上，国内学界对该问题的研究，在一定意义上，取得了更为突出的进展。概言之，国内学界对该问题的研究可以大致划分为以下三个阶段。

第一阶段是从 20 世纪 80 年代初至 90 年代末。在这一时期，国内学界对马克思批判蒲鲁东所具有的思想史意义，从总体上说，是缺乏清晰的认识的，但也不乏对《资本论》及其手稿中马克思与蒲鲁东的思想关系解读、同西方学者就马克思与蒲鲁东早期思想关系的对话性讨论，以及关于两者思想关系问题的具有开创性意义的研

---

① ［日］津岛阳子：《〈资本论〉中对蒲鲁东的批判》，载《马列主义研究资料》第 1 辑，人民出版社 1984 年版，第 76 页。

究。事实上，20 世纪 80 年代初，在国内学界最先得到关注的是两者在《资本论》及其手稿中的思想关系。1983 年，周成启与李善明合作撰文率先开启了这一讨论。他们指出："马克思在 1857—1858 年经济学手稿中对蒲鲁东的劳动货币论第一次进行了全面而深刻的批判，同时在批判中也阐述和制定了自己的价值理论，发挥了自己关于货币问题的思想。"[①] 紧随其后，汪水波连发两文对此进行了更为深入的探讨。在《马克思的劳动价值理论及其与蒲鲁东的论战》一文中，汪水波指出，关于马克思价值理论的研究不仅要关注资产阶级古典经济学这一直接的思想来源，也要关注各种反马克思主义或非马克思主义的思潮，因为马克思的整个理论体系，包括劳动价值论也是在同后者的斗争中发展起来的。[②] 而在另一篇文章中，通过对《资本论》及其手稿中马克思对蒲鲁东的批判的比较分析，他指出，尽管马克思在《政治经济学批判》第一分册中从根本上完成了对蒲鲁东主义的批判，但从形式上看，此时的批判更多地出现在正文的脚注中。而在《1857—1858 年经济学手稿》中，这种论战和批判则"更直接、更具体、范围更广泛，其地位也更为突出"。据此，他认为，马克思在《政治经济学批判》第一分册、《资本论》等著作中对蒲鲁东主义的批判，实际上是在《1857—1858 年经济学手稿》的基础上的进一步发挥和完善。[③] 可见，国内学界对这一问题的研究尽管起步较晚，但在理论推进上并非远落后于国外学界。遗憾的是，关于《资本论》及其手稿中马克思与蒲鲁东的关系研究，在此之后并没有得到继续推进。

在更长的时间范围内，国内学者主要关注的是马克思对蒲鲁东

---

① 周成启、李善明：《马克思对蒲鲁东劳动货币论的批判——学习马克思〈1857—1858 年经济学手稿〉》，《贵阳师院学报》（社会科学版）1983 年第 1 期。

② 参见汪水波：《马克思的劳动价值理论及其与蒲鲁东的论战》，《天津社会科学》1984 年第 1 期。

③ 汪水波：《一部从理论上铲除蒲鲁东主义的光辉文献——〈政治经济学批判（1857—1858 年）草稿〉初探》，《社会科学战线》1984 年第 1 期。

的批判，而对于这种批判所具有的思想史意义缺乏足够的关注与研究。① 仅此而言，由黄楠森和庄福龄主编的《马克思主义哲学史》（八卷本）对于改变此种研究现状所做的理论推进是值得肯定的。应该说，该套丛书既借鉴了国外从马克思视角出发的学者的普遍研究方式，即从马克思思想发展史的角度重点阐发马克思与蒲鲁东的早期思想关系，又在一定意义上区别于国外学界的普遍研究方式而呈现出自身的特点。比如，在该套丛书的第一卷，对马克思与蒲鲁东的早期思想关系的解读，基本上遵循了从马克思的视角出发的国外学者的既有共识，即"蒲鲁东对资产阶级私有制的批判对马克思、恩格斯政治立场的转变，对于他们从所有制的角度来分析问题确实产生了一定的影响"②。而在该套丛书的第二卷，由于把《哲学的贫困》纳入《资本论》的创作过程中，所以也就指证了蒲鲁东之于马克思政治经济学的形成所具有的中介性作用③，这就提示出，对于马克思与蒲鲁东的关系研究不应当仅停留于早期文本，也要延展至《资本论》及其手稿。不过，囿于研究主题，该套丛书并没有对此作更为深入的探讨。

除此之外，赵仲英在涉及马克思与蒲鲁东的早期思想关系问题时，同科尔纽的猜想进行了对话，后者依据蒲鲁东1844年10月致友人的信猜测此时蒲鲁东受到马克思唯物史观的直接影响。赵仲英认为，一方面，不管是在1840年的《什么是所有权》，还是在1843

---

① 国内学者中，张一兵较早公开指认了这种研究现状。在《回到马克思：经济学语境中的哲学话语》一书中，他指出，"对于蒲鲁东与马克思之间的关系，过去我们国内学者主要关注的是马克思对蒲鲁东的批判，而忽视了后者对前者的先期影响；他们即便意识到这一点，也更偏重于蒲鲁东著作中的社会主义观点对青年马克思的影响"。参见张一兵《回到马克思：经济学语境中的哲学话语》，江苏人民出版社2014年版，第100页。

② 黄楠森、庄福龄、林利主编：《马克思主义哲学史》（修订本）第1卷，北京出版社2005年版，第515页。

③ 参见黄楠森、庄福龄、林利主编《马克思主义哲学史》（修订本）第2卷，北京出版社2005年版，第113、120页。

年的《论人类秩序的建立》中，经济关系的作用其实已经为蒲鲁东本人所注意到；另一方面，马克思此时的新世界观还处于正在形成的过程中。① 因此，赵仲英不赞同科尔纽的猜想；而这种观点也得到张一兵的支持。② 所不同的是，在解蔽青年马克思初次面对经济学的支援性背景的过程中，张一兵不仅示范性地对青年马克思与蒲鲁东的思想关系进行了一定的研究，而且还针对国内马克思与蒲鲁东思想关系研究较为薄弱的现状，主张应当对蒲鲁东在青年马克思思想进展中所具有的先期影响进行更为深入的研究和探讨。③

　　值得一提的是，在 1997 年 6 月 11 日，恰逢《哲学的贫困》发表 150 周年，由江苏省哲学学会、南京大学哲学系等单位联合主办的"纪念《哲学的贫困》发表 150 周年学术研讨会"在江苏省社会科学院召开。与会专家充分肯定了《哲学的贫困》的思想史地位，并指出国内学界对该文本的研究力度与其思想史地位不相符合的问题。④ 基于这一判断，关于《哲学的贫困》的解读大有兴起一股研究热潮之势。借着这股"东风"，马克思与蒲鲁东的思想关系研究也出现了一个短暂的高潮。其中，最为突出的代表便是由南京大学朱进东博士于 1999 年撰写的博士论文《马克思和蒲鲁东》。纵观国内外研究现状，该文的突出贡献，在于首次对马克思和蒲鲁东的思想关系进行了历史性的梳理，并将两者的理论演进关系划分为六大历史阶段，分别为："1842 年至 1846 年 5 月，社会主义交往阶段；1846 年 6 月至 1848 年 2 月，首次公开论战阶段；1848 年 2 月至 1857 年 6 月，革命及其对革命分析阶段；1857 年 7 月至 1867 年，马

---

①　赵仲英：《马克思早期思想探源》，云南人民出版社 1994 年版，第 204—205 页。

②　张一兵：《回到马克思：经济学语境中的哲学话语》，江苏人民出版社 2014 年版，第 102 页。

③　张一兵：《回到马克思：经济学语境中的哲学话语》，江苏人民出版社 2014 年版，第 101 页。

④　参见杨洪源《政治经济学的形而上学：〈哲学的贫困〉与〈贫困的哲学〉比较研究》，中国人民大学出版社 2015 年版，第 52—53 页。

克思在理论上深入批判蒲鲁东阶段；1868 年以后，马克思恩格斯与蒲鲁东主义者的交锋阶段。"① 不过，也应当看到，受限于当时国内学界对蒲鲁东思想原貌的研究极为贫乏的研究现状，此文的重心只能更多地落脚于对两者思想关系演进的历史性梳理，而对两者思想关系的深层解读仍存推进的空间。当然，从国内此前和此后的一段时间内对马克思与蒲鲁东的思想关系研究状况看，朱进东的《马克思和蒲鲁东》一文因其开创性意义而可以被理解为第一阶段对两者思想关系研究的最高点也是终结点。

第二阶段是从 2000 年到 2014 年，这一时期并没有延续前一阶段的研究热度，关于两者的思想关系的研究散见于不同的研究议题之中。比如，姜喜咏在谈及马克思哲学的特质时指出，"马克思哲学就是经济哲学"，而"蒲鲁东是第一个自觉地将哲学经济学化、经济学哲学化努力的思想家"。在这个意义上，姜喜咏强调，尽管蒲鲁东在经济学、哲学和社会主义等方面都不算突出，但他的正确的努力方向不仅对马克思实现哲学的经济学转向具有重要的启示和推动力，也使蒲鲁东本身成为一个不应该被忽视的重要人物。② 仰海峰在强调马克思思想的总体性特质时也指出，由于蒲鲁东的哲学、经济学和社会主义结论之间存在着固有联系，因此，自 1846 年之后，马克思对蒲鲁东的批判就体现了总体性研究的视角。③ 换言之，对蒲鲁东的批判促进了马克思对其哲学、经济学和社会主义结论的整合，而这种整合也造就了马克思思想独有的总体性特质。

需要指出的是，尽管研究热度在总体上不如前一阶段，但这一时期也出现了一些较为突出的研究成果。比如，唐正东以《哲学的贫困》为例，首次公开探讨：批判蒲鲁东对于马克思自身思想的发

① 朱进东：《马克思和蒲鲁东》，江苏人民出版社 2000 年版，"前言"第 2 页。

② 姜喜咏：《论马克思哲学的经济哲学特质》，《西南师范大学学报》（人文社会科学版）2006 年第 3 期。

③ 仰海峰：《从分化到整合——重申人文社会科学研究中的总体性方法》，《浙江社会科学》2008 年第 1 期。

展具有何种意义。在唐正东看来，蒲鲁东本人有意为之的一些理论举动及其所暴露的问题，对于刚刚形成新世界观的马克思来说，恰好成为一种驱动力，推动着他进一步深化其新世界观。大体说来，这种批判所具有的思想史意义可以概括为：推动着马克思更为细致地研究资本主义社会的内在矛盾，并论证资本主义生产关系是如何通过与生产力的矛盾运动而走向被超越的境地；还推动着马克思深入生产过程之社会关系的生产与再生产维度，并将生产力、生产关系、经济范畴都置放于现实社会历史过程之中，进而形成一套较为成熟的"社会进程理论"①。

张盾以财产权批判为主题连续发文对马克思与蒲鲁东的思想关系进行了别具一格的解读。在张盾看来，"财产权是《资本论》及其手稿的核心问题，原因很简单，因为它是现代政治哲学的核心问题"。而蒲鲁东的价值就在于，由卢梭开启的现代性批判最先被蒲鲁东落实为财产权批判。在这个意义上，马克思不但与蒲鲁东同属一个批判传统，而且理应是蒲鲁东的一位更为优秀的后继者。但是，蒲鲁东无法对此作出历史性的解读，也由此，如同财产权的历史性解读成为马克思毕生的研究课题一样，蒲鲁东对财产权的非历史性解读也构成马克思批判蒲鲁东的长期论题，而这种争论也导致马克思本人主动断绝了对蒲鲁东的传承。同时，张盾试图借美国制度学派经济学家康芒斯之口，主张对马克思与蒲鲁东的尖锐对立的理解应当基于"两位思想家各自的政治诉求的历史性依据"来重新勘定。② 应该说，这一研究不仅视角独特，也为破除对蒲鲁东的刻板印

---

① 唐正东：《对蒲鲁东的批判给马克思带来了什么——〈哲学的贫困〉的思想史地位辨析》，《江苏社会科学》2010 年第 2 期。

② 参见张盾、褚当阳《从当代财富问题看马克思对蒲鲁东的批判》，《吉林大学社会科学学报》2011 年第 5 期；张盾《财产权批判与〈资本论〉的主题》，《江海学刊》2011 年第 6 期；张盾《财产权批判的政治观念与历史方法》，《哲学研究》2011 年第 8 期；[美] 康芒斯《制度经济学》上册，于树生译，商务印书馆 2009 年版，"Ⅷ马克思和蒲鲁东"。

象打开了理论空间。

同时需要提及的是朱进东、余源培和付畅一等人的研究。自1999 年撰写《马克思和蒲鲁东》一文之后，朱进东继续对两者之间存在的一些问题进行了一定的探讨，其主题可以概括为以下两个方面：第一，回到蒲鲁东面对《哲学的贫困》的历史语境，回应国外学者对马克思形象的歪曲和污蔑；第二，解读从《哲学的贫困》到《1857—1858 年经济学手稿》中马克思对蒲鲁东的批判。① 余源培和付畅一在比较分析《哲学的贫困》和《贫困的哲学》的基础之上，梳理了马克思与蒲鲁东从 1842 年到 1847 年的思想关系之历史演变，并且对蒲鲁东的经济哲学思想作了一定的研究。在他们看来，"从《1844 年经济学哲学手稿》到《哲学的贫困》（1847 年），马克思的每一部重要著作都对蒲鲁东有所涉及，并且每次评论都不尽相同。可见，蒲鲁东对马克思思想发展的影响是客观存在的"。因此，缺失对蒲鲁东的研究，"将会直接影响对马克思新世界观问世过程及政治经济学批判的理解和把握"。② 不难发现，与第二阶段总体上对这一问题较为"冷淡"的研究状况相比，余源培和付畅一的这一努力恰恰征兆着一种新的研究趋势。在这个意义上，他们的研究正好构成第二阶段的终结点并承接着第三阶段。

第三阶段是 2015 年至今，这一时期的特点是重新审视马克思与蒲鲁东的思想关系之呼声越来越多地得到学界同人的回应，部分学者也从不同维度对两者思想关系进行了有益的探索。就重新审视马克思与蒲鲁东的思想关系这一呼声来说，杨洪源、刘秀萍及李彬彬

---

① 参见朱进东《蒲鲁东对马克思〈哲学的贫困〉的反应》，《南京社会科学》2002 年第 12 期；朱进东《解读马克思对蒲鲁东的批判——从〈哲学的贫困〉到〈1857—1858 年经济学手稿〉》，《南京航空航天大学学报》（社会科学版）2008 年第4 期。

② 参见付畅一、余源培《蒲鲁东经济哲学思想研究》，《上海财经大学学报》2012 年第 1 期；余源培、付畅一《新世界观的第一次公开问世——对〈哲学的贫困〉的解读》，《江苏社会科学》2010 年第 6 期；余源培、付畅一《马克思与蒲鲁东关系之历史演变》，《毛泽东邓小平理论研究》2010 年第 7 期。

三位学者几乎在同一时间提出了这一主张。他们一致认为，以往的研究对于蒲鲁东的认识存在着"脸谱化"的倾向，而这种倾向严重遮蔽了马克思与蒲鲁东长达近40多年复杂而真实的关系。所以，科学的研究应当首先舍弃阶级立场这一唯一的评判标准，然后在还原蒲鲁东思想原貌的基础之上，再来对比、凸显马克思思想的变革性与深邃性。①

　　这种呼声在此之后也见诸王德峰、陈权以及刘冰菁等学者的文章中。其中，王德峰直截了当地指出："马克思与蒲鲁东的争论也没有过时。"这是因为，"只要资本存在一天，由这种现代社会权力所必然造成的社会不平等，就始终会使一部分人形成蒲鲁东式的社会平等理想。这些人和蒲鲁东一样，想要资本主义好的一面，而不要它的坏的一面。他们害怕推翻资本的社会革命，因为一切革命对他们来说都是破坏性的灾难，但与此同时，他们又对当下穷人的处境深怀同情"②。陈权在重申了蒲鲁东之于马克思思想研究的不可或缺性之后指出："马克思对蒲鲁东的理论批判与超越主要集中在'如何看待私有财产'、'什么是真正科学的辩证法'以及'如何看待平等'这三个主要问题之上，并且这三个问题在马克思的理论中又呈现出步步为营，层层递进的关系。"③ 而通过对蒲鲁东1840年的《什么是所有权》和1843年的《论人类秩序的建立》的文本解读，刘冰菁认为："马克思与蒲鲁东的理论交锋从来都不是互相对等的"

---

　　① 参见杨洪源《重新研究〈哲学的贫困〉：意旨、思路与结构》，《哲学动态》2015年第11期；杨洪源《破解所有权之谜的不同方式——马克思对蒲鲁东"自在所有权"理论的批判》，《学习与探索》2016年第6期；刘秀萍《重温〈神圣家族〉对〈蒲鲁东〉的分析和评判》，《现代哲学》2016年第1期；李彬彬《社会平等及其实现的路径——重读〈神圣家族〉对埃德加尔和蒲鲁东的批判》，《社会科学辑刊》2016年第2期。

　　② 王德峰：《〈哲学的贫困〉对于我们时代的意义》，《云南大学学报》（社会科学版）2017年第6期。

　　③ 陈权：《从两次批判看马克思平等观的理论本质》，《山东社会科学》2017年第12期。

"究其原因，马克思与蒲鲁东在研究对象和追求目标上的重合、在哲学方法论上的相悖，既让蒲鲁东轻视了马克思的历史唯物主义，也迫使马克思不得不公开批判蒲鲁东哲学的历史唯心主义性质。"①

此外，这一时期有关马克思与蒲鲁东的思想关系研究也在以下四个维度上得到有益的探索。

第一，通过对《哲学的贫困》和《贫困的哲学》的文本比较研究，呈现蒲鲁东的参照系作用以及马克思的独特见解。杨洪源对此作出的探索是非常突出的。在《政治经济学的形而上学：〈哲学的贫困〉与〈贫困的哲学〉比较研究》一书中，他不仅较为全面和客观地还原了蒲鲁东的思想原貌，对《哲学的贫困》和《贫困的哲学》作了详尽的文本比较解读，而且还尝试着把《哲学的贫困》中马克思批判蒲鲁东所呈现的一些议题一同纳入马克思的思想演进历程中加以考察。基于这一研究思路，杨洪源所要实现的恰恰是"窥斑见豹"的理论效果。但是，正如他本人清楚地意识到的那样，马克思与蒲鲁东的思想关系之复杂，要想通过文本的个案研究完整地呈现出来恰恰是困难的。②

第二，凸显马克思与蒲鲁东的交锋也是马克思主义与现代无政府主义的交锋。林钊认为，以往的研究主要聚焦于马克思在批判蒲鲁东的过程中如何完成了他的政治经济学上的进步，但纵观马克思对蒲鲁东的批判，"这场批判既是学术的也是政治的"③。

第三，探究马克思"重建个人所有制"理论同批判蒲鲁东主义的联系。许婕从马克思"重建个人所有制"理论的形成语境指出，在当时欧洲国家普遍流行着个人所有制的思潮，蒲鲁东是其中影响力最为巨大的理论家之一，也是马克思一生最为重要的论敌之一。

---

① 刘冰菁：《重新审视马克思与蒲鲁东的理论交锋》，《理论月刊》2019 年第 1 期。

② 参见杨洪源《政治经济学的形而上学：〈哲学的贫困〉与〈贫困的哲学〉比较研究》，中国人民大学出版社 2015 年版，第 2、54—57 页。

③ 林钊：《马克思对蒲鲁东无政府主义思想的批判》，《山东社会科学》2018 年第 3 期。

因此，"没有对蒲鲁东个人所有制理论实质及其危害的深刻认识与揭露，就没有马克思的'重建个人所有制'理论"。而这一过程大体经历了《1857—1858年经济学手稿》中对前资本主义生产方式下劳动者与劳动客观条件相统一的个人所有制的分析，到《1861—1863年经济学手稿》中对资本原始积累时期个人所有制的明确界定，最后在《资本论》德文版与法文版中以作为结果的"重建个人所有制"理论呈现出来。在许婕看来，马克思完成其"重建个人所有制"的建构的同时，也完成了对蒲鲁东的批判。①

第四，重思蒲鲁东之于青年马克思实现第一次思想转变的先期影响。张福公认为，过去对马克思第一次思想转变的研究大多只注意到费尔巴哈的作用，而忽视了包括蒲鲁东、赫斯和恩格斯等人的先期影响。其中，就蒲鲁东的影响来说，他认为，蒲鲁东1840年的《什么是所有权》一书中包含了以下两个创见：其一，蕴含着隐性社会唯物主义的所有权决定论；其二，基于抽象人性论对资产阶级政治法权之虚假性进行猛烈批判。这两个创见，"在一定程度上将使初次遭遇物质利益难题的马克思引发思想上的共鸣，进而为他转向历史政治研究和资产阶级政治法权批判提供思想指引和材料支撑"②。

通过上述分析不难发现，国内外学界的既有研究几乎涵盖了马克思与蒲鲁东思想关系研究的各个时期和各个议题。如果将这些研究成果综合起来考察，其本身已经呈现了一条马克思与蒲鲁东思想关系的历史性线索。就此而言，在马克思与蒲鲁东的思想关系问题普遍受到忽视的背景下，国内外学界的既有研究依然取得了颇为丰厚的理论成果，而这也为我们进一步全面把握两者的思想关系提供了重要的理论基础，但既有的研究依然存在着以下三点不足：其一，从特定的价值立场出发，关于马克思与蒲鲁东的思想关系研究往往

①　许婕：《"重建个人所有制"的文本解读》，《马克思主义理论学科研究》2019年第5期。

②　张福公：《重审〈德法年鉴〉时期马克思完成第一次思想转变的过程与实质》，《学术界》2020年第9期。

为各种意识形态标签所禁锢；其二，在"时段"的选择上，关于两者思想关系的既有研究偏重从《神圣家族》到《哲学的贫困》这一时期，而忽视了两者较为后期，特别是《资本论》手稿中的思想关系研究；其三，在议题的选择上，关于两者思想关系的既有研究存在着散裂化的问题，即或者侧重于两者在哲学方法论上的区别，或者聚焦于两者在具体经济观点上的差异，或者偏重两者在社会变革方案上的分歧，这便忽视了两者共同具有的自觉整合哲学、经济学和社会主义的总体性理论特质。由此可见，马克思与蒲鲁东的思想关系研究仍是一个有待推进和深化的思想史课题。

三　蒲鲁东的生平及其思想演化概况

如前所述，马克思与蒲鲁东的思想关系研究之所以仍是一个有待推进和深化的思想史课题，其部分原因就在于，根据马克思本人的相关评价，大多数研究者往往将蒲鲁东理解为一个"小丑式的人物"。然而，一旦把蒲鲁东简单地贬低为一个思想浅薄的理论家，那么，我们必然会失去深入理解马克思的思想相对于蒲鲁东的思想而言所具有的深邃性与变革性，以及批判蒲鲁东之于马克思历史唯物主义的创立和发展所具有的思想史意义的机会。因此，在历史性地解读马克思对蒲鲁东的批判之前，对蒲鲁东的生平及其思想演化作简要的回顾是十分必要的。

皮埃尔-约瑟夫·蒲鲁东（Pierre-Joseph Proudhon，1809—1865）于1809年1月15日出生在法国贝桑松（Besançon）市郊的巴唐区。蒲鲁东的父亲克劳德-弗朗索瓦·蒲鲁东（Claude-François Proudhon）是当时法国农村普遍存在的"亦工亦农"的农民中的一分子，他在农忙时从事农业劳动，而在农闲时制作木桶（箍桶匠）。从少年蒲鲁东所处的社会背景看，当时的法国农村之所以出现大批亦工亦农的农民，一方面是因为法国大革命有效地遏制了大地产对小块土地的兼并，巩固和完善了小农土地所有制，使农民能够在人多地少的情况下抱着小块土地安生；另一方面是因为法国农村存在着大量的手工业和分散的手工工场，使农民得以在耕地受限的情况下，不必背井离乡而拥有维持生计的补充渠道。① 应该说，法国当时的此种客观现实不但决定了蒲鲁东的父亲作为农民所具有的双重属性，而且深刻地影响了蒲鲁东的思想发展。

不同于其他亦工亦农的农民，蒲鲁东的父亲并不安于这种状态，于是他在拿破仑战争的末期改行开了啤酒店。然而，根据蒲鲁东的回忆，啤酒店由于他父亲不听朋友的劝告，固守其本人基于道德原则的经营方法——"把生产费用计算一下，再加上他的劳动所得"② 确定所售商品的价格，以及高利贷的盘剥等原因而最终破产。蒲鲁东作为家中的长子，亲历了这一过程，其结果是，他因此从他父亲啤酒店中的小伙计转变为乡村中的小牧童。在蒲鲁东的个人自传《论革命中和教会中的公平》（ *De la justice dans la Révolution et dans l'église* ）③ 一书中，他虽然对少年时代的这段乡村生活不吝赞美之词，但他父亲在商业实践上的失败显然使他自由、安闲的乡村生活蒙上了一层"阴影"，即少年蒲鲁东不得不早早地面对贫穷的现实。蒲鲁东 12 岁便不得不去贝桑松的旅馆充当雇员，中学尚未毕业就去印刷厂工作，以及无法接受学校的系统教育也是其家庭贫穷最为直接的后果。不过，对于蒲鲁东的个人成长和思想发展来说，少年时代的这些经历——无论是乡村中的生活、父亲的破产，还是贫穷的境况——都是极为重要的。

首先，乡村中的生活使少年蒲鲁东自然而然地站在了朴素唯物主义的立场上。因为父亲在商业实践上的失败，蒲鲁东 12 岁以前几

---

①　参见沈坚《近代法国工业化新论》，中国社会科学出版社 1999 年版，第 75—78 页。

②　［法］蒲鲁东：《论革命和教会中的公平》，载《马列著作编译资料》第 9 辑，人民出版社 1980 年版，第 53 页。

③　尽管该书的主旨在于通过对 19 世纪欧洲社会的道德状况和宗教革命中的局限性等问题的回顾和考察，来为蒲鲁东本人的正义（justice）原则的论证提供支撑，但由于批驳欧仁·雅格（Eugène Jacquot）于 1855 年所写的"蒲鲁东传"中的相关评价，也是该书的写作出发点和目的之一，因此，该书实际上也成了蒲鲁东的"自传"。

乎一直在乡下生活，有时干些农活，有时放牛；他在草丛中和泥土中玩耍，在山林里和田野里寻找食物。这种与自然共生的生活方式，使蒲鲁东对自然怀有特殊的情感，更为重要的是，正如蒲鲁东自己所说的那样，"这种生活同灌注在宗教教育和教徒生活中的荒谬的唯灵论完全是势不两立的"①，所以蒲鲁东从少年时代起便不是一个虔诚的基督教徒。当蒲鲁东谈到这一时期的思想状况时，他明确指出："那时我对我和非我分不太清楚。我，就是我能用手摸到、用眼睛看到以及对我有点用的东西；非我，就是一切有害于我或和我作对的东西。在我的思想里，我的人格和我的福利合二而一，我根本不想在这些观念中寻找无边际的、非物质的本质。"② 从这里可以看出，少年蒲鲁东正如他所评价的"农民"一样，是最少浪漫气息和最少理想主义的人，是一个朴素的唯物主义者。

其次，蒲鲁东的父亲在商业实践上的失败案例成为他理解当时法国社会经济生活的重要切入点。对于少年蒲鲁东来说，父亲的破产在把他推向工厂的同时，也引发了他对父亲的经营方法和朋友们的劝告的反思，以及激发了他对供求关系和纯产值等问题的研究兴趣。少年蒲鲁东关于这一问题的研究结论则集中地反映在他在当排字工人时的思考中："如果通过某个办法能使生产者一致同意按他们花费在生产和服务上的开支，即按照生产和服务的价值来确定产品的售价，那么发财的人肯定会减少，但破产的人也会同时减少；这样，东西都便宜了，穷人也会少得多。"③ 也就是说，在少年蒲鲁东看来，由于商业生活中充满了尔虞我诈，所以商品的售价和成本根本不成比例，也由此他父亲的那种基于道德原则的经营方法注定会

---

① ［法］蒲鲁东：《论革命中和教会中的公平》，载《马列著作编译资料》第9辑，人民出版社1980年版，第42页。

② ［法］蒲鲁东：《论革命中和教会中的公平》，载《马列著作编译资料》第9辑，人民出版社1980年版，第43—44页。

③ ［法］蒲鲁东：《论革命中和教会中的公平》，载《马列著作编译资料》第9辑，人民出版社1980年版，第53页。

失败。这种认识表明，蒲鲁东对财富的增长或价值的增殖的理解，充其量只是停留在让渡利润的层面上。当蒲鲁东晚年（1858 年）再次回忆起他父亲的破产案例时，他评价道："我父亲是个平凡的人，从没有想到在他所生活的充满着对抗的社会里，任何一个实业主所力求取得的利益既是劳动所得又是战争虏获；因此商品的售价和成本不成比例，实业家在公众需求、购买力、竞争状况等允许的范围内尽可能地巧取豪夺。"① 可见，少年蒲鲁东关于法国社会经济生活的此种认识，在蒲鲁东此后的思想发展中不是被纠正了，而是被完整地保留下来了。

最后，贫穷的境况令蒲鲁东颇感羞耻，并力图通过教育使自身摆脱这一困境。当蒲鲁东谈到自己生活中的这一时期时，他曾坦言道："一想到我的地位低下，我就觉得害羞。起先我觉得贫穷就好像是受惩罚那样可耻……后来我感到愤怒了。高尚的竞赛鼓舞我去工作、去发展智力，为的是侧身于幸福者的行列。当我看到工人不能作到这一点的时候，竞赛的念头消失了，继之而起的是愤怒。我开始思考条件和地位的不平等。通晓就意味着占有，因为学术就是财富和资本。"② 正因为如此，在需要帮家里挣钱糊口而无法接受学校系统教育的情况下，少年蒲鲁东几乎抓住了一切机会，如饥似渴地阅读，勤勉地自学。值得一提的是，尽管少年蒲鲁东在哲学思想上倾向于唯物主义，但特别重视教育的态度，以及将感性生活同受教育后的生活对立起来的认识③，其实已经预示了他日后的发展方向，即越来越倾向于抽象的形而上学。

蒲鲁东虽然终其一生都未能摆脱贫穷，但少年时代的这些经历，

① ［法］蒲鲁东：《论革命中和教会中的公平》，载《马列著作编译资料》第 9 辑，人民出版社 1980 年版，第 53 页。

② 转引自［苏］卢森贝《政治经济学史》第 3 卷，郭从周、北京编译社译，生活·读书·新知三联书店 1960 年版，第 224 页。

③ ［法］蒲鲁东：《论革命中和教会中的公平》，载《马列著作编译资料》第 9 辑，人民出版社 1980 年版，第 45—46 页。

却使他得以从一般的排字工人中间脱颖而出，有机会从事科学著述活动。蒲鲁东人生的这一重大转变始于 1838 年。同别人合资经营的印刷厂遭遇资金短缺的问题，使他下定决心放弃印刷厂，去从事学术研究活动。经过长期的奔走和申请，蒲鲁东最终凭借其第一部作品《论通用文法》（*Essai de grammaire général*）① 获得贝桑松大学的胥阿尔奖学金（The Suard Pension）。正是这笔为数不多的奖学金，帮助蒲鲁东渡过了这一时期的经济困难，也帮助他实现了自身角色的转变，即从一般的排字工人转变为激进的社会批判理论家。其标志是，在接受贝桑松大学的资助期间，蒲鲁东所发表的两部作品。这两部作品分别是：1839 年的《关于星期日的讲话》（*De l'utilité de la célébration du dimanche considérée sous les rapports de l'hygiène publique，de la morale，des relations de famille et de cité*）和 1840 年的《什么是所有权》（*Qu'est-ce que la propriété? Ou recherches sur le principe du droit et du gouvernement*）。

在《关于星期日的讲话》中，蒲鲁东试图证明，一种以地位平等为基础的政治制度是每个星期日休息的制度得以建立所必需的前提。基于此，蒲鲁东想要彰显的是平等原则的决定性作用。"如果没有平等，这个制度就将成为一种变态，一种不可能的事；只有平等，才能复兴这个古老和神秘的第七日的例假守则。"② 为了缔造平等，蒲鲁东认为，真正的问题是要去发现并证实那些为了维持地位之间

---

① 蒲鲁东的这本小册子写于 1837 年，它既是一部神学的也是一部社会经济学的作品。在这部著作中，蒲鲁东试图通过对语言的研究来证明人类起源的共同性，从而证明他主张的"平等""正义"原则。基于此，蒲鲁东主张劳动者应该在社会中平等地享受各种福利，不应普遍生活在贫困之中，更不应对这种现实"逆来顺受"，甚至把贫困当成对基督教原罪的救赎。从这里也可以看出，他少年时代面对的贫困问题正是他理论言说的重要出发点。同时，由于蒲鲁东自身遭遇的贫困问题，也使他从一开始就站到了贫苦大众的立场上。这也是蒲鲁东的理论能够在法国工人阶级中广为流传的重要原因之一。

② ［法］蒲鲁东：《什么是所有权》，孙署冰译，商务印书馆 2015 年版，第25 页。

的平等而限制所有权和分配劳动的经济法则。① 此外，在该书中，蒲鲁东还将所有权称作最后的"伪神"，将所有者视为无产阶级的剥削者，从而将批判的矛头指向了所有权和所有者。② 由此不难发现，作为蒲鲁东理论生涯初期的作品，《关于星期日的讲话》正是他对少年时代诸多困惑的一个初步探索和解答，而他此后的很多重要思想其实也已经蕴含于此。比如，在后一部作品即《什么是所有权》中，蒲鲁东关于所有权的批判就得到了进一步的发挥。在该书中，针对平等原则的实现问题，蒲鲁东开始明确将批判的焦点对准所有权本身。在蒲鲁东看来，福音书确立了人们在上帝面前的平等地位；16世纪和17世纪确立了人们在知识和理性面前的平等地位；1789年的革命确立了人们在法律面前的平等地位。而现在的问题是，要确立人们在经济事实面前的平等地位，其关键就在于打倒所有权。为此，蒲鲁东在该书中因袭布里索（Jacques-Jean-Pierre Brissot）的名言发出"所有权就是盗窃"的呐喊。

　　凭借这两部作品，特别是后一部作品，蒲鲁东在工人阶级中间博得了很大的声望。与此相反的是，蒲鲁东自身的处境愈发难堪。这是因为，在该书中他对所有权的抨击和对现有的社会主义和共产主义的批判，不但触犯了资产阶级，而且激怒了大多数的社会批判理论家。所以，他既不为资产阶级所待见，也不为大多数的社会批判理论家所接受。面对这一现实，蒲鲁东多少收敛了他此前狂妄、乖张的行为。在此之后，也就是在1841年至1842年，就所有权问题，蒲鲁东又发表了两篇论文，但语气明显要比1840年的第一篇论文缓和得多了。不过，正如资产阶级经济学家阿道夫·布朗基（Adolphe Blanqui）敏锐地意识到的那样，即使在猛烈抨击所有权的第一篇论文中，蒲鲁东的思想也并没有人们所描绘的那样可怕，因为

---

　　① 参见［法］蒲鲁东《什么是所有权》，孙署冰译，商务印书馆2015年版，第2页。

　　② Cf. George Woodcock, *Pierre-Joseph Proudhon：A Biography*, Montréal：Black Rose Books, 1987, pp. 39 – 40.

"蒲鲁东在尖锐的形式后面隐藏着温和的内容"①。事实的确如此。蒲鲁东在该书中虽然以尖锐的形式批判了所有权，但这里所说的所有权，其实并不是指一切所有权，而是特指资产阶级所有权。相反，对于小资产阶级的个人所有，或者说，个人占有，蒲鲁东予以肯定和赞赏。"个人的占有是社会生活的条件……占有是一种权利"②。他所构想的"第三种社会形式"，其实就是使一切人平衡起来的小资产阶级所有制。从这个意义上我们可以说，自 1840 年之后，针对所有权的批判，蒲鲁东在语气上所表现出的缓和，不仅是他面对自己不为大多数人所接受的现实之妥协，更是他自身理论内在逻辑演化之必然。同时，对于小资产阶级所有权的向往，再一次印证了法国当时的社会背景和蒲鲁东本人少年时代的经历在其理论运演中的重要作用。

1843 年至 1846 年，蒲鲁东又撰写了两部著作，分别为 1843 年的《论人类秩序的建立》（*De la création de l'ordre l'humanité，ou principes d'organisation politique*）和 1846 年的《贫困的哲学》（*Systèmes des contradictions économiques，ou philosophie de la misère*）。在前一部著作中，蒲鲁东开始致力于为平等原则的落实（或绝对平等的体系的建构）寻找一个哲学基础。蒲鲁东给出的答案正是所谓的"系列辩证法"（dialectique sérielle）。在蒲鲁东看来，借助这种辩证法，人们能够将看似孤立的一切创造物、现象和原则，纳入某一系列中加以理解。这样，看似孤立的创造物、现象和原则等所具有的多样性便能够在"系列"中实现"统一"。更进一步，蒲鲁东认为，系列辩证法不只是认识的最高方法，更是社会存在的原则。因此，正如观念本身的多样性能够在系列中实现统一一样，个体的人所具有的多样性也同样可以在系列中实现统一，或者说，获得等

---

① ［苏］卢森贝：《政治经济学史》第 3 卷，郭从周、北京编译社译，生活·读书·新知三联书店 1960 年版，第 229 页。

② ［法］蒲鲁东：《什么是所有权》，孙署冰译，商务印书馆 2015 年版，第 322 页。

同（平等）性。① 这样，蒲鲁东也就从系列辩证法中推导出平等原则，从而这一方法也就成为他建构绝对平等的体系之哲学依据。

发现（创造）系列辩证法，使蒲鲁东颇为得意。于是在此之后，他便着手将这一方法运用到对政治经济学的改造中，其直接的理论产物便是《贫困的哲学》。在该书中，蒲鲁东借助系列辩证法对承继自政治经济学的经济范畴进行重新编排，从而构筑了一个包含十个经济范畴（或十个阶段）的"经济矛盾体系"。在蒲鲁东看来，每一个范畴都具有好的方面和坏的方面，后一个范畴都是对前一个范畴固有矛盾的解决，即"合题"。依此类推，直至范畴固有矛盾的最终解决。基于此，蒲鲁东公开表态，他不会再像此前那样去猛烈抨击所有权了。他提请"大家不要害怕"，只要所有权按照他所说的原则重新组合，使所有权的劣势即"反题重归于统一"②，所有权的优势就能得到实现。也由此，面对某些经济学家就蒲鲁东对所有权的批判之诘难，蒲鲁东辩解道，某些经济学家因为他批判过所有权就把他指认为或私有主或共产主义者，这种论断不过表明，这些经济学家完全"不懂得什么是正题、反题和合题"③。同时，蒲鲁东也试图借助系列辩证法，整合政治经济学和社会主义。在蒲鲁东的理解中，政治经济学和社会主义同其他范畴一样，也具有好的方面和坏的方面，所以问题不在于"排斥双方中任何一方的意见"，而在于"协调两者的主张"，④ 即实现二者的合题。从这里能够看出，尽管蒲鲁东言说的出发点仍然是工人阶级的贫困现实，而摆脱贫困、实现平等也依然是蒲鲁东的理论旨归，但诚如马克思所言，

---

① 参见［法］卢森贝《政治经济学史》第 3 卷，郭从周、北京编译社译，生活·读书·新知三联书店 1960 年版，第 233—234 页。

② ［法］蒲鲁东：《贫困的哲学》上卷，余叔通、王雪华译，商务印书馆 2010 年版，第 119 页。

③ ［法］蒲鲁东：《贫困的哲学》上卷，余叔通、王雪华译，商务印书馆 2010 年版，第 104 页。

④ ［法］蒲鲁东：《贫困的哲学》上卷，余叔通、王雪华译，商务印书馆 2010 年版，第 51 页。

在蒲鲁东该书的某些地方充满了"冒充德国哲学风格的那种傲慢的思辨的胡言乱语"，同时，贯穿于《什么是所有权》一书中的"真实的热情"在蒲鲁东该书中也已经无迹可寻，取而代之的则是"虚浮的狂热"。① 就此而言，不同于《什么是所有权》，经由《论人类秩序的建立》之中介，在《贫困的哲学》中，蒲鲁东最终完成了自身理论的重要转变，即从一般的唯物主义转向隐性唯心主义、从激进的批判转向折中的调和。从本质上说，这是一种道地的小资产阶级理论。

蒲鲁东的上述理论转向并没有削弱他在工人阶级中间的影响。相反，在1848年革命期间，蒲鲁东的思想得到迅速传播，影响也随之增强。之所以如此，一方面，因为蒲鲁东于1848年革命初期发表的三本小册子［《社会问题的解决》（*Solution du problème social*）、《民主》（*La démocratie*）和《信贷和流通组织》（*Organisation du crédit et de la circulation*）］中，他对资产阶级民主制的批判，以及对交换银行的构想，不仅契合了当时正处在破产恐慌中的小资产阶级的利益诉求，也捕获了二月革命后处境仍旧困难的广大工人阶级的心灵；另一方面，因为1848年4月蒲鲁东创办了《人民代表·劳动者日报》（*Le Représent du Peuple · Journal quotidian des travailleurs*）②，拥有了介绍自己思想的舆论阵地。也由此，虽然蒲鲁东既没有参加1848年革命的准备工作，也并不希望发动这样一场革命，但他被工人阶级推向了第一线。这样，从1848年开始，蒲鲁东就不再是一个纯粹的社会批判理论家，他开始或主动或被动地加入政治的、经济

---

① 参见《马克思恩格斯全集》第21卷，人民出版社2003年版，第59、60页。

② 蒲鲁东派的机关报在各方压力下几经更名：（1）1848年4月—8月以《人民代表·劳动者日报》出版；（2）1848年9月2日—1849年6月30日更名为《人民报·民主社会共和国的报纸》（*Le Peuple. Journal de la république démocratique et sociale*）出版；（3）1849年9月25日—1850年5月14日更名为《人民之声报》（*La Voix du peuple*）出版；（4）1850年6月15日—10月13日再次更名为《1850年人民报》（*Le Peuple de 1850*）出版，并改为每周三次。

的实践活动中。

1848 年 6 月 5 日的议会补选，蒲鲁东成功当选为国民议会的议员。然而，与蒲鲁东当选国民议会议员时所获得的选票形成鲜明反差的是，他在议员代表中并没有任何威信。在六月起义后，他在议会中大谈税收改革制度和组织无息信贷，抨击统治阶级对巴黎起义者的残酷镇压，反对梯也尔这一法国资产阶级的精神支柱。蒲鲁东提出的一系列社会改革方案，并没有得到国民议会的肯定与支持；而他对作为统治阶级的资产阶级的批判，也使他本人成为整个资产阶级痛恨的对象。1849 年年初，资产阶级政府以蒲鲁东在其主编的报刊上批判路易·波拿巴（Louis Napoléon Bonaparte）和煽动叛乱等为由，判处蒲鲁东三年监禁。蒲鲁东先是逃亡至比利，随后又潜回法国，最终于 1849 年 7 月被捕入狱。有意思的是，资产阶级政府越是痛恨蒲鲁东，对他的迫害越是厉害，他在工人阶级中的声望就越大。

另一方面，由于国民议会否决了蒲鲁东筹建人民银行、实行无息信贷的提案，于是他开始尝试借助互助的方式来完成这一计划。1849 年 2 月 11 日，蒲鲁东的人民银行（交换银行）正式开业。从人民银行初期的股票认购情况看，这一计划得到了不少工人群众的支持。在银行开业两天内，有 862 人认购了 1897 张股票，合计约 9485 法郎；在银行开业六星期后，合计近 2 万人认购了股票，预定资本高达 10 万法郎。[①] 然而，随着蒲鲁东被捕入狱，他的人民银行还没有实际运转起来，就不得不宣告破产。或许正是出于这一原因，蒲鲁东始终坚信，只要外部环境允许，人民银行便能顺利运转起来，实施无息信贷，从而使旧社会得到改造。由此也就不难理解，蒲鲁东会在《一个革命者的自白》（*Les confession d'un révolutionnaire*）中将人民银行运行的三个月视作其一生最为美满的时刻。同时，即使在狱中，也要坚持和资产阶级经济学家巴师夏（Frédéric Bastiat）进

---

① 参见《马列著作编译资料》第 11 辑，人民出版社 1980 年版，第 180 页。

行辩论，介绍并继续鼓吹他的人民银行和无息信贷计划。①

上述遭遇，特别是政治的压力和监狱生活的消耗，使蒲鲁东理论中妥协的一面被不断地放大并暴露出来。1851 年 7 月中旬，蒲鲁东出版《19 世纪革命的总观念》（Idée générale de la révolution au XIX siècle）一书。在该书中，蒲鲁东公开为资产阶级唱起了赞歌。他认为，社会中现存的贫困和腐败问题表明 1789 年的革命是不彻底的，因而 19 世纪的革命依然具有充分的理由。从历史的经验中可以得知，资产阶级是"有史以来最为勇敢、最为精明的革命者"②；无产阶级只着眼于自身狭隘的利益，一旦他们要求工作和面包的问题得到解决，他们的革命斗志便会丧失③。因此，在蒲鲁东看来，只有作为"革命的长子"的资产阶级才能够承担起继续革命的历史使命。而现在，资产阶级应当以他们的父辈为榜样，同无产阶级"和解"，用革命去拯救人民和资产阶级自身。从该书中能够看出，蒲鲁东此时已经完全丧失了他在国民议会时的英勇气概，他对政治的态度越发冷淡，他试图同资产阶级和解并将希望寄托在资产阶级身上。

《19 世纪革命的总观念》一书出版之后，法国的政治形势持续恶化。这种恶化，在 1851 年 12 月 2 日路易·波拿巴完成政变时达到了顶点。蒲鲁东被这场政变极大地震撼到了。他对此坦言道："12 月 2 日政变和起义被粉碎以后，我（蒲鲁东——引者注）整整五天感觉自己好像是被判处死刑一样。"④ 相应地，这种震撼迅速转化成蒲鲁东理论上的妥协。在 1852 年蒲鲁东出狱之后所撰写的《从十二

---

① 1850 年，蒲鲁东与巴师夏关于无息信贷的辩论文章被汇编成《无息信贷》（Gratuité du crédit. Discussion entre M. Fr. Bastiat et M. Proudhon）一书于巴黎出版。关于《无息信贷》的讨论，将在本书第四章加以展开。此处不再赘述。

② Cf. Pierre-Joseph Proudhon, General Idea of the Revolution in the Nineteenth Century, trans. John Beverley Robinson, London：Pluto Press, 1989, p. 6.

③ Cf. Pierre-Joseph Proudhon, General Idea of the Revolution in the Nineteenth Century, trans. John Beverley Robinson, London：Pluto Press, 1989, p. 19.

④ 转引自卢森贝《政治经济学史》第 3 卷，郭从周、北京编译社译，生活·读书·新知三联书店 1960 年版，第 250 页。

月二日政变看社会革命》(*La révolution sociale démontrée par le coup d'État du deux decembre*) 一书中，他一方面把波拿巴的政变指认为那些使二月革命遭到破灭的民主主义者和社会主义者所奉行的错误政策的合理后果，另一方面又幻想着波拿巴能够而且应该纠正民主主义者和社会主义者们的错误，从而按照蒲鲁东的思想来改造社会。[①] 可见，正如蒲鲁东此前求助于资产阶级一样，他现在又把希望寄托在路易·波拿巴身上了。颇为讽刺的是，蒲鲁东的主动示好，换来的只是波拿巴政府持续的指责和迫害。

在此之后，蒲鲁东曾一度想要重操旧业，继续当排字工人。不过，这一想法最终未能实现。从 1852 年至 1865 年辞世，蒲鲁东继续从事著述研究活动，又撰写了许多作品。这主要包括：1852 年与乔治·度申 (George Duchêne) 合作编写的《交易所投机者手册》(*Manuel du spéculateur a la bourse*)、1858 年的《论革命中和教会中的公平》[②]、1861 年的《战争与和平》(*La guerre et la paix*)、1863 年的《论联邦原则》(*Du principe fédératif et la nécessité de reconstituer le parti de la revolution*) 以及 1865 年的《论工人阶级的政治能力》(*De la capacité politique des classes ouvrières*)。这些作品的确包含了蒲鲁东本人不少的新思考，但从总体上看，它们依然是蒲鲁东以往理论观点的一种延续。

比如，在《交易所投机者手册》一书中，蒲鲁东虽然探讨了许多当时法国民众关心的话题，诸如徇私舞弊、投机勾当、金融上的欺诈、交易所、投机企业等问题，但他对于历史发展趋势的预判，即"工业封建制度"必然为"工业帝国"所替代，则依然是基于他的系列辩证法作出的。也就是说，蒲鲁东为了使他构筑的"系列"对称起来并得到证实，就主观地指认了作为工业封建制度之反题的工业帝国的必然到来。基于此，蒲鲁东想要进一步论证的是，工业

---

①　参见［法］卢森贝《政治经济学史》第 3 卷，郭从周、北京编译社译，生活·读书·新知三联书店 1960 年版，第 250—251 页。

②　该书对于天主教会的尖锐批判，使蒲鲁东再一次遭到三年监禁的判罚。由于蒲鲁东受够了监禁的滋味，决定逃亡到布鲁塞尔，直至 1862 年才返回法国。

共和国，即他的无政府主义世界的历史必然性。① 又如，在蒲鲁东1858 年的著作中，他虽然对天主教会进行了天才而尖锐的攻击，但蒲鲁东最终想要论证的依然是他主张的平等、正义原则。"各社会中的基本原则……就是正义。"② 再如，在《论联邦原则》中，蒲鲁东虽然提出了联邦的概念，并将 20 世纪指认为联邦制的时代，但从本质上说，这依然是蒲鲁东主张的契约原则和无政府主义思想的一个产物。"联邦制是等级制和集权制的对立物……联邦制所特有的根本法则是：中央当局的职权有明确的限制，并且随着加入联邦的国家的增加，这种职权在数量上、效能上……在强度上都将日渐削弱。"③

1865 年 1 月 19 日凌晨，蒲鲁东因病逝世，他曲折且充满传奇色彩的一生由此画上了句号。总体而言，解决社会贫困问题、建构绝对平等的体系始终是蒲鲁东理论研究的核心旨趣。蒲鲁东晚年甚至公开表示："哪怕世上唯独我（蒲鲁东——引者注）一人贫穷，而所有其他人的问题都得到解决，也该多么好呀！"④ 撇开蒲鲁东自己所没有意识的小资产阶级立场，这正是蒲鲁东作为"战士的伟大品格"⑤ 的重要体现。问题在于，无论是对社会经济问题的理解，还是对社会改革方案的主张，蒲鲁东的理论始终未能摆脱狭隘的小资产阶级视角。从根本上说，蒲鲁东理论的此种局限性又是同他自身所处的社会背景，即法国当时占主导地位的小农土地所有制与普遍

---

① 参见［法］卢森贝《政治经济学史》第 3 卷，郭从周、北京编译社译，生活·读书·新知三联书店 1960 年版，第 255—256 页。

② Pierre-Joseph Proudhon, *De la justice dans la révolution et dans l'église*，转引自杨洪源《政治经济学的形而上学：〈哲学的贫困〉与〈贫困的哲学〉比较研究》，中国人民大学出版社 2015 年版，第 14 页。

③ Pierre-Joseph Proudhon, *The Principle of Federation*, trans. Richard Vernon, Toronto：University of Toronto Press，1979，p. 41.

④ ［法］蒲鲁东：《论革命中和教会中的公平》，载《马列著作编译资料》第 9 辑，人民出版社 1980 年版，第 41 页。

⑤ 《马克思恩格斯全集》第 25 卷，人民出版社 2001 年版，第 426 页。

存在的前店后厂的手工业作坊式的生产经营方式①相关联的。这种时代背景的局限性，在蒲鲁东理论运演中的作用具体表现为：第一，蒲鲁东对社会经济生活的理解从始至终都停留在表层的交换领域，即把社会经济问题简单地归结为交换领域中的尔虞我诈；第二，既然社会经济问题主要源自交换领域中的尔虞我诈，那么蒲鲁东必然会围绕平等原则构筑起越来越思辨的形而上学；第三，与此相关联的是，蒲鲁东的社会改革方案也必然会走向小资产阶级的改良主义。值得一提的是，孕育蒲鲁东理论的法国社会现实，也正是当时法国工人阶级的现实背景，因此，蒲鲁东的理论即使存在着诸多的局限性，却也是同法国工人阶级的经验感受最为契合的。这也是蒲鲁东的理论能够在 19 世纪的罗曼语地区的工人中间广为流传的原因所在。当然，备受工人阶级推崇并不意味着蒲鲁东的理论就是一种真理。唯物史观创立之后，马克思正是因为意识到蒲鲁东理论所具有的时代局限性，才始终把针对蒲鲁东的批判放在他批判社会主义错误思潮的显著位置上，其目的不仅在于通过此种批判磨炼自身的理论，更在于为工人阶级提供科学的"精神食粮"，为社会主义事业提供科学的理论指引。

四　研究思路、难点与创新

（一）研究思路

关于马克思与蒲鲁东的思想关系问题，为避免陷入两者思想关系的枝节性问题当中，本书尝试回到两者的文本，牢牢把握马克思创立和发展历史唯物主义这一主线，深入挖掘马克思对蒲鲁东的批判，以及此种批判对于马克思自身的思想进展所具有的思想史意义。在此基础之上，一方面使蒲鲁东得到应有的理论归位，另一方面凸显马克思思想的变革性与深邃性之所在。

---

① 参见［英］大卫·哈维《马克思与〈资本论〉》，周大昕译，中信出版社 2018 年版，第 85 页。

　　本书将马克思与蒲鲁东的思想关系演进主要划分为四个阶段：第一阶段，《莱茵报》时期马克思与蒲鲁东理论的最初相遇；第二阶段，巴黎时期马克思对蒲鲁东的肯定与批判；第三阶段，唯物史观创立后马克思逐步走向对蒲鲁东的公开批判；第四阶段，《资本论》手稿及相关文本中马克思对蒲鲁东的全面批判。基于此，本书尝试从以下四个方面展开对马克思批判蒲鲁东的历史性梳理与解读。

　　第一，分析《莱茵报》时期马克思初次接触蒲鲁东的理论背景、理论态度以及此次接触对马克思思想发展的影响。马克思初次接触蒲鲁东是由客观环境与个人的理论困惑共同促成的。就客观环境来说，1842 年 10 月接任《莱茵报》主编一职，马克思首先遭遇的是来自奥格斯堡《总汇报》以"共产主义"之"矛"对《莱茵报》发起的猛烈攻击。而为了反击奥格斯堡《总汇报》，马克思必须对"共产主义"作初步的了解，蒲鲁东正是在这个时候进入马克思的理论视域。就个人的理论困惑来说，马克思在《莱茵报》时期遭遇的"物质利益难题"，在动摇他原有的理性主义国家观的同时，也使蒲鲁东的理论更易于同他产生思想上的共鸣。由此，从青年马克思转向市民社会研究和私有制批判的思想进程看，蒲鲁东具有不可忽视的中介性作用。然而，即使此时的马克思受到蒲鲁东的先期影响，但两者在思想上的诸多差异，决定了马克思也必然是用一种辩证批判的眼光来审视蒲鲁东的。因此，要想历史性地再现两者这一阶段的思想关系，既要准确评价并正面肯定蒲鲁东对此时的马克思的思想进展所具有的先期影响，又要捋清两者之间客观存在的思想差异。

　　第二，剖析巴黎时期马克思对蒲鲁东的理论肯定多于批判的深层原因及其反映的马克思自身的思想进展。尽管马克思本人在 1865 年的《论蒲鲁东》中只是谈到他对蒲鲁东"感染"上黑格尔主义负有不可推卸的部分责任，但很难说这一时期只是马克思单方面地影响了蒲鲁东。事实上，通过对马克思旅居巴黎时期的包括《巴黎笔记》《1844 年经济学哲学手稿》以及《神圣家族》在内的诸多文本的研究，能够发现，此时的马克思在不同的文本中都曾对蒲鲁东作出过较高的评价。其中，最为典型的便是《神圣家族》中马克思对埃德加尔·鲍威尔批判蒲鲁东的反批判。历史地看，此时的马克思对蒲鲁东的某些高度评价的确存在着言过其实的问题。因此，对这一时期两者思想关系的研究，应综合考虑此时马克思的主客观环境，即此时马克思实际的理论水平与社会主义运动的现实情况，并以此为基础，仔细辨析此时的马克思对蒲鲁东的高度评价之虚实，并着重探思蒲鲁东对于马克思此时的理论进展之作用。惟其如此，才能对既有研究所关注的两者早期关系提供一种科学的解读。

　　第三，探究马克思在创立唯物史观之后逐步走向对蒲鲁东的批判之原因及通过批判所实现的理论进展。唯物史观创立后，马克思逐步走向对蒲鲁东的公开批判。随着政治经济学研究的推进以及唯物史观的创立，马克思与蒲鲁东之间的理论鸿沟越来越大，并最终演化为《哲学的贫困》中马克思对蒲鲁东公开且尖锐的批判。在对待蒲鲁东的问题上，马克思前后的评价形成了鲜明而剧烈的反差。其原因可以概括为，蒲鲁东虽然从现实出发，却无法对现代社会制度作出科学的解读，只是提供了一种"可笑的哲学"，甚至走上了反革命的道路。蒲鲁东这种试图以哲学"拯救"政治经济学的荒谬之举及其暴露出来的问题，对于刚刚创立哲学新世界观的马克思来说，恰恰成为一个反面的催化剂，使马克思进一步明确其"新哲学"的理论边界及其拓展方向，即这种"新哲学"首先是作为科学解剖和批判资本主义社会这一现代社会制度的方法论指南，其次，这种"新哲学"的真正确立又必须以对现代社会制度的科学解剖为基础。换言之，以蒲鲁东用抽象的哲学逻辑来统摄现实的企图为参照，马克思针锋相对地提出，超越以往一切形而上学的"新哲学"恰恰应当深植于对现实本身的科学理解之上。正因为如此，从《致安年科夫的信》到《哲学的贫困》，马克思不仅特别地批判了蒲鲁东形而上学的政治经济学方法论，还在批判蒲鲁东具体经济学观点的过程中，初步尝试了其"新哲学"在一定的历史情境中的具体转型。同时，正是在这个意义上，《哲学的贫困》构成了马克思《资本论》

的"萌芽"。对这一时期两者思想关系的研究，必须撇开既有研究中的某些先入之见，着重从学理层面探思马克思与蒲鲁东的彻底决裂之缘由，以及马克思在批判蒲鲁东的过程中阐发的见解何以构成《资本论》"萌芽"的根源之所在。

第四，深入挖掘马克思在《资本论》手稿及相关文本中对蒲鲁东的全面批判以及这种批判所具有的思想史意义。1848 年之后，蒲鲁东提供的"可笑的哲学"之负面影响越出纯粹的理论层面而进入社会实践的层面，这具体表现为：经济实践活动中早早夭折的"交换银行"计划和政治实践活动中向资产阶级保守反动势力的妥协。蒲鲁东的这些问题再一次成为马克思加快以政治经济学研究为基础发展其"新哲学"的理论活动之催化剂。从《致安年科夫的信》之后，不理解现代资产阶级社会的蒲鲁东便在《资本论》手稿中一直作为一个反面的"教员"，刺激着马克思将其"新哲学"落实为对资本主义生产方式的政治经济学批判，进而不断地深入对货币问题、资本问题、生产过剩问题、社会再生产问题、所有权的历史性问题以及资产阶级意识形态批判等问题的研究中。1865 年，随着蒲鲁东的逝世，马克思受约·巴·施韦泽的邀请，对蒲鲁东作了"盖棺定论"式的评论，至此，马克思完成了对蒲鲁东的全面批判。对于这一时期两者思想关系的研究，应避免陷入马克思批判蒲鲁东具体经济学观点的枝节性问题中，要始终从马克思"新哲学"落实为对资本主义生产方式的政治经济学批判这一主要线索出发，深入研究马克思就蒲鲁东的某些观点进行反复批判的缘由，以及这种批判对马克思自身理论建构的思想史意义。此外，还应悉心梳理马克思对蒲鲁东所作的盖棺定论式评价，以回应试图借马克思存在人格缺陷来抹黑马克思主义的险恶观点。

（二）研究难点

本书的研究难点主要包括以下三点。

第一，蒲鲁东的思想原貌仍是一个有待推进的理论课题。之所以如此，一方面是因为蒲鲁东的大部分著述既鲜有转译为中文，也尚未全面转译为英文；另一方面是因为蒲鲁东的理论所具有的思想隐晦、分散且多有自相矛盾之处的特点，也为研究者呈现其思想原貌带来了一定的困难。

第二，马克思对蒲鲁东的批判，时间跨度极长。从文本上看，马克思对蒲鲁东的辩证评价最早可以追溯至 1842 年 10 月 15 日撰写的《共产主义和奥格斯堡〈总汇报〉》一文，而最迟可以追溯至 1880 年 3 月底或 4 月初撰写的《关于〈哲学的贫困〉》一文。这就意味着，要历史性地解读两者的思想关系，就必须对这一时期内两者的文本进行较为全面、细致的解读。

第三，马克思对蒲鲁东的批判，涉及的内容极为广泛。马克思与蒲鲁东在哲学方法论、经济学观点、社会变革路径等方面都存在着诸多的理论分歧。因此，针对两者的思想关系研究，如果缺乏总体性的视野，很容易在研究中逐渐"失焦"，陷入马克思批判蒲鲁东的枝节性问题当中。

（三）本书的创新之处

本书的创新之处在于以下三点。

首先，进一步推进对马克思与蒲鲁东思想关系的深层解读。关于历史唯物主义的研究，国内学界的既有研究已经取得了极为丰富的理论成果，然而，以蒲鲁东为参照系来审视马克思历史唯物主义的创立和发展过程，并不多见，即使有所涉及，在依托的文本以及解读的深度上，都存在着进一步推进的理论空间。

其次，对马克思批判蒲鲁东的"历史性"解读，也是一种创新。在既有的研究中，关于马克思与蒲鲁东的思想关系研究，大多聚焦于两者从《神圣家族》到《哲学的贫困》这一时期的思想关系，而在这一过程中，《哲学的贫困》似乎成了马克思与蒲鲁东思想关系研究的唯一依据。鉴于此，本书以马克思历史唯物主义的创立和发展过程为主线，对两者从《莱茵报》实践阶段到《资本论》手稿中的思想关系进行历史性的解读。

最后，本书的创新之处还在于，通过对《德意志意识形态》时期的文本解读，揭示了马克思逐步转向对蒲鲁东的公开批判之复杂过程，从而较为有力地回应了将马克思对蒲鲁东的批判归结为马克思个人品性问题的恶毒攻击。此外，通过对《资本论》手稿的文本解读，揭示了蒲鲁东的理论缺陷在马克思不断深入对资本主义生产方式的剖析中所具有的思想史意义，从而论证了蒲鲁东不仅对马克思转向一般唯物主义、私有制批判等具有先期影响，而且对马克思不断深化其历史唯物主义新世界观也具有重要意义。

第 一 章

《莱茵报》时期马克思与蒲鲁东理论的最初相遇

诚如苏联学者巴加图利亚和维戈茨基所总结的，马克思的著作的典型方法是："从批判先辈开始，从批判地吸取他们的成就和批判地克服他们的错误观点开始。"① 而回到马克思自身的思想发展历程中去，马克思对蒲鲁东的评价与批判几乎贯穿于他逐步建构并不断深化其历史唯物主义的整个过程。这就意味着，要想进一步深化对马克思历史唯物主义的认识，就必须重新考察马克思对蒲鲁东的批判。而此种考察的起点，便是《莱茵报》（*Rheinische Zeitung*）时期马克思与蒲鲁东理论的最初相遇。在这里，马克思第一次重大思想转变中蒲鲁东理论的作用，需要得到更为细致的探讨和应有的评价。

第一节　马克思初次接触蒲鲁东时的思想背景及其理论态度

作为法国小资产阶级社会主义者的代表，在 1840 年，蒲鲁东

---

① ［苏］格·阿·巴加图利亚、维·索·维戈茨基：《马克思的经济学遗产》，马健行等译，贵州人民出版社 1981 年版，第 200 页。

（Pierre-Joseph Proudhon）便因其《什么是所有权》（*Qu'est-ce que la propriété ? Ou recherches sur le principe du droit et du gouvernement*）一书而颇负盛名。可以说，在当时，"法国的无产阶级认为自己的最卓越代表就是蒲鲁东，他的《什么是所有权》一书，在一定意义上是西欧社会主义的最前哨"①。然而，成长于德国的青年马克思只是在进入"社会舞台"后才第一次接触蒲鲁东其人及其理论的。囿于马克思本人"以往的研究"，在与蒲鲁东理论的初次接触中，他恰恰处于一种"失语"的状态。总的来说，马克思与蒲鲁东理论的最初相遇，发生在他逐渐由理论转向现实的过程中，因而也是他初步走向创立"新哲学"、全面探索资本主义社会的关键一环。

一　接任《莱茵报》主编之前马克思的理论倾向

从马克思思想发展史的角度看，在 1842 年 10 月正式接任《莱茵报》主编之前，年轻的马克思已经有过一次思想转变，即由康德、费希特的"理想主义"转向黑格尔哲学。对于他本人来说，之所以要摒弃对黑格尔哲学的那种"离奇古怪的调子"的厌恶而再度"潜入大海"，② 是为了解决他此时所苦恼的"应有"和"现有"的矛盾。不过，由于马克思是以接近青年黑格尔派的方式转向黑格尔哲学的，所以，马克思思想的这一最初转折，其实尚没有超越唯心主义的理论地平，并且已经包含着矛盾。换言之，马克思在《莱茵报》实践阶段前的理论倾向，既带有浓厚的时代局限性，又蕴含着一种指向新的未来的可能性。这一切，在他的博士论文《德谟克利特的自然哲学和伊壁鸠鲁的自然哲学的差别》（以下简称《博士论文》）中得到了鲜明的体现。

首先，马克思对黑格尔哲学的改造与发展仍旧是在唯心主义的

---

① ［德］梅林：《马克思和恩格斯是科学共产主义的创始人》，何清新译，生活·读书·新知三联书店 1962 年版，第 91 页。译文有所改动。
② 《马克思恩格斯全集》第 47 卷，人民出版社 2004 年版，第 13 页。

基础上进行的。尽管马克思转向黑格尔哲学的初衷是解决使他苦恼的"应有"和"现有"的矛盾，但他并没有因此而原封不动地墨守黑格尔的哲学体系。在《博士论文》中，马克思明确指出，黑格尔所理解的"科学"，其实"不是某种现成的东西，而是一种正在生成的东西，因此，他把自己最独特的精神的心血一直浇灌到科学的最远的周边领域"①。不过，在马克思看来，由于黑格尔对他本人的辩证方法缺乏充分的自觉，所以他常常又从自己的哲学中得出保守的结论。因此，在对待黑格尔哲学的问题上，就不能像老年黑格尔派那样，原封不动地接受黑格尔哲学中具有"外在的意识形式"的保守结论，而应当把它当作一种正在生成的科学，使它得到进一步的改造和发展。马克思认为，黑格尔通过指认偶然的东西不存在来证明神或绝对者的存在，其实是把事情"完全弄颠倒了"②。因此，改造和发展黑格尔哲学，就要对黑格尔哲学做进一步的颠倒，即把作为人的象征的"自我意识"从"绝对精神"的统治中解放出来。可见，马克思对黑格尔哲学的改造和发展，其实是对"一切天上的和地上的神"的否定和对"自我意识"的张扬。③ 以此来看，唯心主义依旧是马克思此时的整个理论活动的基础。

其次，一旦马克思站到青年黑格尔派的"自我意识"立场上，他的这一立场便不可避免地同自己转向黑格尔哲学的初衷相矛盾。事实上，当布·鲍威尔等青年黑格尔派试图以"自我意识"改造黑格尔的绝对唯心主义体系时，他们便如同费希特一般，使自我意识同实体保持着经常的对立。也就是说，鲍威尔等青年黑格尔派在赋予自我意识以绝对的意义时，他们恰恰也把精神同现实相割裂了，与此相适应的是，他们必然会从黑格尔哲学退回到费希特的主观唯心主义上。然而，对于马克思本人来说，他之所以"转而向现实本

---

① 《马克思恩格斯全集》第 1 卷，人民出版社 1995 年版，第 74 页。
② 《马克思恩格斯全集》第 1 卷，人民出版社 1995 年版，第 100 页。
③ 参见《马克思恩格斯全集》第 1 卷，人民出版社 1995 年版，第 12 页。

身去寻求观念"①，原因正在于法学研究中遭遇的"应有"和"现有"的矛盾动摇了他原先所倾向的费希特的理想主义。因为，正是在费希特的这种理想主义中，应有和现有、主体和物自体才会处于经常的分裂和无限的对立状态。在这种情况下，马克思却依然选择以青年黑格尔派的"自我意识"为立场，恰恰表明，在《博士论文》中，"马克思在对于费希特和黑格尔的关系上，仍然包含着某种矛盾的东西"②。

　　最后，与对待费希特和黑格尔的关系的矛盾性相适应的，是马克思改造黑格尔哲学的方式的矛盾性。如前所述，既然马克思转向黑格尔哲学正是以其费希特的理想主义的破灭为前提的，那么他就不可能像鲍威尔等青年黑格尔派那样，再次简单地退回到费希特的原则上。事实上，马克思本人对"自我意识"在理论上的缺陷并非缺乏清晰的认识。在评判伊壁鸠鲁的历史意义时，他指出，"如果抽象的、个别的自我意识被设定为绝对的原则，那么，由于在事物本身的本性中占统治地位的不是个别性，一切真正的和现实的科学当然就被取消了。可是，一切对于人的意识来说是超验的东西，因而属于想象的理智的东西，也就全都破灭了"。马克思的意思是，在伊壁鸠鲁那里，一切真正的和现实的科学，虽会因抽象的、个别的自我意识被设定为绝对原则而招致取消，但由于此举同时取消了一切超验的东西，所以它便具有了革命的、启蒙的意义。这一点，正是马克思此时所看重的。可见，马克思执意以青年黑格尔派的"自我意识"为立场，其目的就在于以一种彻底否定的自我意识原则来扫清一切超验的东西的阻碍。不言而喻，这与当时青年黑格尔派同德国宗教和专制主义的斗争是一致的。

　　然而，这样一来，抽象的自我意识在"应有"和"现有"之

---

①　《马克思恩格斯全集》第47卷，人民出版社2004年版，第13页。

②　吴晓明：《马克思早期思想的逻辑发展》，云南人民出版社1993年版，第107页。

间所必然造成的尖锐对立也就自然而然地摆在了马克思的面前。因为，"应有"和"现有"的矛盾正是在黑格尔哲学中作为统一本身的绝对精神之基础上才得到较为合理的解决。仅此而言，在《博士论文》中，马克思既要保持自我意识的立场，又要解决"应有"和"现有"的矛盾，显然是不可能的。不过，也正是在试图弥合这一矛盾的过程中，马克思对"自我意识"的理解，才没有跟随鲍威尔等人彻底退回到费希特的原则上。在马克思看来，"哲学的客观普遍性变成个别意识的主观形式，而哲学的生命就存在于这些主观形式之中"①。易言之，在马克思的理解中，"自我意识"其实并不具有纯粹主观的意义，在归根结底的意义上，它是客观精神在主体意识中的体现。更进一步，马克思用以补充具有"先天"缺陷的"自我意识"立场之方法，还特别地表现在他对哲学与世界的关系的认识上。马克思指出，哲学作为意志力量应当走出"阿门塞斯冥国"，这样，哲学体系才能打破它自身内在的"自我满足和完整性"，从而作为哲学内在之光的东西，才能"变成转向外部的吞噬一切的火焰"，其结果是："世界的哲学化同时也就是哲学的世界化"②。可见，在放弃黑格尔的"绝对精神"的前提下，马克思所要保留的正是黑格尔哲学的统一性（思有同一）原则。诚然，这种保留必然是颇为牵强的，以至于鲍威尔能够根据黑格尔对马克思提出较为合理的批评。③ 不过，马克思毕竟还是通过此种保留，一方面使自己同青年黑格尔派区别开来，另一方面，则在对自我意识、哲学与世界的关系等问题的理解上以一种辩证的视角逐渐向具体的、现实的理性靠拢。而这种细微的差别，其实已经预示了他后来的发展方向。

---

① 《马克思恩格斯全集》第 40 卷，人民出版社 1982 年版，第 136 页。

② 参见《马克思恩格斯全集》第 1 卷，人民出版社 1995 年版，第 75—76 页。

③ 参见［法］奥古斯特·科尔纽《马克思恩格斯传》第 1 卷，刘丕坤等译，生活·读书·新知三联书店 1963 年版，第 189 页注释"75"。

二　《莱茵报》时期马克思的政治批判与奥格斯堡《总汇报》的攻击

1841 年 4 月 15 日，在未经答辩的情况下，马克思凭借其《博士论文》如愿获得由耶拿大学授予的哲学博士学位。按照马克思的原初计划，博士毕业后他将前往波恩大学谋取教职。然而，由于鲍威尔此时对《圣经》的尖锐批判，不仅使他本人失去了在波恩大学任教的权利，还使普鲁士政府逐渐撕下了"自由主义"的伪装，随之，几乎所有的大学都背叛了新教讲学自由的原则。这些信号表明，青年黑格尔派以大学讲坛为反宗教、反专制主义的舞台的道路已被堵塞。所以，马克思介入政治生活的手段也就所剩无几了。正是在这一背景下，《莱茵报》进入马克思的视野，并最终成为他步入"社会舞台"的初始阵地。

在通过报刊舆论介入社会政治生活的过程中，由于普鲁士政府当局的高压政策，马克思的革命民主主义立场也被相应地推向了更为激进的一端。值得一提的是，正如马克思在《博士论文》中试图使具有彻底否定之意蕴的自我意识原则同以绝对精神为基础的统一性（思有同一）原则得到协调一样，他的革命民主主义立场也必然在保有批判性精神的情况下，同时不失冷静的理性分析的维度。应该说，马克思的此种理论特质也直接反映在他的极富感染力的个人性格上。正因为如此，1841 年 9 月 2 日，马克思与莫泽斯·赫斯的初次见面，才会给后者留下深刻的印象。赫斯不吝赞美之辞地评价道，初露头角的马克思是"一位最伟大的哲学家"，甚至可以说是"当今活着的唯一真正的哲学家""他将给中世纪的宗教和政治以致命的打击；他既有深思熟虑、冷静、严肃的态度，又有最辛辣的机智；如果把卢梭、伏尔泰、霍尔巴赫、莱辛、海涅和黑格尔合为一人……那末结果就是一个马克思博士"。① 在这里，赫斯所说的"深

_____

① ［法］奥古斯特·科尔纽：《马克思恩格斯传》第 1 卷，刘丕坤等译，生活·读书·新知三联书店 1963 年版，第 289—290 页。

思熟虑""冷静""严肃"和"最辛辣的机智"正是对马克思此种理论特质的精当描述。

因此，在《莱茵报》实践阶段的一系列政论性文章中，马克思的政治立场的确是更为激进的革命民主主义，但他在哲学立场上的黑格尔因素也没有因此而削弱，"毋宁说倒是在加强"①。以马克思为《莱茵报》撰写的第一篇论文为例，其标题是：《关于新闻出版自由和公布省等级会议辩论情况的辩论》。在该文中，马克思对何为"自由"作出了充分的说明和论证。他指出，贵族等级的代表们把自由看作某些人物和某些等级的"个人特性"，所以认为自由"是明星的特别吉祥的组合所带来的超自然的礼物"；与此相反，马克思认为，自由其实是"理性的普遍阳光所赐予的自然礼物"②，而"理性"本身是"人民精神"的具象化。正因为如此，在马克思看来，自由报刊其实"是人民精神的洞察一切的慧眼，是人民自我信任的体现，是把个人同国家和世界联结起来的有声的纽带，是使物质斗争升华为精神斗争，并且把斗争的粗糙物质形式观念化的一种获得体现的文化"③。可见，马克思是把自由理解为理性的规律，而把理性之为理性归之于它的"人民精神"属性。这样一来，马克思虽然还没有超越唯心主义的地平，但由于将理性之自由同"人民精神"相联系，则使他此时的批判"不仅可以同批判的启蒙精神相吻合，而且在很大程度上返回到思想的具体现实性"④。其结果是，一方面，马克思开辟了一条既不同于黑格尔也不同于鲍威尔等"自由人"的社会政治批判道路，从而为他此后世界观的根本转变奠定了思想基础；另一方面，则使马克思本人和《莱茵报》这一社会舆论阵地

---

① 吴晓明：《马克思早期思想的逻辑发展》，云南人民出版社 1993 年版，第132 页。

② 《马克思恩格斯全集》第 1 卷，人民出版社 1995 年版，第 163 页。

③ 《马克思恩格斯全集》第 1 卷，人民出版社 1995 年版，第 179 页。

④ 吴晓明：《马克思早期思想的逻辑发展》，云南人民出版社 1993 年版，第141 页。

成为试图拯救"特权的特殊自由"的阶级的威胁，并由此而招来更多的不公正的攻击。

1842 年 10 月 11 日，适逢马克思接任《莱茵报》主编一职之际，奥格斯堡《总汇报》（*Allgemeine Zeitung*）的主编古·科尔布将《莱茵报》指认为"普鲁士的共产主义者"，并指责它把"邻国的混乱"引入德国。其依据是，《莱茵报》曾刊登了两篇"同情"共产主义的文章。然而事实是，1842 年 9 月底至 10 月初，以第十次法国学者代表大会对法国共产主义和社会主义理论的讨论等事件为契机，关于共产主义和社会主义的问题在德国报界得到了广泛的讨论。在这一期间，不但《莱茵报》，而且古·科尔布主编的《总汇报》也曾刊登过有关第十次法国学者代表大会会议讨论情况的简讯。可见，《总汇报》对于《莱茵报》的攻击是一种别有用心的污蔑。因此，面对这一情况，身为《莱茵报》主编的马克思立即介入《莱茵报》和《总汇报》的论战之中；通过此次论战，他首次公开表明了其对共产主义的态度，触及并初步评价了蒲鲁东的理论。

三　《共产主义和奥格斯堡〈总汇报〉》中的反击与对蒲鲁东理论的评价

1842 年 10 月 15 日，马克思撰写《共产主义和奥格斯堡〈总汇报〉》一文。在这篇文章中，马克思一方面对奥格斯堡报的恶毒攻击予以反击，另一方面公开发表了自己对于共产主义的理解。

首先，马克思主要从三个方面有力地反击了奥格斯堡报的恶毒攻击。第一，马克思指出，奥格斯堡报所谓的《莱茵报》向共产主义"频送秋波"的指控，其实不过是它凭借自身"活跃的想象力"虚构出来的"无聊的把戏"而已。奥格斯堡报对《莱茵报》的指责在本质上是一种缺乏事实依据的、别有用心的恶毒攻击。第二，马克思进一步指出，如果《莱茵报》因为刊登过有关共产主义的文章便成为奥格斯堡报的攻击对象，那么"在空话中使用过共产主义这个词"① 的奥格斯堡报显然也应该接受此种无端的批判，因为使用过共产主义这个词同样可以证明奥格斯堡报本身也在"偷运"共产主义。第三，马克思最后特别提醒奥格斯堡报，实际上，在德国传播共产主义原理的不是自由主义者，相反，正是奥格斯堡报的反动的朋友们。马克思指出，奥格斯堡报的反动的朋友们不仅谈论"手工业者的同业公会"，还宣称"私有财产是一种特权"。在马克思看来，前一个方面无非导向"手工业者的国家"这样一个概念，而后一个方面正是"傅立叶的基本原则"。② 可见，奥格斯堡报只是惊奇地发现共产主义在德国的传播，但没有因惊奇而转向对这一现实本身的充分考察。以此来看，奥格斯堡报只是惯于用说空话的方式时而在这里时而在那里发表一些恶意的评论。

其次，关于共产主义，马克思主要谈了三点看法。第一，共产主义是"具有欧洲性的重要意义"③ 的问题。针对奥格斯堡报否认共产主义问题的重要性这一情况，马克思指出，共产主义虽不是当前沙龙中议论的问题，但仅凭奥格斯堡报也曾用过共产主义这个词，就足以证明，它不仅是法国和英国当前的一个极端重要的问题，它还具有欧洲性的重要意义，并且，共产主义作为一个正在发生的客观事实，它显然不会因为奥格斯堡报在这一问题上的不满和沉默便能够被轻易推翻。在这个意义上，马克思提醒奥格斯堡报不要试图用单纯的空话来解决共产主义的问题，并进一步肯定了英、法两个民族在解决这一问题上的努力。第二，马克思强调，《莱茵报》绝不承认奥格斯堡报的反动朋友在德国宣传的共产主义，"更不会期望在实际上去实现它"；相反，对于法国的共产主义思潮，诸如"像勒鲁、孔西得朗的著作，特别是对于蒲鲁东的机智的著作，决不能根据肤浅的、片刻的想象去批判，只有在长期持续的、深入的研究之

---

① 《马克思恩格斯全集》第 1 卷，人民出版社 1995 年版，第 292 页。
② 参见《马克思恩格斯全集》第 1 卷，人民出版社 1995 年版，第 294—295 页。
③ 《马克思恩格斯全集》第 1 卷，人民出版社 1995 年版，第 292 页。

后才能加以批判"。① 第三，马克思认为，只有共产主义的理论阐述，才会对奥格斯堡报及其所代表的利益集团构成真正的危险。因为，在马克思看来，共产主义思想的实际试验，必然会由于其可见的危险性而招致"大炮的回答"；相反，一旦共产主义的理论阐述征服了我们的心智、支配了我们的信念，那么它将成为我们"不撕裂自己的心就无法挣脱的枷锁"。② 马克思认为，这一点恰恰是既无理智，又无见解，也无良心的奥格斯堡报所不理解的。

综上观之，在这篇文章中，马克思不但有力地反击了奥格斯堡报的恶毒攻击，而且清楚地阐发了他对共产主义的初步见解。仅此而言，奥格斯堡报对《莱茵报》的恶毒攻击，在客观上，促使马克思开始接触社会主义和共产主义思潮，而蒲鲁东的理论作为"现有形式的共产主义思想"之一，也在这一过程中进入马克思的理论视野。然而，正如马克思在后来回顾这一段经历时所说的那样，"我以往的研究还不容许我对法兰西思潮的内容本身妄加评判"③，所以，在这篇文章中，马克思虽然批判了德国形式的共产主义思想并与之划清界限，但对于像勒鲁、孔西得朗，特别是蒲鲁东的著作所呈现的法国形式的共产主义思想，他即使不认同却也无法提出更多的批评。这是因为，在此时的马克思的理解中，法国形式的共产主义思想（特别是蒲鲁东的形式）绝不是一种"肤浅言论"④，因而对于此类形式的共产主义思想就"决不能根据肤浅的、片刻的想象去批判，只有在长期持续的、深入的研究之后才能加以批判"⑤。从这里可以

---

① 《马克思恩格斯全集》第 1 卷，人民出版社 1995 年版，第 295 页。

② 《马克思恩格斯全集》第 1 卷，人民出版社 1995 年版，第 295—296 页。

③ 《马克思恩格斯全集》第 31 卷，人民出版社 1998 年版，第 412 页。

④ 青年马克思在这一文本中对法国形式的共产主义思想的此种认识，恰好同 1859 年《〈政治经济学批判〉序言》中认识形成鲜明的反差，在后一文本中，马克思正是以"肤浅言论"来指称法国的社会主义和共产主义。这种区别表明，青年马克思同法国社会主义和共产主义思潮的最初接触，在总体上，是处于一种"失语"和"错估"的状态中的。这也进一步印证了青年马克思思想的不成熟性。

⑤ 《马克思恩格斯全集》第 1 卷，人民出版社 1995 年版，第 295 页。

看出，青年马克思对法国的社会主义和共产主义思潮给予了充分的尊重。也由此，蒲鲁东的著作才会被冠以"机智"之名，得到马克思此时更多的赞誉。应该说，这种肯定也揭示了此时的马克思虽无法完全认同蒲鲁东的理论，但后者必然会成为其后续有关社会主义和共产主义研究的重要参照。历史地看，几乎贯穿马克思一生的针对蒲鲁东理论的批判性研究大致也是由此开始的。

第二节 马克思对蒲鲁东的特别关注及对自身思想的影响

从文本上看，在《共产主义和奥格斯堡〈总汇报〉》一文中，马克思的确没有针对蒲鲁东的著作发表过多的评价，但是，透过"特别是对于蒲鲁东的机智的著作"这一简短的评语，我们可以推知，此时的马克思虽无法对蒲鲁东的理论妄加评判，但他本人已经为后者所吸引。如果结合马克思《莱茵报》时期的理论困惑，那么蒲鲁东的理论之所以能够得到马克思此时的关注，显然包含着更为深层的理论原因。毋庸赘言，通过对青年马克思特别关注蒲鲁东理论之缘由的剖析，既有助于我们更加准确地理解蒲鲁东的理论对于青年马克思思想进展之作用，又有助于我们更加准确地理解青年马克思实现其第一次重大思想转变过程之复杂性。

一 马克思特别关注蒲鲁东理论的原因

如果说，青年马克思为反击奥格斯堡报对《莱茵报》的攻击而接触蒲鲁东的理论，表现为由外部环境所迫、不得已而为之的结果，那么《共产主义和奥格斯堡〈总汇报〉》一文中，马克思将蒲鲁东的著作同勒鲁、孔西得朗的著作区别开来的情况，却恰恰揭示了，在此之前，他对蒲鲁东的著作即使无法达到了然于心的地步，也存在着主动接触和初步了解的可能性。对于此时的马克思来说，这已经可以称得上是对蒲鲁东理论的特别关注了。通过对马克思在《共产主义和奥格斯堡〈总汇报〉》一文之前的理论活动的梳理，能够发现，以下两个方面的原因为此种可能性提供了必要的支撑。

第一，批判赫斯与青年马克思对共产主义及蒲鲁东理论的初步接触。事实上，当奥格斯堡报攻击《莱茵报》向共产主义"频送秋波"时，它的依据就包括赫斯在《莱茵报》上发表的一系列提倡共产主义思想的文章。以此来看，在遭遇奥格斯堡报的恶毒攻击之前，共产主义思潮的确已经通过赫斯的介绍在《莱茵报》的内部涌动着。历史地看，早在 1839 年至 1840 年夏天完成的《欧洲的三头政治》一书中，赫斯就已经开始介绍共产主义思想①，因而他其实是青年马克思等青年黑格尔派转向德国式的共产主义的领路人。也正是在这个意义上，恩格斯将赫斯指认为该派的第一个共产主义者，并将肇始于赫斯的德国式的共产主义称为"哲学共产主义"②。不过，在 1843 年以前，赫斯的哲学共产主义并没有打动大多数黑格尔左派，相反，他们倒是对赫斯的观点表示怀疑，而青年马克思便是其中的代表人物之一。正因为如此，1842 年 5 月 17 日，当赫斯在《莱茵报》上匿名发表《德国和法国的中央集权问题》一文，试图以所谓的"从一个高的哲学角度"③ 来轻易地解决最棘手的国家问题时，马克思立即撰文批判赫斯的"哲学"④。马克思指出："当人们把哲

① 参见［苏］B. A. 马利宁、B. И. 申卡鲁克《黑格尔左派批判分析》，曾盛林译，社会科学文献出版社 1987 年版，第 187—188 页。

② 《马克思恩格斯全集》第 3 卷，人民出版社 2002 年版，第 492 页。

③ ［德］赫斯：《德国和法国的中央集权问题》，载《赫斯精粹》，邓习议编译，南京大学出版社 2010 年版，第 49 页。

④ 针对赫斯的《德国和法国的中央集权问题》一文，马克思于 1842 年 5 月下半月撰写《集权问题 从问题本身和 1842 年 5 月 17 日星期二〈莱茵报〉第 137 号附刊谈起》一文，试图对前者进行批判。不过，该文本目前保存下来的仅剩开头部分，文章后半部分至今尚未找到。至于后半部分究竟是没有完成，还是写完寄往科隆，就不得而知了。

学同幻想混为一谈的时候，哲学必须严肃地提出抗议。关于完全由
'正直的人'组成的人民这一虚构，同哲学是格格不入的，就像关于
'祈祷的鬣狗'这一虚构同自然格格不入一样。作者把'自己的抽
象概念'偷偷塞进哲学。"① 在这里，马克思以个人的主观幻想来类
比赫斯的哲学，在最直接的意义上，这反映的是马克思对赫斯的哲
学观点的批判，但在某种程度上也反映了他对赫斯所谓的哲学共产
主义的怀疑。在这个意义上，批判赫斯正是马克思初次接触赫斯式
的共产主义观念的过程。

此外，如果进一步考察赫斯的哲学共产主义，在某种意义上，
我们可以将它视作费尔巴哈哲学和蒲鲁东的社会主义相结合的产物。
应该说，从 1841 年起，赫斯便开始尝试将两者结合起来，而在 1843
年年底至 1844 年年初撰写的《论货币的本质》一文中，赫斯更是明
确表示："'费尔巴哈是德国的蒲鲁东'……必须'把费尔巴哈的人
本主义运用到社会生活中去'。"② 因此，在赫斯的哲学共产主义观
念中，我们不但能够发现费尔巴哈的人本学唯物主义因素，而且能
够发现蒲鲁东的社会主义因素。也由此，当青年马克思批判赫斯时，
蒲鲁东的理论也或多或少地通过后者的中介进入他的理论视域之中。
当然，这也为马克思在反击奥格斯堡报之前主动接触蒲鲁东的著作
提供了可能。

第二，《莱茵报》时期马克思的理论困惑与蒲鲁东理论的启发。
如果说，对于赫斯的批判使马克思有可能接触蒲鲁东的著作，那么，
马克思对《莱茵报》实践阶段的自我回顾则进一步支撑了这种可能
性。根据《〈政治经济学批判〉序言》（以下简称《序言》）中的说
法，在马克思担任《莱茵报》的编辑期间，"第一次遇到要对所谓
物质利益发表意见的难事"，而这一"难事"具体反映在"莱茵省

---

① 《马克思恩格斯全集》第 1 卷，人民出版社 1995 年版，第 204—205 页。

② 张一兵：《回到马克思：经济学语境中的哲学话语》，江苏人民出版社 2014 年
版，第 125 页。

议会关于林木盗窃和地产析分的讨论，当时的莱茵省总督冯·沙培尔先生就摩泽尔农民状况同《莱茵报》展开的官方论战……关于自由贸易和保护关税的辩论"当中。① 紧接于此，马克思不是直接讲述他如何解决这一难事，而是补充道："另一方面，在善良的'前进'愿望大大超过实际知识的当时，在《莱茵报》上可以听到法国社会主义和共产主义的带着微弱哲学色彩的回声。我曾表示反对这种肤浅言论，但是同时在和奥格斯堡《总汇报》的一次争论中坦率承认，我以往的研究还不容许我对法兰西思潮的内容本身妄加评判。"② 这里的后一句表明，马克思当时不但不具备评判法兰西思潮的实际知识和能力，而且对这种思潮持十分谨慎的态度，但前一句表明，当马克思遭遇物质利益难事时，法国社会主义和共产主义思潮同时进入他的研究视域当中。这便提示了，即使马克思此时无法认同这种思潮本身，但在他解决自身所苦恼的问题时，这种思潮或许已经为马克思呈现了某种十分重要且不同的见解了，并且这种见解显然也引起了他的注意。正因为如此，他才会在讲述自己解决问题的过程前，补充这样一段经历。如果结合马克思在反击奥格斯堡报时对蒲鲁东著作的评价，则可以进一步推知，法兰西思潮在引起马克思关注的同时，蒲鲁东的著作自然是这一思潮中颇受马克思关注的对象之一。

由此可见，梅林对于这一段历史的总结具有一定的合理性。在梅林看来，当马克思在处理物质利益难事时，他看到了法国社会主义和共产主义提供的不同见解，因此对于物质利益难事的解决，同时包含了同法国社会主义和共产主义的理论作斗争的要求；遗憾的是，在马克思能够对法兰西思潮本身进行总结之前，奥格斯堡报已经将社会主义和共产主义的问题推到他的面前③，这便造成了马克思

---

① 《马克思恩格斯全集》第 31 卷，人民出版社 1998 年版，第 411 页。

② 《马克思恩格斯全集》第 31 卷，人民出版社 1998 年版，第 411—412 页。

③ 参见〔德〕弗·梅林《马克思传》，罗稷南译，生活·读书·新知三联书店 1956 年版，第 48—49 页。

此时在这一问题上处于一种几乎"失语"的状态。那么，以蒲鲁东为代表的法兰西思潮究竟能为马克思解决物质利益难事提供何种启发呢？

二 关注蒲鲁东的理论能为此时的马克思带来什么？

既然马克思在反击奥格斯堡报之前或许已经主动接触过蒲鲁东的著作了，那么，要探析蒲鲁东的著作对此时的马克思可能存在的影响，便会由于关于地产析分的文章可能没有发表，也可能根本就没有写①，而自然地聚焦到《关于林木盗窃法的辩论》一文中②。结合马克思在《序言》中的自我回顾，他正是在这里第一次遇到了要对物质利益发表意见的难事。不过，这里的首要问题是：如何理解马克思本人所说的物质利益难事？

在该文中，对所谓的物质利益发表意见之所以会成为马克思的一桩难事，并不能泛泛地理解为是现实生活与理论相矛盾，即相对于理论来说物质利益总是占上风这一矛盾造成的。因为，根据马克思此时的理论倾向即黑格尔哲学来看，在黑格尔的哲学视域中，理论与现实生活恰恰是能够得到统一的；并且，大学时代使他苦恼的"应有"与"现有"的矛盾也正是在黑格尔哲学的启发下才得到缓解的。因此，仅从理论倾向上看，现实生活如果与理论相矛盾，其实并不会从根本上动摇马克思的原有观念。相反，这种不一致反倒说明理论本身必须现实化，而这一点正是《博士论文》通过"世界的哲学化"和"哲学

---

① 参见［法］奥古斯特·科尔纽《马克思恩格斯传》第 1 卷，刘丕坤等译，生活·读书·新知三联书店 1963 年版，第 399 页。

② 值得一提的是，图赫舍雷尔认为，在《关于林木盗窃法的辩论》中，马克思所使用的"额外价值"（该术语在《1857—1858 年经济学手稿》中指的是"剩余价值"）的术语，可能正是从蒲鲁东那里引用的，而蒲鲁东又是从英国著作中借用来的。参见［德］瓦·图赫舍雷尔《马克思经济理论的形成和发展（1843—1858）》，马经青译，人民出版社 1981 年版，第 17—18 页。图赫舍雷尔指出的这种关联性，或许也可以成为马克思在撰写《关于林木盗窃法的辩论》一文时，已经接触蒲鲁东的著作的一个重要支撑。

的世界化"传达出来的马克思本人的理论旨趣之所在。

事实上，只有当劳动群众的贫困对于马克思来说成为一个不可容忍的问题时，马克思原来所秉持的黑格尔理性主义国家观才会成为对所谓的物质利益发表意见的阻碍。这是因为，一旦把为捡拾枯枝的贫民作辩护当作理论的价值立场，那么马克思就必须面对以下问题，即在遵循黑格尔法哲学的前提下，如何论证贫民对枯枝的占有是合法的？尽管在该文中，马克思试图以习惯法解释贫民捡拾枯枝的行为，并指认这一行为中"存在着合乎本能的法的意识"①，也就是说，贫民捡拾枯枝的偶然性的行为背后包含着普遍性的内容，因而这一论证思路的确反映了他对黑格尔法哲学的遵循。但是，这里依然存在着问题：其一，马克思在为贫民作辩护时所推崇的习惯法，恰恰是他在不久前的《历史法学派的哲学宣言》中所反对的观点，这种"妥协"已经清楚地反映了马克思此时的理论困境；其二，马克思试图将枯枝同林木所有者剥离开来，进而用占有权（先占权）来为贫民捡拾枯枝作辩护，然而，对于黑格尔来说，一方面，枯枝无法同林木所有者相剥离，另一方面，占有权是相对于无主之物来说的，而无法同林木所有者相剥离的枯枝显然不是所谓的无主之物，所以，正是在这个地方，马克思与黑格尔法哲学的冲突就尤为清楚地显露出来了。② 以此来看，在《莱茵报》实践阶段，马克思本人所谓的物质利益难事，一方面，在归根结底的意义上，是因为原有的理论倾向无法同他此时为贫民争取物质利益（贫民的所有权）的价值立场相协调而产生的③；另一方面，这一物质利益难事在本质上

---

① 《马克思恩格斯全集》第 1 卷，人民出版社 1995 年版，第 253 页。

② 潘中伟：《〈莱茵报〉时期马克思思想转向的内在原因探析——青年马克思难以对物质利益发表意见的缘由》，《学术研究》2017 年第 6 期。

③ 需要指出的是，在《关于林木盗窃法的辩论》中，尽管马克思已经开始公开捍卫贫苦群众的利益，但他此时的阶级立场，还不是无产阶级的。严格说来，马克思在价值立场上正式转向无产阶级，是在《德法年鉴》时期完成的。参见周嘉昕《重访青年马克思：历史、理论与文本》，江苏人民出版社 2021 年版，第 87—88 页。

是关涉所有权或私有财产的问题的。

　　一旦理解了马克思为物质利益难事所困之缘由及其本质之后，再反过来看蒲鲁东的著作中对相关问题的见解，便有助于我们进一步分析蒲鲁东的著作在此时进入马克思的研究视野所可能存在的影响。众所周知，在蒲鲁东的成名作《什么是所有权》一书中，他毫不避讳地指出，在大多数理论家将所有权的根据归之于劳动、占用或法律时，他要将所有权指认为"无因之果"，并强调："所有权就是盗窃！"① 更进一步，蒲鲁东指出，他对于所有权的批判，目的就在于消灭特权、废止奴隶制，从而使权利的平等和法律成为一切的主宰。正因为如此，蒲鲁东的整个论证方法就是把所有权的现实同他认为的所有权的理论不可回避的平等原则，或者说，正义原则这一大前提加以对照分析，然后看两者适合或矛盾到什么程度。

　　沿着这一论证思路，在《什么是所有权》一书中，蒲鲁东的观点其实正好是对马克思以占有权（先占权）来为贫民捡拾枯枝的行为作辩护的论证思路之否定。对于蒲鲁东来说，把所有权的根据归之于占有，实际上，就是把所有权当作一种非天然的权利，当作一种"获得"性的权利。然而，只要承认《人权宣言》宣告的三种无可争辩的权利，即自由权、平等权、安全权，那么占有本身就必然是受限制的。"一个人不能阻止与他同时代的另一个人去把相等于他自己的东西据为私有，他更不能剥夺将来的人去行使这个权能，因为个人固然会死亡，全体却是继续存在下去的，并且永恒的规律是不能由一种对于它们的现象的局部观察来决定的。"② 这就是说，占有其实是一种纯粹的相互容忍，因而它不仅同生存权、劳动权一样，本质上也是平等的。此外，它还具有偶然性，因为占有权是根据人数和可供占有的"公共财物"之间的数学关系而受到限制的。正因

---

① ［法］蒲鲁东：《什么是所有权》，孙署冰译，商务印书馆 2015 年版，第 39 页。
② ［法］蒲鲁东：《什么是所有权》，孙署冰译，商务印书馆 2015 年版，第 98 页。

为如此，蒲鲁东认为，"法律上占有永远不能保持不变，在事实上它就不可能变为所有权"。易言之，占有并不能作为所有权的根据。同时，在蒲鲁东看来，绝对不变的所有权其实同平等原则相矛盾，因而它是"一切应该存在的事物的绊脚石"。可见，蒲鲁东不但否定了以占有权作为所有权存在之根据的论证思路，而且试图从根本上废除所有权，并代之以占有权。"一切占用人必然是占有人或用益权人，而这种职能就使他不能成为所有人……用益权人是处于社会监督之下，服从劳动的条件和平等的法则的。"① 也正是在这个意义上，蒲鲁东对所有权的批判体现了一种鲜明的以"群众的、现实的、历史的利益"② 为出发点的价值立场。

综上观之，在关于所有权（私有财产）的问题上，青年马克思虽然也谴责私有者的贪婪和残忍，但他的批判并没有从根本上否定所有权（私有财产）本身；相反，通过"所有权就是盗窃"这一言简意赅的结论，蒲鲁东对所有权（私有财产）本身恰恰进行了在当时看来最为彻底的批判，所以这的确是一种不同于青年马克思的见解。因此，如果说马克思在《序言》中的自我回顾，是对《莱茵报》期间他在处理物质利益难事时便已接触蒲鲁东著作的一种提示，那么《共产主义和奥格斯堡〈总汇报〉》一文中他对蒲鲁东的理论既谨慎又尊重的复杂态度则可以看作另外一种提示，即一方面马克思有关林木盗窃的讨论，其理论意图或许不止于在自身原有的理论框架内完成对贫民捡拾枯枝之行为的辩护，而且可能还在于同他在《莱茵报》上听到的蒲鲁东的理论进行对话，这种对话反映的是马克思对蒲鲁东理论的怀疑，这种怀疑在反击奥格斯堡报的文章中则表现为一种"谨慎"的态度；另一方面，正如前面的分析表明的那样，马克思关于林木盗窃的讨论在理论效应上并没有构成对蒲鲁东理论的有力反击，反而使

---

① ［法］蒲鲁东：《什么是所有权》，孙署冰译，商务印书馆 2015 年版，第 115 页。
② 《马克思恩格斯文集》第 1 卷，人民出版社 2009 年版，第 266 页。

他理论自身的内部矛盾尤为清楚地暴露出来，而对于此种理论困境的自我觉察或许正是他在反击奥格斯堡报的文章中对蒲鲁东理论给予"尊重"（赞赏）的原因之一。换言之，当马克思在《共产主义和奥格斯堡〈总汇报〉》中对蒲鲁东的理论表现出一种既谨慎又尊重的态度时，他或许已经通过与蒲鲁东理论的第一次对话而陷入对自身原有观念的怀疑中了。在这个意义上，此时的"尊重"便成了又一种暗示，即蒲鲁东对所有权的尖锐批判，或许正是解决他此时所苦恼的物质利益难事的关键之所在。易言之，解决使马克思苦恼的物质利益难事的关键就在于，同他原来倾向的黑格尔哲学做彻底决裂，进而把焦点转移到对所有权（私有财产）、对市民社会的批判性研究上。尽管，这种转向不是一蹴而就的，但蒲鲁东的理论显然能够为青年马克思呈现这样一种不同于青年黑格尔派的研究进路。在这个意义上，蒲鲁东同费尔巴哈一样，也是青年马克思从唯心主义立场转向一般唯物主义立场不可缺失的一环。

三 《莱茵报》实践阶段马克思与蒲鲁东的思想差异

从上述分析不难发现，相比于其他法兰西思潮的理论家，蒲鲁东的确得到了青年马克思更多的关注，但从马克思思想发展史的角度看，对蒲鲁东的特别关注并没有使他存在一个类似于"费尔巴哈派"那样的，可以称之为"蒲鲁东派"的时期。究其缘由，是因为两者的思想从一开始便存在着较大的差异性，从最一般的意义上来说，两者的思想差异可以概括为两种文化传统的区别，即德国思辨哲学和法国唯物主义的区别。

就青年马克思来说，深受德国思辨哲学传统的熏陶，使他此时的思想具有如下两个特点。

第一，青年马克思始终无法轻易抛弃理性主义的出发点。诚然，"实践"概念的踪影早在《博士论文》中已经有迹可循，"在自身中变得自由的理论精神成为实践力量，作为意志走出阿门塞斯冥国，面向那存在于理论精神之外的尘世的现实"①，然而，这里的"实践"显然还不具有历史唯物主义的理论内涵，它所指的不过是以哲学为武器的理论批判活动。此外，即使《莱茵报》实践阶段的物质利益难事使马克思极为苦恼，但物质利益难事本身并没有因此而直接成为他的研究对象。在1843年9月致卢格的信中，马克思在分析各种社会和政治问题时，的确得出了某些近似唯物主义的结论。比如，"从政治国家同它自身的这个冲突中到处都可以展示出社会的真理"②。但是，他也依然将"理性""意识"等精神性的东西视作社会历史发展的决定性因素。马克思指出，"意识的改革只在于使世界认清本身的意识，使它从对于自身的迷梦中惊醒过来，向它说明它自己的行动"③。这就表明，在马克思本人前进到巴黎之前，他的唯心主义立场并没有因物质利益难事而全面崩溃。以此来看，青年马克思向唯物主义的转变过程并不是一个容易且短暂的过程。④

第二，青年马克思习惯于透过客观的表象寻找背后的更为深刻的原因。事实上，把理性主义作为理论的出发点，在对社会现实的理解上便很难局限于客观的表象层面。在《摩泽尔记者的辩护》一文中，马克思指出，在分析国家原则之决定性因素的问题时，不能被表面上的"当事人的意志"所左右，而是要看到"存在着这样一些关系，这些关系既决定私人的行动，也决定个别行政当局的行动，而且就像呼吸的方式一样不以他们为转移"，如此，人们就会"在初看起来似乎只有人在起作用的地方看到这些关系在起作用"。⑤ 这里的分析表明，《莱茵报》实践阶段所遇到的物质利益难事，的确使马克思在某些具体问题的分析上表现出一种唯物主义的理论倾向，更

---

① 《马克思恩格斯全集》第 1 卷，人民出版社 1995 年版，第 75 页。
② 《马克思恩格斯全集》第 47 卷，人民出版社 2004 年版，第 65 页。
③ 《马克思恩格斯全集》第 47 卷，人民出版社 2004 年版，第 66 页。
④ 参见周嘉昕《重访青年马克思：历史、理论与文本》，江苏人民出版社 2021 年版，第 79、84 页。
⑤ 《马克思恩格斯全集》第 1 卷，人民出版社 1995 年版，第 363 页。

为重要的是，马克思的习惯即透过表面现象把握到背后的更为深刻的原因，并没有因为这种正在发生的理论转向而被放弃，这就为他超越一般唯物主义，进而逐步发现历史发展客观规律提供了思想基础。

就此时的蒲鲁东来说，在法国唯物主义传统的影响下成长，使他的思想具有以下两个特点。

第一，蒲鲁东的理论着眼点始终是更具现实感的政治生活和经济生活。不同于青年马克思，更注重政治和国家的古代唯物主义，是法国人的普遍信仰，① 而蒲鲁东正是在这一文化传统中成长的。因此，蒲鲁东的批判理论从一开始便以社会的政治和经济问题为研究对象的。这一点在《什么是所有权》一书中表现为：贫困问题构成蒲鲁东批判理论的出发点，而所有权本身构成此种批判活动的直接对象。相比于仍沉浸在批判黑格尔理性主义国家观之虚幻性的青年马克思，蒲鲁东的这一批判进路显然要更具理论穿透力。与此相适应的是，在蒲鲁东的分析中，也时常能够看到他对"社会的经济关系"的强调。基于此，蒲鲁东甚至提出，"一个国家有怎样的所有权，它就有怎样的家庭、婚姻、宗教、民政和军事组织以及立法和司法制度"②。也就是说，蒲鲁东在一些场合的确赋予了所有权以决定性的作用，而这其实是一种近似社会唯物主义的"所有权决定论"，它反映的是蒲鲁东此时的思想中存在的政治经济学的影响。尽管蒲鲁东对所有权的批判主要是从政治法权的维度展开的，但先于青年马克思接触政治经济学，这就足以使他在对社会现实的理解上比青年马克思要更为深刻。而青年马克思之所以能够从蒲鲁东的理论中获得启发，其原因也在于此。

第二，蒲鲁东始终是以平等原则作为他批判社会政治和经济生

---

① 参见《马克思恩格斯全集》第 3 卷，人民出版社 2002 年版，第 528 页。

② ［法］蒲鲁东：《什么是所有权》，孙署冰译，商务印书馆 2015 年版，第 415 页。

活的尺度。如前所述，蒲鲁东的确在某些场合强调了"社会的经济关系"，但蒲鲁东的整个批判理论其实是建立在平等原则这一尺度之上的。"平等是必然的定律，绝对的形式"①；正因为如此，对于蒲鲁东来说，如果所有权是导致"竞争、利害关系的孤立状态、垄断、特权、资本的积累、独占的享受、职能的居于从属地位、个体生产、利润或收益的权利、人剥削人"② 等苦难或罪恶的主要原因，那么这并不能说明现实中的平等不可能存在，相反，在蒲鲁东看来，这倒是所有权本身不可能长期存在的一个明证。基于此，蒲鲁东对社会历史的理解可以概括为以平等为主线的异化史观，即人在遵从"本能"的情况下是平等的，人通过"思考"走向了不平等的状态，最后人将通过"理智"恢复到本性，进而实现平等的复归。③ 以此来看，在蒲鲁东的法国唯物主义理论背景之后，恰恰是一种隐性的唯心主义历史观。不过，对于青年马克思来说，蒲鲁东的这一问题是他不能发现的。

由此可见，作为德国人的青年马克思天生地倾向于"纯思维活动"④，而作为法国人的蒲鲁东在此时给人一种更关注经验事实的感觉⑤。对于此时的马克思来说，无法从经验事实上升到理性的高度，所能得到的见解必然是片面的。因此，两者在初次接触时便存在着较为明显的理论分歧。也由此，虽然马克思在反击奥格斯堡报的文章中以"机智"来评价蒲鲁东的著作，但他对蒲鲁东的理论依旧保

① ［法］蒲鲁东：《什么是所有权》，孙署冰译，商务印书馆 2015 年版，第 2 页。
② ［法］蒲鲁东：《什么是所有权》，孙署冰译，商务印书馆 2015 年版，第 370—371 页。
③ 参见［法］蒲鲁东《什么是所有权》，孙署冰译，商务印书馆 2015 年版，第 86—87 页。
④ 《马克思恩格斯全集》第 47 卷，人民出版社 2004 年版，第 75 页。
⑤ 有意思的是，蒲鲁东和马克思的思想轨迹，恰恰是相反的。就蒲鲁东来说，他最初是从社会现实中存在的贫困问题出发，展开自己的批判理论，但他最后沉迷于思辨哲学的思维方式。从《什么是所有权》到《贫困的哲学》，反映的正是蒲鲁东的此种思想发展轨迹。

持着一种谨慎的态度，认为需要对后者的理论进行长期持续的、深入的研究之后，才能加以批判。而从《莱茵报》这一"社会舞台"退回"书房"之后，通过《克罗茨纳赫笔记》的研究，在致卢格的信中，当马克思再次谈及社会主义问题时，他也依旧延续了对蒲鲁东理论的此种谨慎态度。马克思指出，整个社会主义原则，包括傅立叶、蒲鲁东等人在内的，"只是涉及真正的人的本质的现实性的这一个方面。我们还应当同样关心另一个方面，即人的理论生活，因而应当把宗教、科学等等当作我们批评的对象"①。以此来看，蒲鲁东的理论对于青年马克思在哲学立场上转向一般唯物主义，在批判对象上转向所有权（私有财产）和市民社会，无疑具有重要的启发，但青年马克思本人对两者理论之分歧的自觉意识，使他从一开始便是以一种辩证批判的眼光来审视蒲鲁东其人及其理论的，这也预示了马克思与蒲鲁东的最终决裂是其思想发展的必然结果。

---

① 《马克思恩格斯全集》第 47 卷，人民出版社 2004 年版，第 65 页。

第 二 章

巴黎时期马克思对蒲鲁东
理论的肯定与批判

　　《莱茵报》实践阶段的挫折，一方面使马克思意识到普鲁士政府的自由主义不过是掩盖其专制制度的"华丽外衣"①，在这里他没有任何"自由活动的余地"；另一方面则使马克思觉察到"往何处去"的问题变得十分模糊，因而他必须重新思考哲学如何同世界发生作用等理论的和现实的问题。在这一背景之下，马克思正式下定决心："到巴黎去""到新世界的新首府去！"② 1843 年 10 月中旬左右，马克思同燕妮一起迁往巴黎，并由此开启了大约持续一年半的巴黎生活。在旅居巴黎期间，马克思结识了蒲鲁东，并与其进行了深度的交往。历史地看，这也是两者关系最为友好的时期。《神圣家族》是两者这一时期私交甚好的一个鲜明例证，这具体表现为：他对蒲鲁东的理论肯定较多而否定较少。对待蒲鲁东理论的此种态度表明，马克思此时更多的是从蒲鲁东的理论中获取探索前进道路的积极因素，而对于蒲鲁东理论的缺陷依然缺乏足够清晰的认识。然而，随着马克思自身研究的推进与思想的发展，他与蒲鲁东的理论分歧越来越大，并日益清晰地预示了两者的彻底决裂。

---

① 《马克思恩格斯全集》第 47 卷，人民出版社 2004 年版，第 55 页。
② 《马克思恩格斯全集》第 47 卷，人民出版社 2004 年版，第 63 页。

第一节　《巴黎笔记》中马克思
对蒲鲁东的借鉴

马克思到达巴黎之后，并没有中断他此前的理论思考，而是继续抓紧研究。《巴黎笔记》便是他在这一时期研究状况的真实记录。一般说来，《巴黎笔记》是对马克思旅居巴黎期间形成的 7 本以摘录为主的笔记和 3 本以初步心得为主的笔记的统称。在这个意义上，《1844 年经济学哲学手稿》（以下简称《1844 年手稿》）也属于这一复杂笔记的一部分。为了同相对后期且包含马克思经济学研究初步心得的《1844 年手稿》区别开来，我们也可以将马克思初次接触经济学研究时形成的 7 本对象性摘录笔记狭义地称为《巴黎笔记》①。客观地说，在狭义上的《巴黎笔记》中，马克思并没有针对蒲鲁东的著述做相关的摘录。但是，通过对这一笔记的研究能够发现，蒲鲁东的影响是隐性在场的。这也从一个侧面反映了马克思初次研究经济学的思想状况。

一　《巴黎笔记》的写作背景与蒲鲁东影响的隐性在场

事实上，在《莱茵报》工作期间遇到的物质利益难事，并没有使马克思直接转向对所有权（私有财产）和市民社会的研究，而是首先动摇了他原有的黑格尔理性主义国家观。因此，从"社会舞台"退回"书房"之后，批判性地审查黑格尔关于国家和法的理论便合乎逻辑地成为马克思此时最为主要的研究课题。而要讨论国家和法的问题，马克思就必须对它们进行历史的考察，重点关注国家和市民社会之间的关系。② 1843 年 5 月至 10 月，马克思所写的《克罗茨

---

① 参见张一兵《回到马克思：经济学语境中的哲学话语》，江苏人民出版社 2014 年版，第 169 页。

② 参见孙伯鍨《探索者道路的探索——青年马克思恩格斯哲学思想研究》，北京师范大学出版社 2017 年版，第 137 页。

纳赫笔记》正是围绕这些问题展开的。这一工作在马克思到达巴黎之后，并没有立即中断。因此，我们可以在《巴黎笔记》中看到，马克思首先是接着《克罗茨纳赫笔记》的主题对法国国民公会史作了一段时间的研究，其对象是勒奈·勒瓦瑟尔的《前国民公会议员回忆录》一书。在此之后，马克思才从萨伊的著作开始，转入对资产阶级经济学的研究当中。那么，马克思为何会在此时突然转向对资产阶级经济学的研究呢？

　　首先，从马克思此时的思想进展看，通过《克罗茨纳赫笔记》的研究，他已经初步形成了现实决定观念、事物决定逻辑的唯物主义见解；在同期撰写的《黑格尔法哲学批判》一书中，马克思正是依此逻辑来批判黑格尔的逻辑泛神论的神秘主义的。在那里，马克思指出，"政治国家没有家庭的自然基础和市民社会的人为基础就不可能存在。它们对国家来说是必要条件。但是，制约者被设定为受制约者，规定者被设定为被规定者，生产者被设定为其产品的产品"①。这就是说，作为基础的是市民社会，而非国家。尽管这里的市民社会依然被马克思理解为"人的本质的实现"或"人的本质的客体化"②，因而这一结论其实还不具有历史唯物主义新世界观的实际内涵，但通过对黑格尔结论的此种主谓颠倒，市民社会作为一个问题，无疑已经从"幕后"被推向了马克思理论研究的"前台"。换言之，人本主义的哲学解释，并没有妨碍马克思获得如下认识：市民社会是国家和法的基础和原动力。因此，对于此时的马克思来说，问题已经不在于批判国家和法本身，而在于如何现实地理解市民社会。以此来看，在《巴黎笔记》中马克思转向对资产阶级经济学的研究，恰恰是他自身思想进展的一个必然结果。

　　其次，从马克思周边的"同路人"此时的研究主题看，他们此时关注的正是对资产阶级经济学的批判性研究。在巴黎期间，通过

---

①　《马克思恩格斯全集》第 3 卷，人民出版社 2002 年版，第 12 页。

②　《马克思恩格斯全集》第 3 卷，人民出版社 2002 年版，第 52 页。

《德法年鉴》（*Deutsch-Französische Jahrbücher*），马克思同赫斯和恩格斯逐渐确立起了较为密切的友谊关系。就赫斯来说，1843 年，青年马克思已经在他的触动下转向费尔巴哈的人本主义唯物主义了。不过，真正对青年马克思的研究转向产生影响的是赫斯在 1843 年年底至 1844 年年初撰写的《论货币的本质》一文。在这里，先于马克思的"异化劳动"理论，赫斯已经通过他自身的经济学研究提出了所谓的"经济异化"理论。尽管由于《德法年鉴》的停刊，使得《论货币的本质》一文没有如期在这一杂志上刊发，但这篇文章显然已经提交到《德法年鉴》的编辑部，这便为马克思提前研读这一文献创造了条件，而转向对资产阶级经济学的研究显然也是马克思此时研读这一文献的结果之一。就恩格斯来说，他在 1844 年 3 月《德法年鉴》的合刊上发表的《国民经济学批判大纲》一文，不但为他和马克思的革命友谊奠定了基础，而且是马克思转向资产阶级经济学研究的重要动因之一。相比于赫斯，恩格斯对此时的马克思的影响更为直观，这具体表现为：马克思一方面对恩格斯发表在《德法年鉴》上的文章作了相关摘录，另一方面在《1844 年手稿》的序言中将这一著作称为德国人在经济学研究中具有"独创性"的著作之一。由此可见，作为马克思此时的"同路人"，赫斯与恩格斯对于资产阶级经济学的批判正是马克思研究转向的一个直接动因。

然而，除了众所周知的赫斯和恩格斯的影响外，在马克思转向资产阶级经济学研究的过程中，蒲鲁东显然也是一个无法忽视的中介性人物。这是因为，第一，如果仔细分析对马克思产生影响的赫斯和恩格斯的相关著作，其实不难发现，他俩或多或少也受到了蒲鲁东的影响。就赫斯来说，他的经济异化思想其实不过是"对法国社会主义思想的黑格尔—费尔巴哈式的哲学改造"，而他的理论框架主要是"从蒲鲁东那里获得的"。① 就恩格斯来说，把资产阶级社会

---

① 张一兵：《回到马克思：经济学语境中的哲学话语》，江苏人民出版社 2014 年版，第 118 页。

的全部经济现象、资产阶级的全部经济范畴和规律都归结为私人所有制（所有权），正是蒲鲁东在《什么是所有权》一书中完成的，因而恩格斯在《国民经济学批判大纲》中对私人所有制的批判显然也受到了蒲鲁东的影响。仅此而言，蒲鲁东的影响，在某种意义上，是通过赫斯和恩格斯的中介，"传导"到马克思的理论研究中的。第二，对资产阶级经济学尚处于"一无所知"状态的马克思，在《巴黎笔记》中是从法国资产阶级经济学家萨伊的《政治经济学概论》开始研读的，而萨伊恰恰是占据蒲鲁东《什么是所有权》一书较大篇幅的论争对象。这种"契合"性恰恰揭示了，蒲鲁东涉猎的经济学著作同马克思《巴黎笔记》中的研读线索的形成之关联性。以此来看，《巴黎笔记》中虽没有留下有关蒲鲁东著作的相关笔记，但我们不能因此而忽视，甚至是遗忘蒲鲁东影响的隐性在场。换言之，对于巴黎时期的马克思来说，由于在《莱茵报》期间已经接触过蒲鲁东的著作，使得他或许可以因过于熟悉而选择性地不对蒲鲁东的著作进行专门的研究和摘录；然而，对于马克思思想发展史的研究来说，蒲鲁东的这种无法直接窥见的影响是需要更多关注的。

二 马克思对蒲鲁东的肯定与其经济学研究的初始状况

如前所述，根据《巴黎笔记》的研读线索看，蒲鲁东的著作其实并不在马克思此时的研读范围之内，因而他的影响主要是以一种隐性的方式存在的。然而，这并不意味着，《巴黎笔记》中蒲鲁东对马克思的影响都是不可直观的。事实上，在对李嘉图的《政治经济学及赋税原理》一书的研读中，马克思曾两次直接引述并肯定了蒲鲁东的相关见解。总的来说，《巴黎笔记》中马克思直接提及蒲鲁东的地方总共也就两处，但这不仅证实了蒲鲁东影响的隐性在场，也为我们把握马克思初次研究经济学的思想状况提供了重要的依据。

在《巴黎笔记》中，马克思虽有两处提到蒲鲁东，但这两处引述的内容其实是蒲鲁东的同一见解，即"哪里存在着所有权，那里的生产品的生产费用就会高过于它的价值"①。具体说来，这是蒲鲁东在《什么是所有权》中用以论证所有权之不可能性的第二个论题，而作为蒲鲁东整个论证之基础的是萨伊的效用价值论。从效用价值论出发，蒲鲁东认为，无用的物品必然是没有价值的，而具有价值的有用的物品，之所以有用，是因为这种生产品"能够重新生产效用"②。从理论和现实这两个维度出发，蒲鲁东对这一论题展开了论证。就理论维度来说，蒲鲁东假定了一个土地所有者同其他劳动者一起劳作，但后者需向前者提供他们共同劳作的产品的 10% 作为实物息金的封闭社会。蒲鲁东指出，在这样一个封闭社会中，由于土地所有者同其他劳动者一起劳动，因此土地所有者的产品本身就足以满足使他们能够重新生产效用的消费，然而，必须从总产品中抽出 10% 的设定，使得这 10% 的产出成为无用之物。蒲鲁东由此得出结论："既然产品的十分之一是消费不了的，就有十分之一的劳力没有得到报偿：生产物的成本就会高于它的价值。"③ 就现实维度来说，蒲鲁东指出，在实际情况中，土地所有者是不事生产的，他们本质上是"荒淫的动物，既缺乏德性，又没有廉耻"，所以从社会总产品中抽出 10% 给土地所有者，就会使这 10% 的产品被非生产性地消费掉。"社会上就不再像先前那样存在着一百个人的劳力得不到报偿的情况，而是有一百个人的产品没有提供劳力而被消费掉"④；因此，在蒲鲁东看来，无论土地所有者从不从事生产，只要存在（土地）所有权，产品的生产费用就必然会高于它的价值。这样，（土地）所有权便必然会因为失衡的生产与消费之关系而无以为继。

---

　　① ［法］蒲鲁东：《什么是所有权》，孙署冰译，商务印书馆 2015 年版，第 204 页。译文有所改动。

　　② ［法］蒲鲁东：《什么是所有权》，孙署冰译，商务印书馆 2015 年版，第 205 页。

　　③ ［法］蒲鲁东：《什么是所有权》，孙署冰译，商务印书馆 2015 年版，第 206 页。

　　④ ［法］蒲鲁东：《什么是所有权》，孙署冰译，商务印书馆 2015 年版，第 208 页。

　　客观地说，就对（土地）所有权的批判来说，蒲鲁东的见解是有一定的积极意义的。不过，由于他在这里的整个论证是以萨伊的效用价值论为基础的，这就决定了他的批判其实是缺乏理论深度的。有意思的是，如果对《什么是所有权》一书比较熟悉的话，就不难发现，在此之前，蒲鲁东本人还嘲笑过萨伊的效用价值论，并且明确指出，"一件东西的绝对价值就是它耗费的时间和费用"①。可见，在劳动价值论和效用价值论之间，蒲鲁东显然是肯定前者的，这也是他领先于此时的马克思的地方之一。而这里蒲鲁东故意选择以萨伊的理论为基础展开论证，这就表明，蒲鲁东关心的并不是资产阶级经济学内部的理论分歧。换言之，他并不关心斯密、萨伊等人的理论在资产阶级经济学史中的地位；他更乐意的是，从资产阶级经济学家的各种前提出发反驳他们的结论。因此，秉持否定所有权之可能性的初心，在这里，肯定劳动价值论的蒲鲁东却故意选择以萨伊的效用价值论作为论证的基础，显然带有一定的主观任意性。也就是说，对于蒲鲁东来说，只要能够为他此时的论证提供支撑，他便可以选择采纳萨伊的观点。所以，蒲鲁东既不明白，也不想明白，他得出的结论，本质上是对剩余价值（地租是剩余价值特殊形式）的一种重商主义式的庸俗化解读。可以说，蒲鲁东在经济学问题上出现的种种混乱，正是同其研究本身的这一特点相关联的。

　　然而，正如恩格斯所说的那样，在《巴黎笔记》时期，马克思"对于经济学……还一无所知"，因而资产阶级经济学的很多有益的创见还无法同他产生思想上的共振，很多观点即使有所耳闻，"也一定是一个耳朵进，一个耳朵出，不会在记忆中留下什么明显的痕迹"。② 相反，类似于蒲鲁东这样的针对所有权的尖锐批判，倒是同马克思此时的政治立场相契合的。正因为如此，在研读李嘉图的著

---

　　① ［法］蒲鲁东：《什么是所有权》，孙署冰译，商务印书馆 2015 年版，第172 页。

　　② 《马克思恩格斯文集》第 10 卷，人民出版社 2009 年版，第 638 页。

作的过程中，当马克思发现李嘉图价值理论的矛盾性时，蒲鲁东基于效用价值论对所有权所作的批判，就从马克思此时的潜意识中不由自主地浮现出来了。具体说来，在《巴黎笔记》中，李嘉图的价值理论让马克思感到矛盾的地方：一处是，马克思看到，李嘉图将劳动看作价格（价值）的全部依据，并将资本也指认为劳动，而萨伊在注释中补充说，李嘉图"忘记了资本的利润和土地的利润并不是白白地提供的"①；另一处是，马克思发现，李嘉图一方面否定地租作为商品价格（价值）要素的组成部分②，另一方面又跟随斯密将由工资、地租和利润组成的自然价格（生产费用）和价值等同起来。这两处结合起来，使马克思意识到，既然劳动是价值的全部依据，而地租和利润又并非必要性的生产费用，那么将地租和利润纳入生产费用（价值）之中，显然是自相矛盾且不可理解的。因此，合理的解释只能是如蒲鲁东所说的那样，即"一切物品的价格都太贵了"。正是在这里，我们看到了马克思对蒲鲁东的直接肯定。然而，这种肯定并没有使马克思的思想变得愈加深刻，反倒使他对"剩余价值"的理解不可避免地滑向了"让渡利润"的立场上。

更进一步，在马克思看来，既然李嘉图的观点陷入自相矛盾之中，那么生产费用就绝不是价值的决定因素，相反，"工资、地租和利润的自然率完全取决于习惯或垄断，归根结底取决于竞争，而不是由土地、资本和劳动的性质中发展而来的。因此，生产费用本身是由竞争而不是由生产决定的"③。易言之，在价值规定的问题上，

---

① 转引自［德］瓦·图赫舍雷尔《马克思经济理论的形成和发展（1843—1858）》，马经青译，人民出版社 1981 年版，第 81 页。

② 参见［英］大卫·李嘉图《政治经济学及赋税原理》，郭大力、王亚南译，译林出版社 2014 年版，第 31 页。

③ Karl Marx, Historisch – politische Notizen, Pariser, Gesamtausgabe（ MEGA2 ）, Ⅳ/2, Berlin：Dietz Verlag, 1981, S. 401. 中译文参见《"巴黎笔记"选译》，载北京图书馆马列著作研究室编《马恩列斯研究资料汇编（1980 年）》，书目文献出版社 1982 年版，第 34 页。

竞争才是决定性的因素。这就表明，马克思此时对价值规定的理解更接近于萨伊的效用价值论。从这里也可以看出，蒲鲁东对劳动价值论的肯定并没有对此时的马克思产生影响，反倒是作为"一切物品的价格太贵"的结论之论证基础的效用价值论更受马克思的青睐。这里需要指出的是，图赫舍雷尔认为，马克思是在恩格斯《国民经济学批判大纲》的影响下接受效用价值论的①，这种观点具有一定的合理性，但也值得商榷。因为，从马克思此时直接引述蒲鲁东的观点可以看出，蒲鲁东基于效用价值论所作的论证，肯定是马克思所清楚的。这就意味着，在这里，真正从马克思潜意识中走向"前台"并产生思想共振的是蒲鲁东的观点，而非恩格斯的。当然，这里的判断并不否定恩格斯的影响，只是强调在这一语境中，蒲鲁东的影响显然是更为明显且突出的。

总体而言，在《巴黎笔记》中，马克思忽视蒲鲁东对劳动价值论的肯定，认同后者"一切物品的价格都太贵"的观点，以及倾向于采纳效用价值论等问题，清楚地反映了马克思此时真实的思想状况，即关注感性具体的直接性（竞争等偶然性的东西），而否弃抽象思维的非直接性（资产阶级经济学所抽象出的劳动价值）。正因为如此，马克思对资产阶级经济学的初次研究，实际上，并没有把握住这门科学中的精髓所在。从更为深层的原因看，这同马克思此时的思想进程即从黑格尔哲学转向费尔巴哈的人本学唯物主义是一致的；蒲鲁东的见解之所以得到此时的马克思的肯定，原因也在于此。不过，无论是蒲鲁东的见解还是马克思此时的思想状况，其实都无助于他进一步深入资产阶级经济学的理论内容本身。这种理论困境只有随着马克思自身经济学研究的推进，才能加以解决，而巴黎时期的马克思显然还不具备这种能力。

---

①　参见［德］瓦·图赫舍雷尔《马克思经济理论的形成和发展（1843—1858）》，马经青译，人民出版社1981年版，第82页。

第二节 《1844 年经济学哲学手稿》中
马克思对蒲鲁东的借鉴与批判

如果说，在《巴黎笔记》中，马克思对国民经济学的研究主要还是处于一种鲜有评论的"跟读"状态，那么，在《1844 年手稿》中，马克思此前的"跟读"状态显然被一种更为自觉的人本主义哲学批判话语替代。因此，相比于《巴黎笔记》，《1844 年手稿》不仅是马克思初次研究经济学的思想心得之总结，更是他以人本主义哲学驾驭经济学的一次尝试。同时，由于哲学成为马克思此时的统摄性的运作思路，所以，无论是对国民经济学还是对蒲鲁东的理论，他都显得"游刃有余"得多。由此，在《1844 年手稿》中，马克思提及蒲鲁东的地方也远比《巴黎笔记》多得多，并且马克思此时对蒲鲁东相关见解的评价也更具批判性。可见，尽管马克思依然能够从蒲鲁东的理论中获得一定的启发，但话语逻辑的转换，显然为他批判性地审视蒲鲁东的理论提供了条件。

一 马克思异化劳动理论的建构与蒲鲁东理论的隐性影响

在对国民经济学的著作进行了漫长且鲜有评论的大量摘录之后，马克思终于在《1844 年手稿》中迈出了建构其哲学批判构架的关键一步，其相应的理论成果便是广为人知的异化劳动理论。从马克思思想发展史的角度看，这是他在第一次广泛占有国民经济学材料的基础上，所达到的"第一个真正刻上他自己名字的理论制高点"[①]，因而，这一理论也表现出了与同时期的恩格斯、赫斯以及蒲鲁东的见解相区别的理论特质。在既有的研究中，以"异化"理论自身的

----

① 张一兵：《回到马克思：经济学语境中的哲学话语》，江苏人民出版社 2014 年版，第 241 页。

发展为线索，大多数学者普遍能够解读出，黑格尔哲学的否定之否定规律、费尔巴哈的宗教批判以及赫斯的经济异化理论同马克思异化劳动理论之间具有的内在联系。当然，其中的联系是毋庸置疑的，但这种解读仍是不够全面的。因为，它忽视了蒲鲁东的理论对马克思建构其异化劳动理论所客观存在的影响。

第一，马克思建构自己的异化劳动理论之"前奏"，在一定意义上，是对蒲鲁东（也包括青年恩格斯）的批判思路的跟随，即直接对国民经济学所指认的"事实"进行批判。在《什么是所有权》一书中，蒲鲁东的整个批判思路，其实就是以平等（正义）为尺度，来衡量所有权所产生的实际效果。在蒲鲁东看来，所有权所产生的实际效果如果同平等原则相矛盾，那么它就被证实为无用的东西，因而为非真实且不可能存在的东西。① 依照这一思路，在《什么是所有权》中，蒲鲁东从无根据的地租、高于价值的生产费用（价格）、收益率随劳动减少而日益降低、高利贷的掠夺性、生产与消费的不平衡性、暴政的产生等与所有权相联系的经验事实出发，指认所有权的存在是对平等原则的损害，进而否认所有权的可能性。

与此相类似的是，对国民经济学的颠倒也是马克思《1844 年手稿》的写作起点。也就是"站在国民经济学家的立场上"②，然后逐一检视这一理论是否同资产阶级的社会现实相矛盾。基于此，在笔记本 I 的第一部分中，马克思通过分三栏写作的方式，批判性地梳理了资产阶级社会分配关系的三个主要组成部分，即工资、资本利润和地租。其中，在针对工资和地租的分析中，这种将国民经济学的理论同资产阶级的社会现实相对照的批判思路体现得尤为清楚。以对工资的分析为例，马克思列举了一系列理论与现实相冲突的"矛盾群"：理论上，国民经济学将劳动的全部产品归于工人，但在

---

① 参见［法］蒲鲁东《什么是所有权》，孙署冰译，商务印书馆 2015 年版，第188 页。

② 《马克思恩格斯全集》第 3 卷，人民出版社 2002 年版，第 230 页。

现实中，工人只获得作为工人生存所必要的部分；理论上，劳动被视作一切交换的唯一根据，但现实中，工人不得不出卖自己；理论上，劳动被指认为产品价值的源泉，但现实中，工人处处不如土地所有者和资本家；等等。① 可见，国民经济学的理论与资产阶级的社会现实是处处矛盾的。不难发现，马克思在笔记本Ⅰ第一部分中的写作思路的确同蒲鲁东的批判思路是相近的。然而，如果结合笔记本Ⅰ第二部分即"异化劳动和私有财产"中马克思所建构的人本主义哲学批判思路来看，在第一部分中，马克思对蒲鲁东批判思路的跟随，就更多地表现为"一种策略性的逻辑方法'借用'"②。也就是说，马克思试图证明，跟随蒲鲁东的批判思路，至多只能揭示国民经济学的理论同资产阶级的社会现实存在着诸多矛盾，却无助于分析资产阶级社会现实本身。以此来看，笔记本Ⅰ的第一部分对蒲鲁东批判思路的跟随，恰好为笔记本Ⅰ的第二部分马克思批判思路的转换提供了必要的理论铺垫。

第二，马克思的异化劳动理论，在一定意义上，是对蒲鲁东"工人无法买回自己的产品"之观点的形而上的哲学反思。具体说来，蒲鲁东的这一观点是他用以论证所有权的存在会导致社会自趋灭亡之论题的关键。在《什么是所有权》中，蒲鲁东指出，"要使生产者能够维持生活，就必须使他的工资能够买回他的产品"是一条恒久不变的"经济定律"，③ 然而，由于所有权的存在，雇主想要在原料和工人的劳动上获得利润，就会以高于他收买产品时付给劳动者的代价来出售，这样，"工人就无法买回他给他的雇主所生产的东西"。基于此，蒲鲁东详细地描述了在所有权的影响下劳动者同自己的劳动产品相对立的景象："劳动人民既不能购买他们纺织的布

---

① 参见《马克思恩格斯全集》第 3 卷，人民出版社 2002 年版，第 230—231 页。

② 参见张一兵《回到马克思：经济学语境中的哲学话语》，江苏人民出版社 2014 年版，第 234—235、239 页。

③ ［法］蒲鲁东：《什么是所有权》，孙署冰译，商务印书馆 2015 年版，第 224 页。

匹，又不能购买他们造成的家具，也不能购买他们铸成的金属，也不能购买他们琢磨的宝石，也不能购买他们印刻的版画。他们既不能得到他们播种的小麦和他们酿制的酒，又不能得到他们豢养的牲畜的肉类。他们既不准住进他们所建筑的房屋，又不准欣赏他们张罗好的戏剧，也得不到他们身体迫切需要的休息。"① 在蒲鲁东看来，这种景象不但悲凉，而且破坏了生产与消费的平衡，因而也证实了所有权的存在之不可能性的结论。

　　从蒲鲁东的上述观点出发再来考察马克思的异化劳动理论，便不难发现，两者之间其实存在着诸多的相似性。这在文本上具体表现为以下两点。第一，蒲鲁东对劳动者与自己的劳动产品相对立的描述，实际上，正对应着马克思关于劳动者同自己的劳动产品相异化的讨论，此亦即异化劳动的第一个维度。第二，当蒲鲁东结束对劳动者无法买回自己的产品的现象描述时，他追问道："如果工人的工资买不到他的产品，那就可以说这个产品不是为生产者而生产的了。那么它是预备给谁的呢？"② 而当马克思详尽地阐发完其建构的异化劳动理论的四个维度之后，他也追问道："如果劳动产品对我来说是异己的，是作为异己的力量面对着我，那么它到底属于谁呢？如果我自己的活动不属于我，而是一种异己的活动、一种被迫的活动，那么它到底属于谁呢？"③ 当然，两者在论述上的相似性或许还不足以支撑马克思在建构其独有的异化劳动理论时受到蒲鲁东的影响，但在笔记本Ⅲ的"增补"部分中，当马克思说，法国的平等不过是德国的自我意识的政治形式时④，难道不正是对他的异化劳动理论同蒲鲁东理论之联系的一种暗示吗？显然，在马克思看来，异化

---

① ［法］蒲鲁东：《什么是所有权》，孙署冰译，商务印书馆 2015 年版，第 226 页。

② ［法］蒲鲁东：《什么是所有权》，孙署冰译，商务印书馆 2015 年版，第 227 页。

③ 《马克思恩格斯全集》第 3 卷，人民出版社 2002 年版，第 275 页。

④ 参见《马克思恩格斯全集》第 3 卷，人民出版社 2002 年版，第 347 页。

理论是德国的思维方式，而蒲鲁东的理论在某种意义上可以理解为是对德国思维方式的法国式的表述。以此来看，当马克思在蒲鲁东的《什么是所有权》中看到后者对工人无法买回自己的产品之现象的描述时，显然会对他自身异化劳动理论的建构形成思想上的"刺激"。

　　然而，对于马克思来说，蒲鲁东的批判只是停留在社会现象层面，而没有深入资产阶级社会的本质层面，所以是缺乏理论深度的。这一问题，马克思在《莱茵报》时期已经十分在意，而在笔记本Ⅰ的第一部中通过对蒲鲁东批判思路的跟随，使他对蒲鲁东理论中存在的这一问题愈加不满。正因为如此，当马克思从笔记本Ⅰ的第一部分过渡到第二部分时，他便有意识地对批判话语进行了一种转换，其目的就在于超越蒲鲁东的那种停留在否定社会现象层面的批判，从而使批判本身深入资产阶级社会的本质层面。以此来看，蒲鲁东所谓的工人无法买回自己的产品之见解，的确能够为马克思异化劳动理论的建构提供一定的启发，但马克思显然不满足于只是描述这样一种现象。所以，劳动者同自己的劳动产品相异化，只是马克思异化劳动理论的一个维度；对于马克思来说，更为重要的，是要揭示形成这种异化现象的内在根据。马克思的结论是：蒲鲁东"得出了有利于劳动而不利于私有财产的结论。然而，我们看到，这个表面的矛盾是异化劳动同自身的矛盾"①。可见，不同于蒲鲁东，马克思在这里给出了他所理解的异化现实之根据，即作为类本质的自由的有意识的活动的异化。从这里也可以看出，马克思自认为他的异化劳动理论要比蒲鲁东的见解来得深刻得多，因为这是对异化现实的本质反思。

　　应该说，《1844年手稿》中的异化劳动理论，对于此时的马克思来说，的确是一种进步。因为它大大地拓展了费尔巴哈对宗教的人本主义哲学批判，使马克思的研究视域从宗教领域、政治领域转

---

　　①　《马克思恩格斯全集》第3卷，人民出版社2002年版，第278页。

移至经济领域。① 研究视域的此种转换，为马克思后续的经济学研究打开了理论空间。不过，我们也不能因此而过分抬高马克思的异化劳动理论。因为，如果从蒲鲁东的工人无法买回自己的劳动产品之见解中只是得到异化劳动理论的思想"养料"，那么，也就意味着马克思此时并没有真正进入资产阶级经济学的理论内容本身，所以他还不能发现蒲鲁东的见解中包含的对剩余价值的庸俗化阐释问题。与此相对照的是，在《资本论》及其手稿中，马克思能够从蒲鲁东的同一见解中看出后者对剩余价值、商品价格的错误认识，并在批判这些错误见解的过程中，不断深化他对资本主义生产方式的科学认识。

二 蒲鲁东的工资平等主张：被否定的社会革命目标

如前所述，马克思建构的异化劳动理论，在最直接的意义上，构成了对蒲鲁东所谓的工人无法买回自己的劳动产品之见解的形而上学的理论提升。但是，从深层的逻辑上看，这种提升构成了对蒲鲁东的那种"止步于否定社会现象的批判"的批判。可见，这里的分歧是，马克思认为蒲鲁东的批判没有把握住本质性的内容，而与此相关联的是，他提出的社会革命目标也必然是存在问题的。因此，在完成异化劳动理论的建构之后，在《1844 年手稿》中，马克思便很自然地将批判的矛头指向了蒲鲁东的社会革命目标。

事实上，在笔记本 I 的第一部分针对工资的梳理中，当马克思列举了一系列国民经济学的理论同资产阶级的社会现实相冲突的"矛盾群"后，他已经对蒲鲁东的社会革命目标表示了不满。马克思发问道："把人类的最大部分归结为抽象劳动，这在人类发展中具有什么意义"；而"主张细小改革的人不是希望提高工资并以此来改善工人阶级的状况，就是（像蒲鲁东那样）把工资的平等看作社会革

---

① 参见周嘉昕《重访马克思：历史、理论与文本》，江苏人民出版社 2021 年版，第 107 页。

命的目标，他们究竟犯了什么错误"。① 前一个问题虽是指向国民经济学的价值抽象，但由此清晰地呈现了马克思此时主导性的人本主义的哲学批判逻辑和无产阶级的价值立场；而后一个问题，是直接否定了蒲鲁东的社会革命目标，即所谓的工资平等。那么，蒲鲁东为何会将工资平等视为社会革命的目标呢？

在《什么是所有权》的第三章第六节中，蒲鲁东对此做了详细的说明。首先，就蒲鲁东这一主张的论争对象来说，它主要是针对圣西门主义者和傅立叶主义者的。圣西门主义者主张"按才分配，按才配工"，傅立叶主义者则主张"按照各人的资本、劳动和才能进行分配"。蒲鲁东认为，他们的主张其实"是在所有权偏见的绝对影响下不幸地想象出来的"，基于此，地球将会变成一个广大的"决斗场"②。其次，就蒲鲁东这一主张的理论基础来说，它最为核心的内容恰恰是斯密等人的劳动价值论。在《什么是所有权》中，以耕耘、翻地、收割等劳动为例，蒲鲁东指出，如果这些社会性劳动的日产量是 20 平方米，而完成这一任务量所必要的劳动时间是 7 小时，那么无论私人劳动者具体耗费了多少劳动时间，只要他们最终完成了自己的任务产量，就有权得到相等的工资。暂且撇开蒲鲁东所谓的工资平等的主张，这里的论述表明，在对劳动价值论的理解上，蒲鲁东其实并不是从一开始就糊涂到将政治经济学的价值由必要劳动时间所决定的基本原理直接庸俗化为价值由私人生产者的劳动时间所决定。然而，这里的问题是：在蒲鲁东从商品价值量决定于必要劳动时间之原理推导出工人的工资（工人的工资在蒲鲁东看来是直接等于他所生产的产品的价值的）必然相等的结论前，他还设定了一个庸俗的理论前提，即超出社会需要而生产的产品是"不归社会所得"的，所以，"社会只能对于为它提供的劳动给予酬报；因而它

① 《马克思恩格斯全集》第 3 卷，人民出版社 2002 年版，第 232 页。

② ［法］蒲鲁东：《什么是所有权》，孙署冰译，商务印书馆 2015 年版，第 154—156 页。

就可以平等地酬偿所有的劳动者：至于在它范围之外所生产出来的东西，就像劳动者之间的口音和头发颜色的差别那样，那是与社会无关的"。① 可见，蒲鲁东在大前提上先是"滑向"了效用价值论，从"社会"必然要求生产与消费的平衡出发，主观地否定了作为社会现象的生产与消费之间周期性的不平衡关系；然后，再根据商品价值决定于必要劳动时间的原理，推导出工人的工资必然相等的结论。换言之，对于蒲鲁东来说，"社会"在个人之前已经为每个生产者分配了相应的生产任务，因而只要个人完成自己相应的生产任务，便无须考虑个人在才能等方面的不平等因素，给予平等的工资。

从上述分析不难看出，在同一个论题下，蒲鲁东的论证既包含着庸俗的效用价值论的影响，又夹杂着科学的劳动价值论的印记，这使得他的理论时常存在着诸多自相矛盾的地方。但是，需要指出的是，在《1844 年手稿》中，当马克思批判蒲鲁东所谓的工资平等的主张时，蒲鲁东的这一主张中所内含的劳动价值论的"底色"并没有引起马克思的注意，而这一主张中所包含的内在的理论冲突也并非马克思批判的内容。

具体到《1844 年手稿》笔记本 I 的结尾处，当马克思对他独有的异化劳动理论进行详尽的阐发之后，他才将批判的矛头重新对准蒲鲁东，并对此前提出的问题即蒲鲁东主张的工资平等究竟犯了什么错误的问题予以回答。马克思指出，关于资产阶级社会的批判应当归结为两个因素，即私有财产和异化劳动。在马克思看来，尽管异化劳动在表面看来是私有财产的结果，但事实正好相反。马克思认为，一旦两者的真实关系得到澄清，借助于这两个因素，就能立刻理解，诸如工资、竞争、资本、货币等国民经济学的一切范畴不过是它们"特定的、展开了的表现而已"②。因此，在马克思看来，

---

① ［法］蒲鲁东：《什么是所有权》，孙署冰译，商务印书馆 2015 年版，第 157—158 页。

② 《马克思恩格斯全集》第 3 卷，人民出版社 2002 年版，第 279 页。

不管是主张强制提高工资，还是主张工资平等，实际上都没有切中问题的本质，即异化劳动。对于马克思来说，如果没有从根本上扬弃异化劳动，那么即使工资平等，"也只能使今天的工人对自己的劳动的关系变成一切人对劳动的关系。这时社会就被理解为抽象的资本家"①。

由此可见，在《1844 年手稿》中，马克思对蒲鲁东所谓的工资平等之主张的批判，主要是基于他本人的异化劳动理论作出的。因此，马克思的批判，其实既正确又错误。就正确的方面来说，马克思对蒲鲁东社会革命目标的追问，无意间切中了另外一个更为关键的问题，即有比蒲鲁东所关注的分配更基本的问题，这在一定意义上也为马克思后来从表层的分配转入本质性的生产埋下了伏笔；就错误的方面来说，由于异化劳动理论并没有真正揭示出比蒲鲁东关注的分配领域更本质性的内容，所以，试图以扬弃异化劳动来替代蒲鲁东的工资平等的主张，其实并不见得要比蒲鲁东来得实际得多。因为，就社会革命目标来说，工资平等至少是一个较为具体的主张，而扬弃异化劳动，向人的类本质的复归则是一个抽象的说法。这是马克思从人本主义哲学逻辑出发批判蒲鲁东的理论时，不可避免的一个问题。

三　马克思对蒲鲁东的私有财产批判理论的复调式批判

《1844 年手稿》的复杂性在于，从笔记本 I 到笔记本 III，马克思的思想状况并不是始终如一的。随着马克思由笔记本 I 推进到笔记本 III，尽管人本主义的哲学批判逻辑依然是主导性的运作思路，但由于不断地深入某些经济现象之中，他便时常会无意识地偏离原有的批判思路，形成一种几乎与原有批判思路相并行的新的批判思路，即从社会历史发展的真实基础出发的逻辑思路。在笔记本 III 中，针对蒲鲁东私有财产（所有权）批判理论的批判，充分体现了《1844 年手稿》中马克思思想状况的此种复杂性。

---

① 《马克思恩格斯全集》第 3 卷，人民出版社 2002 年版，第 278 页。

第一，从现实的历史发展出发，指认蒲鲁东私有财产批判理论对历史发展趋势的错误认识。在蒲鲁东看来，基于所有权产生的收益，并非所有人劳动的产物。基于此，在《什么是所有权》第四章第七个论题中，蒲鲁东具体分析了将基于所有权而产生的收益用以消费、用以积累以及作为资本使用的三种情况。就第一种情况来说，蒲鲁东认为，所有人将收益用以消费，就不是以再生产为目的的消费，而这样的消费是对财产的毁灭。基于此，蒲鲁东得出了所有权的第一条悖论："如果要享受财产，就必须毁灭财产；要真正做个所有人，你就必须不再是个所有人。"① 就第二种情况来说，蒲鲁东指出，即使所有人不是将财富直接消费掉，而是将其积累起来，也绝不会使所有人摆脱所有权的悖论。因为，"没有享用，就没有真正的财产；没有消费，就没有享用；不丧失财产，就没有消费；这就是上帝的智慧强迫所有人服从的那种不变的必然性"②。就第三种情况来说，蒲鲁东分析道，所有人把财富用作资本，从表面上看来，"他们逃脱了小难"，但实际上"陷进了大难"。因为，一旦把财富作为资本来使用，那么追求更高的利息便会成为所有人的目的。这样一来，工人的工资便会因为利息的提高而相应地降低，其结果便是生产总量的减少。易言之，在蒲鲁东看来，把财富当作资本使用，将会阻碍生产的发展。也由此，蒲鲁东认为，社会历史的发展将会趋向于从根本上取消利息，而这"将是地位平等的出现和所有权的废除"③。

尽管蒲鲁东对上述三种情况的分析并不准确，但不难发现，通过前述分析，他所要呈现的其实是从封建土地所有制向资本主义所有制的历史演进过程。因此，当马克思面对蒲鲁东的这一见解时，

---

① ［法］蒲鲁东：《什么是所有权》，孙署冰译，商务印书馆 2015 年版，第 246 页。

② ［法］蒲鲁东：《什么是所有权》，孙署冰译，商务印书馆 2015 年版，第 248 页。

③ ［法］蒲鲁东：《什么是所有权》，孙署冰译，商务印书馆 2015 年版，第 251 页。

在他原有的哲学批判逻辑中，也就无意识地萌生出一条现实的历史分析的线索。基于此，在笔记本Ⅲ的"增补"中，马克思对社会历史的发展作出了不同于蒲鲁东的判断。首先，马克思区分了土地所有者和工业资本家的区别。就土地所有者来说，马克思指出，他们并不清楚财富的本质，因而对于财富，只知道挥霍和享受；相反，工业资本家是"实干的、清醒的、平凡的（节俭的）、看清财富本质的"。因此，在对待财富的问题上，挥霍的土地所有者和实干的工业资本家恰恰是相互对立的。其次，马克思指出了工业财富发展的两个阶段。马克思分析道，由于工业资本家与土地所有者的最初关系表现为：工业资本家"为挥霍者的享受欲开辟越来越大的范围，并且用自己的各种产品向挥霍者百般献媚"，所以在工业财富发展的初期，工业资本家恰恰是"依附"于土地所有者的。然而，随着"挥霍的食利者的资金日益减少"，而工业资本家提供的"享受的手段和诱惑的增加"，土地所有者必定会被工业资本家所排挤。在马克思看来，正是由于工业财富的此种发展，才使得货币利息逐渐降低。以此来看，货币利息的降低就绝不是如蒲鲁东想象的那样，必然会导致地位平等的出现和所有权的废除。因为，这不过是"劳动的资本对挥霍的财富的彻底胜利的征兆，也就是一切私有财产向工业资本转化"①。也正是在这个意义上，蒲鲁东对社会历史发展趋势的判断，受到了马克思的质疑和批判。

第二，从人的类本质的角度出发，批判蒲鲁东私有财产批判理论的不彻底性。现实的历史分析线索之所以不是马克思有意识的理论产物，是因为这种分析并没有从整体上改变主导性的人本主义哲学批判逻辑。一个鲜明的例证是：尽管马克思正确地指出，"凡是蒲鲁东认为劳动反对资本的运动，都不过是具有资本的规定即工业资本的规定的劳动反对那种不是作为资本即不是以工业方式来消费的资本的运动。而且，这一运动正沿着胜利的道路即工业资本胜利的

① 《马克思恩格斯全集》第3卷，人民出版社2002年版，第350页。

道路前进"，但他同时强调，"只有把劳动理解为私有财产的本质，才能同时弄清楚国民经济学的运动本身的真正规定性"。① 此处的劳动概念，正是马克思在笔记本 I 中指认的人的类本质。可见，马克思的真实意思是：正是由于蒲鲁东不理解私有财产的劳动之本质，所以他才无法把握从土地所有制到以产业资本为代表的所有制的历史运动过程。然而，一旦把历史之谜的解答寄托于理想型的劳动之上，那么对于社会历史的认识便不可避免地蒙上异化史观的色彩。

更进一步，马克思认为，由于劳动是私有财产的主体本质，因而，劳动同资本实际上是处于能动的、内在矛盾的关系中的。所以，当蒲鲁东把私有财产仅仅理解为资本时，也就意味着，他只是从客体的方面来考察私有财产，其结果便是，误将资本的消灭等同于私有财产的消灭。私有财产的"存在形式就是'本身'应被消灭的资本"②。所以，在马克思看来，蒲鲁东的私有财产批判理论，看似激进，却并没有触及本质性的方面，因而是一种不彻底的批判。在归根结底的意义上，蒲鲁东之所以从将利息的降低直接地看作资本的扬弃和资本的社会化的倾向，其原因正在于此。马克思则针锋相对地指出，"利息的减少只有当它是资本的统治正在完成的征兆，也即当它是异化正在完成因而加速其扬弃的征兆的时候，才是资本的扬弃的征兆。一般说来，这就是存在的东西确证自己的对立面的惟一方式"③。可见，马克思正是从劳动的异化史观的角度来理解这一历史进程和作为扬弃资本之征兆的利息降低现象的。

总体而言，相比于《莱茵报》实践阶段，在《1844 年手稿》中，马克思对蒲鲁东理论的批判，已经不再是基于对彼此思想特质之差异的自觉意识，而是基于某些具体问题的不同见解作出的。仅此而言，《1844 年手稿》中马克思对蒲鲁东的批判，在一定意义上，

---

① 《马克思恩格斯全集》第 3 卷，人民出版社 2002 年版，第 352 页。
② 《马克思恩格斯全集》第 3 卷，人民出版社 2002 年版，第 294 页。
③ 《马克思恩格斯全集》第 3 卷，人民出版社 2002 年版，第 351 页。

是对前期批判意向的一种具象化，当然，这又是以马克思的第一次经济学研究为前提的。但是，囿于马克思此时的经济学理论水平，无论是他对经济学本身的批判，还是他对蒲鲁东理论的批判，实际上都呈现为一种十分独特的复调式批判，即人本主义的哲学逻辑与立足于经济现实的客观逻辑相并行的批判。这一点，在马克思对蒲鲁东私有财产批判理论的批判中已经较为清楚地表现出来了。这种复调式批判也意味着，马克思此时对蒲鲁东理论的批判，从根本上说，并没有实现对后者的彻底超越。但是，无论如何，通过第一次经济学研究，在马克思的思想中，促成其第二次重大思想转变，从而创立新的哲学世界观的客观逻辑线索的"种子"已经埋下。因此，从人本主义哲学逻辑线索出发对蒲鲁东的批判尽管仍显不足，但从现实的历史出发的批判逻辑已经更加清楚地预示了两者的决裂。当然，这需要以马克思进一步深入研究经济学为前提。

第三节　《神圣家族》中马克思对蒲鲁东的肯定与批判

1844 年 9 月，蒲鲁东到达巴黎，并在此居住到次年 2 月份。[①]也正是在这一期间，旅居巴黎的马克思才得以同蒲鲁东相结识，并与蒲鲁东进行了深度的交流，建立了短暂却相当友好的关系。一个鲜明的例证是，在与恩格斯初次合作撰写的《神圣家族》中，马克思对蒲鲁东给予了高度的赞扬。然而，无论是以《1844 年手稿》中马克思对蒲鲁东的评价为参照，还是以《神圣家族》作为"历史唯物主义诞生的前夜"[②] 之思想史定位为参照，都会使如下问题变得颇

---

① 1844 年，蒲鲁东曾两次到过巴黎，第一次是在 2 月底，第二次是在 9 月。马克思与蒲鲁东的深度交流则是发生在后者第二次到巴黎的这段时期。

② 参见孙伯鍨《探索者道路的探索——青年马克思恩格斯哲学思想研究》，北京师范大学出版社 2017 年版，第 221 页。

为棘手，即在对蒲鲁东的理论进行批判性的研究之后，马克思为何会在《神圣家族》又"以很赞扬的口吻谈论蒲鲁东"[①] 呢？与此相关联的问题还有：既然马克思已经具体指认了蒲鲁东理论存在的诸多局限性，那么后者的理论究竟还存在着什么积极的方面，值得马克思给予高度的赞扬呢？更进一步，在《神圣家族》中，马克思对蒲鲁东肯定多于批判的评价，对他自身的思想进展又具有何种意义呢？

一 思辨逻辑的对立面：马克思对蒲鲁东的高度赞扬

如前所述，在《1844 年手稿》中，马克思对蒲鲁东的总的评价是批判多于肯定的。因此，当马克思在《神圣家族》中以很赞扬的口吻谈论蒲鲁东时，他此时的评价便不可避免地同此前的评价形成鲜明的反差。那么，造成这种反差的原因是什么呢？最为常见的解释是：马克思与蒲鲁东在这一时期建立的友好关系，使他在面对具有明显反动立场的埃德加·鲍威尔对蒲鲁东的批判时，[②] 很自然地站到了蒲鲁东的立场，并为其辩护。换言之，《神圣家族》中马克思对蒲鲁东的赞扬，从根本上说，是基于两者之间的友谊，或者说，是在特定的战略动机下作出的。[③] 这种解释固然有一定的道理，但事实绝非如此简单。这是因为，在与蒲鲁东建立实际的友谊关系之前，马克思已经在 1844 年 8 月 11 日致费尔巴哈的信中预告了《神圣家

---

① 《列宁全集》第 55 卷，人民出版社 1990 年版，第 6 页。

② 1844 年 4 月，埃德加·鲍威尔在《文学总汇报》（*Allgemeine Literatur-Zeitung*）上发表《蒲鲁东》一文，对蒲鲁东的《什么是所有权》一书进行评论，并歪曲蒲鲁东的政治经济学思想。《神圣家族》的第四章第四节"蒲鲁东"正是针对埃德加·鲍威尔的《蒲鲁东》一文所写的。

③ 把《神圣家族》中马克思对蒲鲁东的赞扬归结为两者之间的友谊，特别是政治上的战略动机，是相对常见的一种见解。卢森贝和奥伊则尔曼等人是持这种见解的典型代表。参见［苏］卢森贝《十九世纪四十年代马克思恩格斯经济学说发展概论》，方钢等译，生活·读书·新知三联书店 1958 年版，第 170、173 页；［苏］捷·伊·奥伊则尔曼《马克思主义哲学的形成》，潘培新等译，生活·读书·新知三联书店 1964 年版，第 398—399 页。

族》的部分写作计划，即在批判鲍威尔兄弟的同时，为蒲鲁东进行辩护。以此来看，把马克思对蒲鲁东的高度赞扬仅仅归结为友谊，或者说是战略动机，多少是站不住脚的。如果根据马克思本人的说法，鲍威尔兄弟之所以需要批判，是因为他们将"批判"变成了某种超验的存在物，那么蒲鲁东之所以应该赞扬，则是因为他恰恰同前者的那种纯粹思辨的逻辑相对立，即把批判建立在某种"实践的需要"之基础上。① 沿着这一思路对《神圣家族》进行解读，便不难发现，两者之间的对立可以通过以下三个问题得到清晰的呈现。

第一，关于贫穷和私有财产的关系问题。在《蒲鲁东》一文中，埃德加·鲍威尔认为，蒲鲁东为了否定私有财产的合理性，而将贫穷困苦的事实绝对化、合理化。相反，在埃德加·鲍威尔看来，批判不应当仅仅把贫穷的事实绝对化，而应当把贫穷同私有财产合而为一，使它们成为一个整体，"并且根据这个整体本身探询其存在的前提"②。针对此，在《神圣家族》中，马克思分析道，埃德加·鲍威尔所认识到的贫穷和私有财产之间的对立关系，其实是一个广为流传的知识；而他试图将两者合而为一，并将理论研究的重心放在由他本人所"创造"出来的"整体"之存在前提的追问上，就显得尤为多余了。因为，既然"整体"就是由埃德加·鲍威尔所创造的，那么关于这一问题的解答，就只能以神学的方式在"整体"之外寻求了。在马克思看来，埃德加·鲍威尔所谓的"整体"其实是由贫穷和私有财产的现实运动构成的，因此，问题的关键是揭示贫穷和私有财产的现实的运动，而不是说明"整体"的两个方面。基于此，马克思认为，蒲鲁东"从国民经济学用诡辩掩盖的相反的方面出发，即从私有财产的运动造成的贫穷出发，进行了否定私有财产的思考"，是一种"真实的行为"；相形之下，埃德加·鲍威尔对蒲鲁东

---

① 参见《马克思恩格斯全集》第 47 卷，人民出版社 2004 年版，第 75—76 页。
② ［德］埃德加尔·鲍威尔：《蒲鲁东》，载聂锦芳、李彬彬编《马克思思想发展历程中的"犹太人问题"》，中国人民大学出版社 2017 年版，第 291 页。

的批判是一种"在自己想象中完成的行为"。①

　　第二，关于平等原则的问题。在《蒲鲁东》一文中，埃德加·鲍威尔认为，蒲鲁东根据"平等的原则"来证明私有财产之不可能性的做法是不可理解的。在埃德加·鲍威尔看来，既然蒲鲁东所坚持的平等是私有财产这一不平等现实的创造原则，那么，这就意味着，作为结果的不平等的现实要远比平等原则本身来得有力得多，所以蒲鲁东试图帮助这个原则获得一种意外的强力是不可能的。② 针对此，在《神圣家族》中，马克思指出，埃德加·鲍威尔忘记了，德国的自我意识和法国的平等原则，所要表达的东西其实是一致的。③ 因此，如果自我意识作为福音书的创造原则，它需要通过对自身的否定而实现对自我意识的认识，那么平等作为私有财产的创造原则，它也需要通过对自身的否定而实现。也由此，马克思认为，"原则通过自身的否定而实现的规律"④，在法国恰恰是由蒲鲁东发现的，这个光荣应该属于他，而埃德加·鲍威尔等人始终不肯承认这一点。另外，在马克思看来，法国的平等和德国的自我意识也存在着差异性。马克思指出，法国的平等其实是人在实践领域中对他自身的意识。"平等是法国的用语，它表示人的本质的统一，表示人的类意识和类行为，表示人和人的实际的同一性，也就是说，它表示人同人的社会关系或人的关系。"⑤ 德国的自我意识则是人在纯粹思维中同他自身的平等。也就是说，德国的自我意识是纯粹思辨的，而法国的平等是人同人的实际的社会关系。在这一点上，德国人和

---

　　① 《马克思恩格斯文集》第 1 卷，人民出版社 2009 年版，第 259 页。
　　② 参见〔德〕埃德加尔·鲍威尔《蒲鲁东》，载聂锦芳、李彬彬编《马克思思想发展历程中的"犹太人问题"》，中国人民大学出版社 2017 年版，第 292—293 页。
　　③ 参见《马克思恩格斯文集》第 1 卷，人民出版社 2009 年版，第 263—264 页。
　　④ 《马克思恩格斯全集》第 2 卷，人民出版社 1957 年版，第 38 页。值得一提的是，马克思此处对蒲鲁东的肯定，在某种意义上，也可以看作《1844 年手稿》中其异化劳动理论建构与蒲鲁东之关联性的一种暗示。
　　⑤ 《马克思恩格斯文集》第 1 卷，人民出版社 2009 年版，第 264 页。

法国人的对立特性表现得十分清楚。①

　　第三，关于"群众"的认识问题。在《蒲鲁东》一文中，埃德加·鲍威尔认为，一无所有的人的利益是蒲鲁东写作的出发点。因此，尽管蒲鲁东无意间透露了埃德加·鲍威尔等人讳莫如深的秘密，即公平是某种绝对的东西、历史的永恒基础、为人类指引方向的神，但由于蒲鲁东主张的是群众的公平，从而也就犯下了更不公平的过错。② 这是因为，在埃德加·鲍威尔看来，"现在的工人只考虑自己，也就是说，他只是为他个人而索取报酬。正是工人自己不考虑他在同其他力量合作中所产生的那种巨大的、不可估量的力量"③，所以群众注定无法承担实现公平的历史使命。针对此，在《神圣家族》中，马克思明确指出，不同于埃德加·鲍威尔等人的那种自满自足的批判的利益，蒲鲁东的写作出发点，就是"群众的、现实的、历史的利益"。同时，在此时的马克思看来，正是这个被埃德加·鲍威尔等人所否定的出发点，才使《什么是所有权》得以成为"法国无产阶级的科学宣言"，并具有重要的历史意义。④

　　更进一步，马克思分析道，当埃德加·鲍威尔把一切祸害都归结为工人们的"思维"问题，并指责工人们没有看到联合的巨大力量时，他既没有看到英、法等国的工人们正在结成的各种联合会，也不明白"财产、资本、金钱、雇佣劳动以及诸如此类的东西决不是想象中的幻影"。实际上，工人们十分清楚，他们所面对的问题的客观现实性。"因此，也必须用实际的和具体的方式来消灭它们，以便使人不仅能在思维中、在意识中，而且也能在群众的存在中、在生活中真正成其为人。"⑤ 可见，对蒲鲁东的批判，之所以会让埃德

---

　　① 参见《马克思恩格斯全集》第 47 卷，人民出版社 2004 年版，第 74 页。
　　② 参见《马克思恩格斯文集》第 1 卷，人民出版社 2009 年版，第 258—259 页。
　　③ ［德］埃德加尔·鲍威尔：《蒲鲁东》，载聂锦芳、李彬彬编《马克思思想发展历程中的"犹太人问题"》，中国人民大学出版社 2017 年版，第 297 页。
　　④ 参见《马克思恩格斯文集》第 1 卷，人民出版社 2009 年版，第 266—267 页。
　　⑤ 《马克思恩格斯文集》第 1 卷，人民出版社 2009 年版，第 273 页。

加·鲍威尔等人大出其丑，是因为他们对"现实"本身的理解始终没能超越思辨哲学的立场。

综上所述，在《神圣家族》中，马克思之所以会给予蒲鲁东很高的赞扬，从学理层面上说，正是因为蒲鲁东的批判较之于鲍威尔兄弟来说，是以某种实践的需要为出发点的。在此时的马克思看来，"群众的社会主义和共产主义"①。以此来看，马克思此时对蒲鲁东的赞扬，既是对后者的一种肯定性评价，更是对自己当前的"群众的社会主义"立场的明确表态和界划。② 在这个意义上，关于马克思为何在《神圣家族》中以很赞扬的口吻谈论蒲鲁东的问题，马雷什的解释，即"马克思当时所说的，正是他实际上所想的"③，是颇为准确的。

二　异化范围内的国民经济学革命：马克思对蒲鲁东有所保留的批判

在对待蒲鲁东的问题上，《神圣家族》中马克思总的评价的确是以肯定，或者说，以赞扬为主的。但是，这并不意味着马克思此时完全认同了蒲鲁东的理论观点，从而根本性地改变了此前他对蒲鲁东的辩证批判。事实上，埃德加·鲍威尔对蒲鲁东的批判，恰恰也使如下问题得以凸显出来，即如何准确评价和科学地超越蒲鲁东的理论及其对国民经济学的批判。显然，在《神圣家族》中，当马克思在文本的显性层面以很赞扬的口吻谈论蒲鲁东时，关于上述问题的回应也是马克思批判鲍威尔兄弟过程中的任务之一。

首先，马克思充分肯定了蒲鲁东在使国民经济学成为真正的科学的问题上作出的理论贡献。在《蒲鲁东》一文中，埃德加·鲍威

---

①　《马克思恩格斯文集》第 1 卷，人民出版社 2009 年版，第 274 页。

②　参见韩蒙《马克思思想变迁的社会主义线索》，江苏人民出版社 2021 年版，第 172 页。

③　[苏] 阿·伊·马雷什：《马克思主义政治经济学的形成》，刘品大等译，四川人民出版社 1983 年版，第 103 页。

尔试图说明并批判蒲鲁东的《什么是所有权》一书的观点之特征。然而，在马克思看来，埃德加·鲍威尔根本没有把握住蒲鲁东《什么是所有权》一书的特点，更遑论要科学地批判蒲鲁东的理论观点了。马克思指出，蒲鲁东的《什么是所有权》一书的特点，不在于从哲学思辨的立场出发把握现实，而在于对关乎国民经济学和法学生死攸关的私有财产之实质的考察。因此，如果没有关于国民经济学和私有财产运动的实际的知识，要想批判蒲鲁东的著作，"哪怕只是做个批判的样子，也完全是不可能的"①。埃德加·鲍威尔对蒲鲁东的批判缺乏基本的经济学常识的问题，在他把"空闲的时间和充实的劳动时间等量齐观"② 时，得到了淋漓尽致的表现。与此同时，在马克思看来，一旦把握住蒲鲁东的《什么是所有权》一书的特点，那么也就不难发现，蒲鲁东既不同于囿于思辨哲学立场的埃德加·鲍威尔，他是从贫穷和私有财产的对立这一客观事实出发，对私有财产作了批判性的考察，"而且是第一次具有决定意义的、无所顾忌的和科学的考察"③，也不同于把私有财产视作当然前提的国民经济学家，"他不是以限于局部的方式把私有财产的这种或那种形式描述为国民经济关系的扭曲者，而是以总括全局的方式把私有财产本身描述为国民经济关系的扭曲者"④。也正是在这种比较性的视域中，马克思给予蒲鲁东高度的赞扬，即蒲鲁东对于国民经济学的批判，正如西哀士之于现代政治学，是具有使国民经济学成为真正科学的革命性意义的。

其次，马克思认为，蒲鲁东对国民经济学的批判仍旧没有超越这一批判对象本身的种种前提。如前所述，在把蒲鲁东同埃德加·鲍威尔和国民经济学家加以比较的基础上，马克思给予了蒲鲁东极高的评价。然而，在《神圣家族》中，对蒲鲁东的赞扬其实只构成

---

① 《马克思恩格斯文集》第 1 卷，人民出版社 2009 年版，第 271 页。
② 《马克思恩格斯文集》第 1 卷，人民出版社 2009 年版，第 269 页。
③ 《马克思恩格斯文集》第 1 卷，人民出版社 2009 年版，第 256 页。
④ 《马克思恩格斯文集》第 1 卷，人民出版社 2009 年版，第 257 页。

马克思对蒲鲁东的总的评价的一个方面。事实上，在批判埃德加·鲍威尔对蒲鲁东的批判时，马克思已经就蒲鲁东的理论工作给出了一个明确的判断，即蒲鲁东对国民经济学的批判，是对这门科学的"最初的批判"，因而它必然还会存在着诸多的局限性，如拘泥于批判对象本身的种种前提。在马克思看来，蒲鲁东对国民经济学的批判所存在的局限性主要表现在他对"工资"形式和"平等的占有"的坚持上。就对"工资"形式的坚持来说，马克思分析道，同恩格斯的《国民经济学批判大纲》相比，蒲鲁东其实还没有把握住工资的本质，即私有财产的特殊形式。① 因此，把工资平等作为社会革命的目标，也就反映了蒲鲁东并没有超越国民经济学的理论前提和范畴体系。就对"平等的占有"的坚持来说，马克思认为，由于蒲鲁东不理解私有财产的劳动本质——这一点是马克思在《1844 年手稿》中所指认的问题，所以，当他试图"扬弃拥有和不拥有的旧形式"时，其实仍然没有摆脱对对象的纯粹客体性维度的理解，因而对于"平等的占有"的坚持，正如对于工资形式的坚持一样，也没有超越国民经济学的理论前提和范畴体系，它不过是用国民经济学的占有形式来理解对象世界的重新获得。正是在这个意义上，在给予蒲鲁东高度赞扬的同时，马克思也对蒲鲁东的理论工作给出了另一个方面的评价："蒲鲁东在国民经济学的异化范围内扬弃国民经济学的异化。"②

由此可见，以《1844 年手稿》为参照，《神圣家族》中马克思对蒲鲁东的高度赞扬，其实并没有根本改变他此前在这一问题上的总的评价。在某种意义上，《神圣家族》中马克思的评价，可以说，正是对《1844 年手稿》中既有评价的一个延续。因此，这里的问题是：如果马克思此时对蒲鲁东的评价并没有发生实质性的改变，那么，为何在《神圣家族》中却表现为更多的肯定和较少的批判呢？

---

① 参见《马克思恩格斯文集》第 1 卷，人民出版社 2009 年版，第 256 页。
② 《马克思恩格斯文集》第 1 卷，人民出版社 2009 年版，第 268 页。

从上述分析不难推知，《神圣家族》之所以在文本的显性层面会同《1844 年手稿》形成反差，无非是由以下两个方面的原因造成的。其一，在《神圣家族》中，马克思对蒲鲁东的评价是基于同埃德加·鲍威尔和国民经济学家的比较作出的，而在此种比较视域中，蒲鲁东必然会得到此时的马克思更多的肯定。其二，《神圣家族》的主旨在于批判和清算鲍威尔兄弟的思辨哲学立场，因此，蒲鲁东本身并非马克思理论言说的直接对象，所以关于蒲鲁东的批判性评价显然也会得到相应的弱化。从这里也可以看出，在对待蒲鲁东的问题上，只是根据马克思在《神圣家族》和《哲学的贫困》中的不同态度，法国神学家卢柏西便将马克思对蒲鲁东的批判归结为马克思的个人品性问题之做法显然是不合理的。① 因为，他其实只是停留在《神圣家族》文本的显性层面，并没有认真分析马克思此时所弱化的针对蒲鲁东理论缺陷的批判。以此来看，卢柏西对马克思的批判和对蒲鲁东的辩护，不过是以看似客观的方式、主观地偏向蒲鲁东，因而，这也是一种需要警惕和加以批判的别有用心的见解。

三　理论矛盾的公开：对蒲鲁东的人本主义解读与新的哲学话语的雏形

在对《1844 年手稿》的分析中，我们已经看到，马克思对蒲鲁东私有财产批判理论的批判，实际上，存在着两条批判逻辑：一条是从人本主义哲学出发的批判逻辑，这也是《1844 年手稿》中马克思主导性的话语逻辑；另一条是从现实的经济事实出发的批判逻辑，相对于前一条批判逻辑，这是马克思在深入研究经济事实的过程中萌生的、尚缺乏自觉意识的批判逻辑。通过对马克思恩格斯初次合作之作品的文本分析，我们可以发现，马克思此时对蒲鲁东理论的评价依然存在着两条批判逻辑。

---

① Cf. Henri de Lubac, *The Un-Marxian Socialist：A Study of Proudhon*, trans. Canon R. E. Scantlebury, London：Sheed and Ward Ltd. , 1948, pp. 132 – 133.

首先，无论是肯定的还是批判的，马克思对蒲鲁东的评价，主要还是基于哲学人本主义作出的。就肯定性的评价来说，在《神圣家族》中，马克思对蒲鲁东理论贡献的一个突出评价是：蒲鲁东对国民经济学的批判使国民经济学有可能成为真正的科学。在此时的马克思看来，将私有财产看作符合人性的和合理的关系，并当作确定不移的事实，而不做任何进一步的思考，是国民经济学的问题之所在。相反，蒲鲁东对私有财产作了第一次具有决定意义的、无所顾忌的和科学的考察。这种考察，一方面使国民经济学的人性假象，在同国民经济关系之非人性的现实的对照中，得以完整地暴露出来，另一方面，则使私有财产本身，而非私有财产的某一特殊形式，在扭曲国民经济关系中的决定性作用，得以被清晰地揭示出来。与此相关联的是，马克思认为，不同于将地租、利息和赢利全都算入生产费用的国民经济学家，劳动时间和预支费用被蒲鲁东指认为生产费用之"唯二"的构成要素，这样，"由于蒲鲁东把劳动时间，即人类活动本身的直接定在，当做工资和产品价值规定的尺度，他就使人成了决定性的因素"。由此可见，在同国民经济学家的比较中，马克思此时之所以给予蒲鲁东高度的评价，原因主要在于他对国民经济学的批判"恢复了人的权利"①。在这里，是否符合人性，或者说，是否符合人的权利，显然是马克思评价国民经济学和蒲鲁东的一个根本依据。

就批判性的评价来说，《神圣家族》中马克思对蒲鲁东理论的总的批评可以概括为：对扬弃国民经济学的异化之路径的探寻，未能超越国民经济学的异化范围。此时的马克思认为，尽管蒲鲁东对国民经济学的批判是对人的权利的一种恢复，但这是以国民经济学的、因而也是充满矛盾的形式恢复的。也就是说，蒲鲁东并没有真正揭示出资产阶级社会中人的类本质的全面异化。所以，蒲鲁东并不理解，在资产阶级社会中，看似幸福的有产阶级，在本质上同处于非

---

① 《马克思恩格斯文集》第 1 卷，人民出版社 2009 年版，第 270 页。

人的生存境况的无产阶级是一样的，即"有产阶级和无产阶级同样表现了人的自我异化"①。正因为如此，不管是蒲鲁东的工资平等的主张，还是他对"平等的占有"的坚持，马克思其实都无法认同。以此来看，马克思对蒲鲁东的批评，在主导性逻辑上，也依然是人本主义的哲学批判逻辑。并且，在此时的马克思看来，相比于一切国民经济学和蒲鲁东的理论，这种批判才是理论制高点。②

其次，在马克思对蒲鲁东的批判性评价中，暗含着关于客观的经济关系的分析。在《神圣家族》中，这一点集中体现在马克思对蒲鲁东所坚持的"平等的占有"的批判上。马克思分析道，从根本上，蒲鲁东所坚持的"平等的占有"，仍是下述状况的异化表现："对象作为为了人的存在，作为人的对象性存在，同时也就是人为了他人的定在，是他同他人的人的关系，是人同人的社会关系。"③对象本身作为人的对象性存在，它不是直接的自然存在物，而是人本身的劳动产物，因此，此种人同人的社会关系就是从人对人自身的劳动产物的依赖性关系中产生的。显然，这种以人的对象性存在为中介的社会关系依然是马克思所要否定和批判的。也由此，蒲鲁东所要求的对对象世界的重新获得，才会被马克思指认为不过是在国民经济学的异化范围内扬弃国民经济学的异化。换言之，在这段极为经典的论述中，起主导性的依然是人本学异化逻辑。不过，问题的关键在于，马克思此处指证的这种社会关系，已经不再是《1844年手稿》中的那种人的本真的类本质，而是人与人之间的客观的经济关系。也正是在这个意义上，列宁认为，这段论述体现了马克思"接近生产的社会关系这个思想"④。

此外，在《神圣家族》的"蒲鲁东"一节中，关于客观的经济

---

① 《马克思恩格斯文集》第 1 卷，人民出版社 2009 年版，第 261 页。

② 参见张一兵《回到马克思：经济学语境中的哲学话语》，江苏人民出版社 2014 年版，第 302 页。

③ 《马克思恩格斯文集》第 1 卷，人民出版社 2009 年版，第 268 页。

④ 《列宁全集》第 55 卷，人民出版社 1990 年版，第 13 页。

关系的分析，也夹杂在马克思批判埃德加·鲍威尔和阐发自己的相关见解中。比如，为驳斥埃德加·鲍威尔将贫穷与私有财产合而为一，进而试图在由贫穷和私有财产构成的整体之外寻求解决办法的思辨唯心主义见解，马克思明确指出，"私有财产只有通过不以它为转移的、不自觉的、同它的意志相违背的、为事物的本性所决定的发展"，才会走向"瓦解"。① 面对埃德加·鲍威尔将工人们的贫穷事实仅仅归结为工人们"思维"的问题之错误见解时，马克思则针锋相对地指出，工人们"必须用实际的和具体的方式来"② 解决问题，这是由问题本身的实际的、具体的属性所决定的。不难发现，马克思的这些见解正是基于经济现实的客观逻辑作出的。需要指出的是，与《1844 年手稿》相似，在《神圣家族》的"蒲鲁东"一节中，从客观的经济关系出发的批判逻辑依然受到人本学的异化批判逻辑的统摄，但对马克思自身思想的发展来说，此种批判逻辑是一个十分重要的理论生长点。随着马克思不断推进对鲍威尔兄弟唯心主义历史观的批判，客观的经济关系越来越成为马克思展开其批判所由以立足的出发点。这具体表现为，在《神圣家族》的第七章中，马克思明确指出，历史的诞生地不是天上的迷雾的云兴雾聚之处，而正是鲍威尔兄弟所轻视的"地上的粗糙的物质生产"③。显然，这里的"物质生产"概念正是在对客观的经济关系的分析中得出的。因此，尽管马克思此时对"物质生产"概念的理解还无法超越经验主义的理论水平，但这里显现出来的是一种全新的哲学话语。它不同于此前的哲学人本主义话语逻辑，而是马克思创立历史唯物主义新哲学前的必要的理论铺垫。应该说，《神圣家族》作为"历史唯物主义诞生的前夜"之思想史定位，正是由此而来的。

从总体上看，《神圣家族》中马克思依然用人本主义哲学来解读

---

① 《马克思恩格斯文集》第 1 卷，人民出版社 2009 年版，第 261 页。
② 《马克思恩格斯文集》第 1 卷，人民出版社 2009 年版，第 273 页。
③ 《马克思恩格斯文集》第 1 卷，人民出版社 2009 年版，第 351 页。

和评判蒲鲁东的理论工作的。这就意味着，《神圣家族》并没有实质性地突破《1844 年手稿》的理论逻辑。不过，以马克思对蒲鲁东的批判为主线，相比于《1844 年手稿》，《神圣家族》的思想史意义可以概括为以下两点：其一，《神圣家族》作为公开出版的论著，使得《1844 年手稿》中潜藏在马克思对蒲鲁东私有财产批判理论之复调式批判背后的逻辑冲突得以公开化，这就为马克思进一步认识并扬弃人本主义哲学批判逻辑创造了条件；其二，在把蒲鲁东置放到德国思辨哲学和国民经济学的比较视域中加以把握时，使马克思愈加清楚地意识到，政治经济学之于社会主义论证的至关重要性，而这也为马克思进一步深入政治经济学研究，从而整合哲学、政治经济学和社会主义埋下了重要的伏笔。以此来看，蒲鲁东的理论作用，恰恰在于，为马克思批判私有财产和变革政治经济学提供了方向上的影响。应该说，对于青年马克思思想的进程来说，这也是蒲鲁东所能提供的最为正面的影响了。[①] 随着马克思自身思想的进一步发展，蒲鲁东的理论缺陷将越来越清晰地暴露在马克思的面前，并由此成为马克思不断磨炼自己思想的参照系。换言之，对于蒲鲁东的批判，将成为马克思建构自身思想的重要环节。这一点，在马克思创立新世界观后，将会得到清楚的呈现。

[①]　参见陈铮《马克思与蒲鲁东思想关系的历史性解读》，《福建师范大学学报》（哲学社会科学版）2022 年第 2 期。

第 三 章

唯物史观创立后，马克思逐步走向对蒲鲁东的公开批判

　　在法国当局的驱逐下，马克思大约在 1845 年 2 月 1 日动身迁往比利时布鲁塞尔，短暂的巴黎生活由此结束。在离开巴黎之前，马克思还同德国出版商卡·列斯凯签订了《政治和国民经济学批判》两卷本的出版合同。尽管列斯凯因惧怕书报检查制度而在 1847 年 2 月取消了这一合同，致使马克思的计划最终"搁浅"，但这一合同的签订成为他第二次系统研究经济学的直接动因。以此为基础，马克思的哲学思想在短时间内发生了急剧的变化。《1844 年手稿》和《神圣家族》中居主导性地位的人本主义哲学架构迅速消解，终于让位于一种新的哲学话语，即历史唯物主义哲学。从这一新的理论地平出发，马克思越发清楚地意识到，自巴黎之别以来，他和蒲鲁东之间横着的"鸿沟"不是"空间"上的，而是"理论"上的，而且，在此时的马克思看来，对于蒲鲁东的理论缺陷置之不理已经不可能了，所以，针对后者的公开批判势在必行。从结果上看，这种批判是如此严厉，以至于两者之间短暂的友谊永远结束了。①

---

① 参见《马克思恩格斯全集》第 21 卷，人民出版社 2003 年版，第 57 页。

第一节　《德意志意识形态》时期
马克思对蒲鲁东的
评价之复杂性

　　到达布鲁塞尔之后，马克思迅速投入新的经济学研究中。这对于《德意志意识形态》中马克思独有的新的哲学思想的创立起到了重要的推进作用。与此相关联的是，蒲鲁东的理论缺陷，也越来越清楚地暴露在马克思的面前。然而，鉴于两者在巴黎结下的友谊以及蒲鲁东在法国工人运动中的巨大影响，在此时的马克思看来，立即同蒲鲁东及其理论观点划清界限，并不是绝对必要之举。因此，相比于此前，在《德意志意识形态》时期，马克思对蒲鲁东的评价就要复杂得多。就此而言，在马克思的思想发展进程中，如果存在着一个有意地、策略性地弱化对蒲鲁东的批判的时期，那只能是《德意志意识形态》时期，而绝不是如卢森贝等人认为的以《神圣家族》为代表的巴黎时期。

一　作为"外国杰出的社会主义者"的蒲鲁东与马克思评价的细微变化

　　1845 年 2 月 22 日至 3 月 7 日间，在得知马克思布鲁塞尔的地址之后，恩格斯立即致信马克思。在这封书信中，恩格斯除了向马克思传达了费尔巴哈的共产主义立场表态、介绍了共产主义在伍珀河谷的蓬勃发展等重要事宜之外，在信件的结尾，他还向马克思提议出版一套《外国杰出的社会主义者文丛》，并询问"哪些法国人的著作值得翻译"[①]。马克思肯定了恩格斯的这一提议，经过两人的多次讨论，在 1845 年 3 月 7 日至 17 日之间，马克思最终拟定了一

---

① 《马克思恩格斯全集》第 47 卷，人民出版社 2004 年版，第 347 页。

份《〈外国杰出的社会主义者文丛〉计划》。根据保留下来的计划可知，蒲鲁东依然被马克思纳入"外国杰出的社会主义者"名单中。[1] 也就是说，在此时的马克思看来，蒲鲁东的著作仍旧值得翻译并介绍到德国。可见，初到布鲁塞尔不久，尽管马克思自身的思想在短时间内发生了较大的转变，但他对蒲鲁东的评价并没有因此而出现根本性的改变。大体说来，其主要原因可以概括为以下两个方面。

第一，当时的马克思，无论是对蒲鲁东理论上的还是价值立场上的问题，都还缺乏足够清晰的认识。事实上，在《什么是所有权》之后，蒲鲁东还曾在 1843 年出版过《论人类秩序的建立》（*De la création de l'ordre l'humanité，ou Principes d'organisation politique*）一书。在该书中，蒲鲁东试图建构一种有别于以康德和黑格尔为代表的德国哲学的新的形而上学，即系列辩证法（dialectique sérielle）。在蒲鲁东的系列辩证法中，所谓的"系列"，指的是"统一性和多样性的合题"；所谓的"辩证法"，则是来自对三段论（正反合）的模仿。[2] 借助系列辩证法，蒲鲁东试图揭示人类社会如何不断地去除坏的系列，趋向好的系列，或者说，实现一种好的人类秩序。不难发现，这种思想，在某种意义上，已经暴露了蒲鲁东的折中主义的理论弱点和小资产阶级的价值立场。不过，旅居巴黎期间，批判过黑格尔辩证法的马克思并没有对蒲鲁东的系列辩证法进行过任何的批判。这或许是因为，相比于《论人类秩序的建立》，蒲鲁东的《什么是所有权》一书同马克思当时的思想状况更为契合，因而也更受马克思的推崇。换言之，在《什么是所有权》一书的影响下，马克思可能选择性地"忽视"了对《论人类秩序的建立》一书的关注

---

① 参见《马克思恩格斯全集》第 42 卷，人民出版社 1979 年版，第 272 页。
② 参见［苏］卢森贝《政治经济学史》第 3 卷，郭从周、北京编译社译，生活·读书·新知三联书店 1960 年版，第 233—234 页。

与批判。① 然而，正如马克思后来在《论蒲鲁东》一文中提示的那样，尽管在《什么是所有权》中已经能够看到蒲鲁东理论的矛盾性质，但在这里，蒲鲁东至少是站在法国小农的立场来批判社会的。② 因此，如果只关注《什么是所有权》，而忽视《论人类秩序的建立》，在一定意义上，便会使蒲鲁东的理论缺陷在法国小农立场及其对所有权（私有财产）的大胆抨击之"掩护"下，更少地暴露在马克思的面前。

第二，马克思的哲学话语虽发生了较大的转变，但他此时经济学研究的总体水平并没有超出《神圣家族》。到达布鲁塞尔之后，马克思初步的经济学研究成果集中反映在他于 1845 年 3 月份写下的《评弗里德里希·李斯特的著作〈政治经济学的国民体系〉》（以下简称《评李斯特》）一文中。从马克思思想发展史的角度看，《1844 年手稿》和《神圣家族》中居主导性地位的人本主义哲学话语的消解，正是始于《评李斯特》这一文本。然而，从《评李斯特》的文本语境看，这种消解并"不是处于显性意图中的理论逻辑策略，而是客观经济事实强制下的无意识结果"③。也就是说，原有的人本主义哲学话语的消解并非马克思有意为之的结果。正因为如此，一方面，在谈及废除私有财产的问题时，马克思不仅强调了物质生产的作用，更是将矛盾的社会物质活动的发展指认为实现废除私有财产之目标的现实途径。"废除私有财产只有被理解为废除'劳动'……只有通过社会的物质活动才有可能……因此，一种'劳动

---

① 作为对照，在《德意志意识形态》中，当马克思创立唯物史观之后，蒲鲁东的"系列辩证法"就成为他的批判对象之一。在那里，马克思表示，对于批判过黑格尔辩证法的人来说，要批判蒲鲁东的辩证法是不难的。参见《马克思恩格斯全集》第3卷，人民出版社 1960 年版，第 627 页。换言之，对于马克思来说，蒲鲁东的辩证法存在的问题是显而易见的。所以，巴黎时期马克思没有针对蒲鲁东的辩证法进行批判，显然是一种选择性的"忽视"。

② 参见《马克思恩格斯全集》第 21 卷，人民出版社 2003 年版，第 56 页。

③ 张一兵：《回到马克思：经济学语境中的哲学话语》，江苏人民出版社 2014 年版，第 321 页。

组织'就是一种矛盾。"① 显然，相比于《神圣家族》中提出的"历史的诞生地在于粗糙的物质生产"的见解，这种"矛盾"的解读视域不能说不是一种巨大的进步。另一方面，此时的马克思其实既无法对政治经济学作出正确的评价，因而依然将这种理论称为"坦率的古典的犬儒主义"②；又无法真正深入对物质生产活动的内在矛盾分析，因而在对废除私有财产的问题上必然还会出现过分抬高人的主体性认识能力之作用的问题③。《评李斯特》中马克思思想的此种复杂性表明，他的确离《德意志意识形态》中的历史唯物主义新哲学越来越近了，但"接近"显然无法等同于"到达"，所以，在写作《评李斯特》的同一时期，要想让马克思根本性地扭转对蒲鲁东的评价，并将后者从"外国杰出的社会主义者"名单中抹掉，显然是不切实际的。

由此可见，在正式投入《德意志意识形态》的写作之前，严格说来，在唯物史观正式创立之前，马克思对蒲鲁东的总的评价很难发生根本性的改变。不过，需要指出的是，以这套丛书的编排顺序为切入点，我们不难发现，在对蒲鲁东的理论定位上，马克思的认识多少发生了一些细微的变化。当然，由于马克思本人的相关书信未能保留下来，所以，这种变化主要是通过恩格斯的相关意见呈现出来的。在 1845 年 3 月 17 日致马克思的信中，恩格斯指出，丛书的编排顺序应着眼于"实际效用"，因此"理论的需要"可以被适当地牺牲掉，这样，排在前面的就必须是"那些能给德国人提供最多的材料和最接近我们原则的著作排在前面；就是说，将傅立叶、欧文、圣西门主义者等人的最优秀著作排在前面"④。可见，恩格斯并没有将蒲鲁东及其《什么是所有权》一书纳入最优秀和最接近他和马克思原则的著作之列。如果将恩格斯的这一判断，进一步同他

---

① 《马克思恩格斯全集》第 42 卷，人民出版社 1979 年版，第 255 页。
② 《马克思恩格斯全集》第 42 卷，人民出版社 1979 年版，第 240 页。
③ 参见《马克思恩格斯全集》第 42 卷，人民出版社 1979 年版，第 257—258 页。
④ 《马克思恩格斯全集》第 47 卷，人民出版社 2004 年版，第 349 页。

在《大陆上社会改革的进展》中①和马克思在《神圣家族》中②对蒲鲁东及其《什么是所有权》一书的评价相比较，那么也就不难发现，马克思和恩格斯关于蒲鲁东及其《什么是所有权》一书在社会主义思想史上的地位的评价显然已经没有此前那么高了。因此，虽然蒲鲁东的名字依然出现在"外国杰出的社会主义者"名单当中，但马克思和恩格斯对蒲鲁东的认识已经出现了细微的变化。这种细微的变化，随同马克思对人本主义哲学话语从无意识的解构到有意识的颠覆的转变，必然会演化为对蒲鲁东评价的根本性改变。这个时刻已经越来越近了。

二　批判施蒂纳的逻辑延伸：马克思对蒲鲁东的隐性批判

1844 年 10 月底，施蒂纳的《唯一者及其所有物》一书出版。通过恩格斯的介绍，在同年 11 月，马克思已经阅读过施蒂纳的这一论著，并曾在次月底计划写一篇批判施蒂纳的文章。由于马克思在此之后不久就被巴黎当局驱逐出境，而迁居布鲁塞尔之后，他又将主要精力投放在政治经济学研究中，所以，批判施蒂纳的文章并没有完成。由此，对于施蒂纳的新著以及其中包含的针对马克思的批判，马克思其实并没有作出及时的回应。然而，在《唯一者及其所有物》一书中，当时欧洲存在的和正在发生的所有社会思潮，几乎都成为施蒂纳的批判对象，因而，1845 年，围绕该书，在德国思想界形成了一系列的理论争论。其中，作为该书批判对象的赫斯、鲍威尔、费尔巴哈等人也纷纷加入这场论战。正是在这一背景之下，通过《布鲁塞尔笔记》（特指马克思在撰写《德意志意识形态》以前的部分笔记）和《曼彻斯特笔记》，已经在自身内部完成哲学世界观变革、从原有的费尔巴哈人本主义哲学架构中解脱出来的马克思，也不得不在此刻重新直面他和恩格斯"从前的哲学信仰"。1845

---

① 参见《马克思恩格斯全集》第 3 卷，人民出版社 2002 年版，第 483—484 页。
② 参见《马克思恩格斯文集》第 1 卷，人民出版社 2009 年版，第 267 页。

年 11 月，马克思和恩格斯开始写作《德意志意识形态》。清算"从前的哲学信仰"是他们的写作出发点，而在这一过程中，他们所获得的历史唯物主义新世界观得到了初次的阐发。基于此，他们也彻底地同"德意志意识形态理论家"界划开来。

毋庸置疑，马克思的历史唯物主义新世界观，是建立在对费尔巴哈人本主义哲学架构的直接否定之上的。在这个意义上，针对费尔巴哈的批判是马克思批判德意志意识形态理论家的重中之重，因而也是把握马克思新世界观的重要参照。然而，从《德意志意识形态》的文本情况看，针对施蒂纳的批判比整个文本其他部分的总和还要多得多。从学理层面上看，这是因为，无论是马克思对费尔巴哈的批判，还是对古典人本主义逻辑的扬弃，在某种意义上可以说，都是由施蒂纳对费尔巴哈哲学的批判直接推动的理论效应。

在《唯一者及其所有物》一书中，针对费尔巴哈的人本主义哲学，施蒂纳指出，费尔巴哈经常教导我们，只要将思辨哲学的主词和谓词颠倒过来，真理就能毫无掩饰地向我们显现出来，而费尔巴哈本人就是这么做的：他通过将谓词变成主词，从而将基督教的本质由"神"替换为"人"。然而，在施蒂纳看来，费尔巴哈的这种做法，只能使基督教的本质"固定得更加令人困惑"。因为，"如果在此只将神驱逐到人的胸中，并以不可消除的内在性相赠，于是这就意味着：神的东西即是真正的人的东西"。这样一来，对于具体生存着的"我"来说，不过是"在刚刚剥去旧宗教的蛇皮之后，却又重新披上一层宗教的蛇皮"。① 易言之，在施蒂纳看来，费尔巴哈对于宗教的批判，并没有实现人的真正解放，它不过是以"人"的宗教替代"神"的宗教而已。

沿着这一思路对马克思的《论犹太人问题》一书进行考察，施蒂纳不无讽刺地批评道，"为了把我完全与人等同起来，有人发明和

---

① ［德］麦克斯·施蒂纳：《唯一者及其所有物》，金海民译，商务印书馆 1989 年版，第 51 页。

提出了要求：我必须成为一个'真正类的存在'"①。客观地说，施蒂纳对于费尔巴哈和青年马克思的反思性批判，可谓直击要害！因此，当马克思面对施蒂纳的批判时，很自然地会引发其对原有的人本主义哲学架构的自觉反思，而这种反思为马克思有意识地颠覆人本主义哲学，从而为创立历史唯物主义新哲学打开了理论空间。以此来看，马克思历史唯物主义的创立过程，可以说，就是以对施蒂纳的批判为理论起点，然后逐步过渡到对马克思和恩格斯以往的费尔巴哈哲学信仰的清算和哲学新世界观的阐发上。这一点在文本上恰恰表现为：目前呈现在我们面前的，作为第一章的"费尔巴哈"章，其内容即马克思历史唯物主义新世界观的阐发，正是从批判施蒂纳的部分中抽出来，重新组合而成的。②

　　然而，批判施蒂纳对于马克思的意义又不止于此。事实上，除费尔巴哈的哲学之外，蒲鲁东及其"所有权就是盗窃"的命题，也是施蒂纳在《唯一者及其所有物》一书中要批判的对象之一。在该书中，施蒂纳分析道，当蒲鲁东说"所有权就是盗窃"时，其实忽略了一个重要的问题，即"盗窃"的概念是如何可能的？施蒂纳认为，一旦对盗窃本身的可能性进行追问，那么私有财产的前提性存在也就显而易见了。也就是说，盗窃之所以可能，恰恰是以私有财产的事先存在为前提的。更进一步，施蒂纳认为，私有财产本身的存在又是以"法的恩惠"为保证的。"私有财产靠法的恩惠而生存。只有在法中，它才有所保证。"正因为如此，在施蒂纳看来，一方面，蒲鲁东认为的所有权就是盗窃，其实并不是一种"事实"，"而是一种虚构、一种思想"。③另一方面，蒲鲁

---

① ［德］麦克斯·施蒂纳：《唯一者及其所有物》，金海民译，商务印书馆1989年版，第188页。

② 参见张一兵《回到马克思：经济学语境中的哲学话语》，江苏人民出版社2014年版，第426页。

③ ［德］麦克斯·施蒂纳：《唯一者及其所有物》，金海民译，商务印书馆1989年版，第274页。

东对所有权的批判，在归根结底的意义上，并不是指向私人所有，而是指向异己的和他人所有，于是，为了避免"盗窃"的发生，他又将一切都委托给了第三者，即"人的社会"。正是在这一点上，施蒂纳批评蒲鲁东："蒲鲁东也与基督教徒相仿佛：他把他否认人所有的东西赋与了神。"这里的"神"指的正是"人的社会"①。也由此，正如施蒂纳对费尔巴哈人本主义哲学的批判旨在使"人"从"类"回归到个体的"我"一样，对于蒲鲁东的所有权理论的批判，其目的也在于打倒国家和现存体制对个人所有的一种统治和压迫。在这个意义上，针对蒲鲁东"所有权就是盗窃"之命题的批判，恰恰是施蒂纳建构自己的所有权理论的重要中介，而施蒂纳所要建构的正是一种彻底清除国家和体制的"自在的反叛"，即无政府主义。②

尽管施蒂纳并没有从批判蒲鲁东的所有权批判理论进一步迁移到对马克思的批判，但此种批判成为马克思反思与清算蒲鲁东所有权批判理论的直接导因。不过，需要指出的是，在《德意志意识形态》中，如果马克思在对待费尔巴哈的问题上是"干脆"的，那么，相形之下，他在对待蒲鲁东的问题上则要"迟疑"得多。这在文本上具体表现为：一方面，马克思在批判施蒂纳的同时，仍旧会为蒲鲁东做不恰当的辩护；另一方面，马克思对施蒂纳的批判，在某种意义上，恰恰也适用于对蒲鲁东的批判。

首先，就马克思对蒲鲁东的辩护来说，马克思并不认同施蒂纳对蒲鲁东的指责，即蒲鲁东为了废除所有权而"欺骗"我们：把"社会"指认为不遵从时效权利的最初占有者和唯一的所有者，进而从"社会"的角度将所有者和私有财产的产生建立在"偷盗"的基

---

① ［德］麦克斯·施蒂纳：《唯一者及其所有物》，金海民译，商务印书馆1989年版，第273页。

② 参见［日］望月清司《马克思历史理论的研究》，韩立新译，北京师范大学出版社2009年版，第136页。

础之上。① 马克思认为，与将所有权或私有财产的产生建立在无产者的不善经营、懦弱或心地善良的基础之上的施蒂纳相比，蒲鲁东的"欺骗"是"根据历史事实"作出的。马克思分析道："实际上，对法的历史的最新研究判明，在罗马，在日耳曼、赛尔特和斯拉夫各族人民中，财产发展的起点都是公社财产或部族财产，而真正的私有财产到处都是因篡夺而产生的"②；也就是说，在此时的马克思看来，正如蒲鲁东所说的那样，资产阶级社会的私有财产（所有权）是源自"盗窃"的。因而，蒲鲁东的结论是基于历史事实作出的。如果用《资本论》及其手稿中的观点来看《德意志意识形态》中的此种见解，那么这显然是一个言过其实的评价。在《1857—1858年经济学手稿》中，当马克思再次审视蒲鲁东的所有权起源理论（也叫"自在所有权理论"）时，他才真正意识到，蒲鲁东的见解其实是对资本主义形成史的一种掩盖。根据《德意志意识形态》中的相关论述，不难发现，马克思此时尚无法对此作出准确的说明，所以，他必然会跟随蒲鲁东从经验表象出发，对资产阶级社会的私有财产进行解读。也由此，在这一点上，马克思继续为蒲鲁东做着不恰当的辩护。

其次，马克思认为，当施蒂纳通过对蒲鲁东"所有权就是盗窃"之命题的追问，得出：法律上对私有财产的政治承认即私有财产的基础时，他的批判其实并没有摆脱法这一概念本身的束缚。从历史唯物主义的角度出发，马克思分析道，在归根结底的意义上，法的概念是依存于生产关系的。然而，由于分工的存在，个人的生产关系表现出的法律的和政治的关系，必然会取得对个人来说是独立的存在。这样，"分工的结果便使政治家和法学家注定要崇拜概念并认为一切实际的财产关系的真实基础不是生产关系，而是这些概念"。

---

① 参见［德］麦克斯·施蒂纳《唯一者及其所有物》，金海民译，商务印书馆1989年版，第272—273页。

② 《马克思恩格斯全集》第3卷，人民出版社1960年版，第422页。

在马克思看来，施蒂纳并不理解法的概念同生产关系的此种联系，因而当他看到政治家和法学家把法视为私有财产的保证时，便不假思索地接受了他们的偏见，然后再根据这一偏见，将全部批判"局限于宣称法的概念是概念，是怪影"①。毋庸赘言，施蒂纳正是马克思在文本显性层面所要批判的对象。然而，从学理逻辑上看，如果从历史唯物主义的角度出发，马克思能够辨识出施蒂纳的批判局限于法的概念的问题，那么，他也必然能够看出蒲鲁东的理论缺陷，即基于平等原则对所有权展开政治法权的批判。这是因为，既然政治的和法律的关系已经被马克思明确地指认为生产关系的表现形式，那么从政治法权的角度展开对所有权之现实的批判，就必然是非法的。遗憾的是，在批判施蒂纳的这一部分，马克思并没有由此而直接延伸到对蒲鲁东的批判。

由此可见，在《德意志意识形态》中，马克思在对待蒲鲁东的问题上，是颇为复杂的。在目前所分析的文本的显性层面上，面对施蒂纳对蒲鲁东的批判，马克思依然选择为后者进行辩护，但从学理逻辑上看，马克思指向施蒂纳的批判，其实已经隐含着关于对蒲鲁东的批判。只不过在目前分析的文本中，这种批判并非马克思自觉的理论意图。不过，如果结合马克思在此之前作的判断：施蒂纳关于"共产主义"的命题"多半是从蒲鲁东那里摘来的和用他的词句编成的"②，那么在某种意义上可以说，马克思此时对施蒂纳和蒲鲁东两者之间的联系多少是有所了解的。因此，随着马克思自身写作的推进和思想的发展，针对施蒂纳的显性批判，也就必然会更加自觉地包含着对蒲鲁东的隐性批判的维度。在接下来的针对"真正的社会主义"的批判中，马克思清算蒲鲁东的理论意图已经越来越清晰地呈现出来了。

---

① 《马克思恩格斯全集》第 3 卷，人民出版社 1960 年版，第 421 页。
② 《马克思恩格斯全集》第 3 卷，人民出版社 1960 年版，第 237 页。

三　从格律恩到蒲鲁东：马克思暂未展开的公开批判

关于《德意志意识形态》一书的出版问题，马克思本人在《序言》中的说法是："由于情况改变，不能付印。"① 不过，确切些说，该书的大部分内容，其中包括正面阐发历史唯物主义新世界观的第一卷，的确都未能如期付印，但仍有部分内容得以顺利发表，即《德意志意识形态》第二卷第四章中批判卡尔·格律恩《法兰西和比利时的社会运动》一文的部分内容。当然，这也是马克思恩格斯生前《德意志意识形态》中唯一得以面世的部分内容。然而，正是在这里，马克思此时对蒲鲁东的评价之复杂性得到了最为淋漓尽致的展现。

第一，在"真正的社会主义"讲师格律恩的"庇护"下弱化对蒲鲁东的批判。就"真正的社会主义"之概念来说，这本身就是由格律恩率先提出的一种说法，其目的在于将格律恩本人的社会主义，或者说，以格律恩为代表的德国式的社会主义，同"粗陋的""不文明的"英、法两国的空想社会主义区别开来。就"真正的社会主义"之实质来说，从表面看来，这种社会主义是将德国思辨哲学同英、法社会主义思潮相整合的一种尝试。然而，由于这种社会主义既不理解英、法社会主义思潮同现实的工人运动之内在联系，也不理解所谓的"德国科学"即德国思辨哲学本身。因此，这种整合必然会脱离实在的历史基础，而陷入抽象的主观任意性当中。这在格律恩那里表现为"把各个具体的一定的个人间的关系变为'人'的关系"②，并以此来衡量和批判英、法社会主义的"粗俗的"经验主义和不彻底性。基于此，格律恩傲慢地向法国人、英国人、比利时人和北美人呼吁，他们应该向格律恩等"真正的社会主义者"学习

---

① 《马克思恩格斯全集》第 31 卷，人民出版社 1998 年版，第 414 页。
② 《马克思恩格斯全集》第 3 卷，人民出版社 1960 年版，第 536 页。

社会主义。① 也正是在这个意义上，马克思不无讽刺地评价道：格律恩"是北美人和法国人、英国人和比利时人学习的榜样，是蒲鲁东的讲师"②。

　　然而，对于此时的马克思来说，一旦把格律恩视为蒲鲁东的讲师，势必会因蒲鲁东受格律恩较多影响而弱化对蒲鲁东的批判③。事实的确如此。以马克思对格律恩将生产与消费等同起来的批判为例。在该书第二卷第四章关于"傅立叶主义"的讨论中，马克思分析道，把生产和消费等而视之的"真正的社会主义者"格律恩，实际上是以消费为出发点的，所以，在他看来，消费可以直接引起新的生产。对此，马克思批评道，以消费为出发点的格律恩，忽略了一个中间要素，即能够引起新的生产的需求必须是以现款支付为中介的有效需求，离开这一点，消费所引起的再生产就会变成一种纯粹的幻想。在马克思看来，基于生产与消费的统一性之上的幻想，必然会使格律恩，一方面对生产过剩大加鞭挞，因为"不应当有超过直接消费需要的剩余产品，如有这样情况，显然一切运动都会停止"；另一方面，必然会满足于宣称现在的人们不像"人"一样地消费，相应地，也会满足于用关于"人的消费""真正的消费"进行教育，好像生产与消费之间的真正本质得到理解，就可以使两者之间的矛盾得到化解。④ 相反，马克思指出，生产过剩只是由于它影响产品的交换价值才引发危机；生产与消费的矛盾，既需要通过实际地研究特定的生产方式以及以此为基础的整个社会制度，才能够加以把握，更需要通过实际地变革这种生产方式和这种社会制度，才能够加以

---

① 参见《马克思恩格斯全集》第 3 卷，人民出版社 1960 年版，第 576—577 页。

② 《马克思恩格斯全集》第 3 卷，人民出版社 1960 年版，第 582 页。

③ 这一点可以在马克思、恩格斯和日果在 1846 年 5 月 5 日致蒲鲁东信中得到证实。在那里，日果不无嘲讽地指出，格律恩在《法兰西和比利时的社会运动》一文中竟自诩为蒲鲁东的讲师，并基于此提醒蒲鲁东要留意格律恩这个"寄生虫"。参见《马克思恩格斯全集》第 47 卷，人民出版社 2004 年版，第 367 页。

④ 参见《马克思恩格斯全集》第 3 卷，人民出版社 1960 年版，第 610—614 页。

解决。①

　　通过上述分析不难发现，如果马克思能够看出格律恩对生产与消费之关系的理解所存在的问题，那么他也必然能够看出蒲鲁东的相关见解所存在的问题。因为，蒲鲁东和格律恩一样，也是以消费为出发点，对实际存在的生产与消费之间的关系一无所知。在 1857 年的《导言》中，当马克思以"社会主义美文学家"讽刺格律恩，并将蒲鲁东同格律恩归为一类时②，正是对两者在生产与消费之关系问题上的相似性的直接指认。不过，回到该书中批判格律恩这一见解的地方，除了马克思针对格律恩的批判外，理应存在的指向蒲鲁东的相关批判却并没有出现。从文本的显性层面上看，在对格律恩的相关见解进行批判之后，马克思便以一个简短的"提醒"匆忙地结束了这一话题。那么，这是否意味着批判格律恩并没有引起马克思对蒲鲁东的反思及批判呢？显然不是。事实上，作为批判格律恩关于生产与消费之错误见解的最后的提醒，尽管简短，却言近旨远。马克思的原话是："最后还需要再提一下，正是那些以消费为出发点的经济学家是反动分子，他们忽视了竞争和大工业的革命方面。"③毋庸赘言，如果蒲鲁东同格律恩一样，也是以消费为出发点的，那么"以消费为出发点的经济学家"即使没有直接指向蒲鲁东，但也必然地包含着蒲鲁东。就此而言，在这里，马克思不是没有批判蒲鲁东的理论意图，而是以不点名的方式刻意压抑了对蒲鲁东的公开批判。以此来看，在是否应该公开对蒲鲁东的批判这一问题上，马克思此时仍旧是迟疑未决的。

　　第二，由格律恩对蒲鲁东的评论延伸出的对后者的概要性的公开批判。如果说，在关于生产与消费之关系的问题上，格律恩承担了马克思的批判的主要火力，可以部分地归之于格律恩作为对蒲鲁

---

① 参见《马克思恩格斯全集》第 3 卷，人民出版社 1960 年版，第 612—613 页。
② 参见《马克思恩格斯全集》第 30 卷，人民出版社 1995 年版，第 35 页。
③ 《马克思恩格斯全集》第 3 卷，人民出版社 1960 年版，第 614—615 页。

东影响较大的"讲师"之身份，那么，随着格律恩本人将解读视角由"傅立叶主义"转移到"蒲鲁东"本人时，马克思对格律恩的批判必然也会相应地聚焦到如何准确评价蒲鲁东的问题上。事实的确如此。在对格律恩论文中的"蒲鲁东"章进行批判时，马克思在对待蒲鲁东的问题上，终于由此前刻意压抑的批判转换为对蒲鲁东的所有权批判理论和哲学方法论的概要性的公开批判。就蒲鲁东的所有权批判理论来说，马克思指出，蒲鲁东用来论证所有权之不可能性的"一切证据都是错误的"。更进一步，马克思指出，蒲鲁东错误的实质在于，他"提出法学家和经济学的幻想来反对他们的实践"。也就是说，蒲鲁东并不是从"历史事实"出发——这一点其实是对马克思此前在批判施蒂纳时为蒲鲁东所作的辩护的一个重要纠正，而是从法学家和经济学家的幻想出发，因而他对所有权的批判，从根本上说，同德意志意识形态理论家们一样，囿于抽象的永恒的范畴，而没有触及本质性的内容。就蒲鲁东的哲学方法论来说，马克思指出，蒲鲁东在《论人类秩序的建立》一书中提出的"系列辩证法"，其实是以"思维的过程来代替各个单独的思想"，这是蒲鲁东从法国人的观点出发，建构与黑格尔相似的辩证法的一种尝试。然而，在马克思看来，"对于已经批评过黑格尔辩证法的人来说，要批评蒲鲁东的辩证法是不难的"。也就是说，蒲鲁东建构的这种辩证法尽管同黑格尔的辩证法具有"实在的，而不是幻想的类似"①，但它不具有黑格尔辩证法的理论深度，因而批判蒲鲁东的辩证法其实并不困难。

总体而言，《德意志意识形态》中的其余部分，即使都能如期付印，除上述提及的两点概要性的公开批判之外，几乎再也找不到马克思针对蒲鲁东的具有实质性意义的更多批判了。因此，从文本的显性层面上看，相比于马克思对费尔巴哈等人的批判，在当时同蒲鲁东划清界限恰恰显得不是那么紧迫。或许正是由于这个原因，在

---

① 《马克思恩格斯全集》第3卷，人民出版社1960年版，第627页。

《德意志意识形态》中，马克思只是在批判格律恩时，才稍带地延伸至对蒲鲁东的概要性批判。然而，暂且不去深究马克思此时为何没有展开对蒲鲁东的公开批判之缘由，我们也能够发现，在马克思清算自己以往哲学信仰、阐发自己获得的新世界观的过程中，一条横亘在马克思与蒲鲁东之间的不可弥合的理论"鸿沟"已经越来越清晰地呈现出来了。因此，即使马克思在《德意志意识形态》中没有展开对蒲鲁东的公开批判，但两者彻底决裂的时刻已经不可避免地越来越近了。历史地看，要使马克思对蒲鲁东的批判由刻意压抑到彻底公开，还需要一个重要的契机。

第二节　《致安年科夫的信》中对蒲鲁东哲学方法论及经济学观点的批判

蒲鲁东于 1846 年 10 月出版《贫困的哲学》（*Systèmes des contradictions économiques，ou philosophie de la misère*）一书。诚如恩格斯所言，该书的出版证明，马克思与蒲鲁东之间"现在已经横着一条无法逾越的鸿沟"。因此，当俄国作家帕·瓦·安年科夫于 1846 年 11 月 1 日致信马克思，询问其对该书的意见时，马克思越发清楚地意识到，对于两者之间存在的"裂口"，"置之不理在当时已经不可能了"。[①] 于是，在从书商那里获得蒲鲁东的著作之后，马克思用了两天时间把这本书浏览了一遍，便于 1846 年 12 月 28 日致信安年科夫，向后者概要性地介绍了他本人对于蒲鲁东这一著作的相关意见，此即《致安年科夫的信》。从马克思思想发展史的角度看，这封书信恰恰构成了马克思公开批判蒲鲁东的著作《哲学的贫困》的理论说明和写作提纲。

---

① 《马克思恩格斯全集》第 28 卷，人民出版社 2018 年版，第 210 页。

一　无法弥合的"裂口"：马克思与蒲鲁东的彻底决裂

如前所述，在写作《德意志意识形态》的过程中，马克思其实已经意识到他和蒲鲁东之间存在的理论"鸿沟"。然而即使如此，从《德意志意识形态》这一文本的显性层面上看，是否必须批判蒲鲁东，并同他划清界限，对于此时的马克思来说，显然还是一个悬而未决的问题。那么，马克思为何在对待蒲鲁东的问题上如此犹豫呢？在解读《致安年科夫的信》这一文本前，通过简要地回顾马克思当时的政治实践活动，来对上述问题作一些说明是十分必要的。

事实上，鉴于布鲁塞尔特殊的地理位置，即处于巴黎、伦敦（德国工人移民最大的聚居区）和科伦（德国最易接受共产主义思想的省份）三个城市构成的三角地带的中间位置，能够为联系各国的社会主义者提供便利。① 所以，到达布鲁塞尔之后，马克思不仅迅速地投入他本人的第二次经济学研究中，还积极地参与宣传社会主义的政治实践活动中。正因为如此，当马克思在写作《德意志意识形态》的时候，他其实也正在为建立共产主义通讯委员会的工作而忙碌。这是马克思写作《德意志意识形态》时的一个实际背景。而对于此时的马克思来说，之所以要建立共产主义通讯委员会，其目的就在于使"以文字表现的社会运动"能够"摆脱民族局限性"。② 因此，在马克思的构想中，共产主义通讯委员会，应当使德国的社会主义者和法国、英国的社会主义者建立起联系，然后通过此种联系，介绍各自的社会主义运动的发展情况，发现彼此间的意见分歧，交流思想，从而进行公正的批判，以确保社会主义运动能够在统一的科学理论的指导下得到实际的发展。马克思认为，共产主义通讯委员会的建立，离不开驻扎在德国、英国和法国等地的可靠的通信

① 参见［英］戴维·麦克莱伦《马克思传》（第 4 版），王珍译，中国人民大学出版社 2016 年版，第 151 页。

② 《马克思恩格斯全集》第 47 卷，人民出版社 2004 年版，第 366 页。

人的支持与协助。其中，就法国的通信人来说，考虑到蒲鲁东在德国和英国的巨大影响，马克思、恩格斯和菲力浦·沙尔·日果三人一致认为，在那里不可能找到比蒲鲁东更合适的通信人了。正因为如此，在 1846 年 5 月 5 日，马克思、恩格斯和日果三人联合致信蒲鲁东，邀请他作为共产主义通讯委员会驻巴黎的通信人，并在信件中特别提醒蒲鲁东要留意格律恩这个"寄生虫"。

基于上述回顾，《德意志意识形态》中此前困扰我们的如下问题，即马克思为何在对待蒲鲁东的问题上始终迟疑不决和马克思为何只是在批判格律恩的时候才捎带批判了蒲鲁东，其实也就不难理解了。这是因为，在当时的马克思看来，一方面，蒲鲁东在社会主义运动中的巨大影响力是不可忽视的；另一方面，蒲鲁东的问题在很大程度上可能受到了格律恩的影响。① 因此，使蒲鲁东摆脱格律恩的影响，并努力争取他站到马克思的科学社会主义立场上，将有助于进一步推动社会主义事业的蓬勃发展。易言之，当时的马克思始终对蒲鲁东抱有较大的期望。也由此，在当时的马克思看来，批判蒲鲁东，并同其划清界限，恰恰不是绝对必要之举。基于此种认识，马克思在写作《德意志意识形态》的时候，即使意识到蒲鲁东的理论缺陷，也显然不会彻底地将两者的意见分歧直接公开并对蒲鲁东进行彻底批判。然而，蒲鲁东 1846 年 5 月 17 日的回信彻底浇灭了马克思对这样一位"杰出的人物"（日果语）的最后一点期望。

在回信中，对于马克思等人的邀请，蒲鲁东以提出"附带条件"的方式加以婉拒。蒲鲁东之所以拒绝马克思等人的邀请，主要是基于以下两点考虑。

其一，对教条主义的拒斥。加强各国社会主义者之间的联系，其实是马克思等人建立共产主义通讯委员会的目的所在。借此马克思希望在彼此交流意见的基础上，推动一种统一的科学的理论的形成，并用以指导实际的无产阶级运动。在蒲鲁东看来，任何一种构

---

① 参见《马克思恩格斯全集》第 3 卷，人民出版社 1960 年版，第 579 页。

建统一的理论的企图，都必然会重蹈马克思的同胞马丁·路德的覆辙，即在推翻旧的教条主义的时候又创立了一种新的教条主义。正因为如此，蒲鲁东认为，"每一个社会主义者的义务是把批评性的形式或者说疑问（dubitatire）的形式再保留一个时期"①。此外，蒲鲁东还特别强调，"我们要接受（Accueillons）并鼓励任何抗议……我们要永远不认为问题已经最后解决，我们要从头作起，在说明理由时要利用一切论据，如果必要就连神秘主义也利用，并且要运用雄辩和讽刺"。② 从《贫困的哲学》一书来看，蒲鲁东的确利用了神秘主义的论据！

其二，对诉诸强力或暴力的革命行动的拒斥。事实上，对于马克思来说，意见分歧的交流以及统一的科学理论的创建固然是共产主义通讯委员会的一个重要方面，但从根本上说，这一切都是服务于实际的无产阶级运动，或者说，最终的"行动的时刻"③。对此，蒲鲁东坦言，他在过去也曾抱有革命的想法，但最近的研究使他完全改变了这一观点。他认为，我们可以"通过经济的组合把原先由于另一种经济组合而逸出社会的那些财富归还给社会"，这样我们也就用不着提出革命行动作为社会改革的手段。"用文火把私产烧掉总比对它施加新的力量实行大屠杀要好些。"④ 最后，蒲鲁东向马克思预告了他即将问世的《贫困的哲学》一书，在这本书中，他的这种"文火"式的"社会改革方案"将得到详细的说明。蒲鲁东还特别指出，如果马克思同他持相反意见，并想要"责打"他，他是要"报复"的。历史地看，在马克思通过《哲学的贫困》对蒲鲁东进

---

① 转引自［苏］卢森贝《政治经济学史》第 3 卷，郭从周、北京编译社译，生活·读书·新知三联书店 1960 年版，第 217 页。

② 转引自［苏］卢森贝《政治经济学史》第 3 卷，郭从周、北京编译社译，生活·读书·新知三联书店 1960 年版，第 218 页。

③ 《马克思恩格斯全集》第 47 卷，人民出版社 2004 年版，第 366 页。

④ 转引自［苏］卢森贝《政治经济学史》第 3 卷，郭从周、北京编译社译，生活·读书·新知三联书店 1960 年版，第 219 页。

行公开的"责打"之后，蒲鲁东却始终没有履行要予以报复的诺言。当然，由于缺乏足够充分的文献资料的支撑，这也成了一桩充满疑云的学术公案。[①]

无论如何，蒲鲁东的这封回信，使马克思终于意识到，一方面，绝不能将蒲鲁东的理论缺陷同格律恩的影响联系在一起，因而仅仅批判格律恩这个"寄生虫"是不够的；另一方面，也绝不能因为蒲鲁东表面上看起来同无产阶级的立场相接近，就幻想把他吸收到科学社会主义的阵营当中，因为他在本质上已经发展为一个地道的小资产者了。也正是在这个意义上，蒲鲁东的这封回信，犹如一道"裂口"，既清楚地标示出马克思与蒲鲁东之间不可弥合的理论分歧，又彻底地结束了两者在巴黎建立起来的短暂的友谊。在此之后，两人再无私人信件往来。1846 年 10 月，蒲鲁东出版《贫困的哲学》一书，以及次月 1 日安年科夫的来信，使马克思终于下定决心，以公开批判蒲鲁东的方式确认两者之间不可弥合的裂口，而两者的友谊也随之真正地画上了句号。从这里也可以看出，在对待蒲鲁东的问题上，绝不是如某些学者认为的那样，马克思前后存在的两种截然不同的态度，是其极端的个人主义品性造成。这种观点其实是可笑与险恶的。

二　马克思对蒲鲁东哲学方法论之形而上学性的批判

1846 年 11 月 1 日，安年科夫致信马克思，询问其关于蒲鲁东《贫困的哲学》一书的相关意见。在安年科夫的来信中，他虽然轻易地看出了蒲鲁东在哲学方面上的问题并加以取笑，但对后者的经济学观点颇为赞赏。安年科夫的理由是：蒲鲁东的著作中关于经济学的部分清楚地揭示了，人类文明不但无法拒绝，而且必须永远争取

---

① 关于蒲鲁东为何没有撰文"报复"马克思这桩学术公案的讨论，可以参考朱进东的论文《蒲鲁东对马克思〈哲学的贫困〉的反应》（2002）。

它们依靠分工、机器、竞争等而获得的一切东西。① 正因为如此，安年科夫认为，"哲学之毒"并没有"感染"蒲鲁东的经济学论述。马克思显然无法认同安年科夫对蒲鲁东新著的此种评价，但也由此认识到蒲鲁东的这一著作对于一般的读者所具有的迷惑性。因此，在此时的马克思看来，批判并清算蒲鲁东的影响已经迫在眉睫。于是，在从书商那里获得蒲鲁东的新著之后，马克思迅速浏览了这本书，并立即将他本人关于该书的意见和印象告诉安年科夫。

在马克思的回信的开头部分，他直截了当地指出，蒲鲁东的这本书"整个说来是一本坏书"，而且"是一本很坏的书"。言下之意，安年科夫对蒲鲁东该书的评价是错误的。确切些说，蒲鲁东不仅提供了一种显而易见的可笑的哲学，还提供了一种充满谬误的政治经济学理论，更进一步，他对政治经济学的批判也是一种"谬误批判"。因为，在马克思看来，哲学方法论层面上，蒲鲁东所存在的问题，恰恰是"因为他不了解处于现代社会制度联结[engrènement]……关系中的现代社会制度"②而造成的。换言之，正是由于对政治经济学的一无所知，才使蒲鲁东给我们提供了一种可笑的哲学。以此来看，安年科夫的评价实际上割裂了哲学方法论同经济学观点的内在联系。也就是说，如果蒲鲁东的哲学是可笑的，那么，相应地，他的经济学观点也绝不会是"很有分量"的。因此，在马克思的回信中，从安年科夫的评价暴露出的问题出发，他想要向安年科夫着重说明并予以批判的，正是蒲鲁东的那种可笑的哲学方法论之形而上学性。具体说来，蒲鲁东在哲学方法论上的形而上学性主要表现为以下两个方面。

第一，蒲鲁东将许多历史的范畴永恒化。在回信中，马克思指出，蒲鲁东虽然在历史中看到一系列的社会发展，但他并不理解人

---

① 参见张一兵《回到马克思：经济学语境中的哲学话语》，江苏人民出版社2014年版，第495—496页。

② 《马克思恩格斯全集》第47卷，人民出版社2004年版，第439页。

类历史的发展，或者说"经济发展"。所以，为了对此作出说明，他不得不求助于"神秘主义"，即把"社会"指认为"上帝""普遍理性""无人身的理性"，而把经济范畴理解为从一开始就已"安睡在天父心怀中的公式"。① 这样一来，许多明明是历史的范畴也就被蒲鲁东非历史化、永恒化了。马克思分析道，蒲鲁东所面对的并试图加以说明的"社会"，其实并非如他所想的那样，它始终是"人们交互活动的产物"②。因此，一方面，人们不能自由地选择某一社会形式。因为，一定的社会形式总是与一定的生产力发展水平相适应的，而人们拥有的任何一种既得的生产力，又都是以往活动的产物。换言之，每一代人作为历史的创造者，只能是在承继前一代人已经取得的生产力的条件下向前发展。另一方面，社会本身不管其形式如何，都只具有历史暂时性。因为，一定的生产力既然是一定的社会形式的决定性因素，那么社会形式也必然会随着生产力的发展而改变。基于一定的生产力与一定的社会形式的此种辩证关系，马克思进一步指出，蒲鲁东虽然知道呢子、麻布和丝绸是由人们生产的，但他既不了解，"人们还按照自己的生产力而生产出他们在其中生产呢子和麻布的社会关系"，更不了解，"适应自己的物质生产水平而生产出社会关系的人，也生产出各种观念、范畴，即恰恰是这些社会关系的抽象的、观念的表现。所以，范畴也和它们所表现的关系一样不是永恒的"。③ 这样，在蒲鲁东那里，一切都被神秘地"颠倒"了。

也由此，在马克思看来，蒲鲁东固然"不是直接肯定资产阶级生活对他说来是永恒的真理"，但由于他把以观念形式表现资产阶级关系的范畴神圣化、永恒化了，所以他也就间接地说出了这一点。换言之，在《贫困的哲学》中，不管蒲鲁东对资产阶级社会的批判

---

① 参见《马克思恩格斯全集》第47卷，人民出版社2004年版，第439、445页。
② 《马克思恩格斯全集》第47卷，人民出版社2004年版，第440页。
③ 《马克思恩格斯全集》第47卷，人民出版社2004年版，第447页。

在表面上看来如何轰轰烈烈，在本质上，蒲鲁东不过是在一个更深的理论层面上论证了资产阶级社会的永恒性。这正是小资者蒲鲁东以观念、范畴直接面对经济现实所不可避免的理论悖结。也正是在这个意义上，针对蒲鲁东将许多历史的范畴永恒化的问题，马克思精当地总结道：蒲鲁东"并没有超出资产阶级的视野"①。需要指出的是，马克思这里所谓的"资产阶级的视野"主要指的是资产阶级经济学的非历史性的范畴体系。随着马克思经济学研究的推进，他在《资本论》及其手稿中将对蒲鲁东的"资产阶级视野"进行更为深入的批判。

第二，蒲鲁东将历史发展的动力伦理价值化。首先，与将经济范畴永恒化的问题相关联的是，蒲鲁东为了说明历史的发展，不得不求助于"虚构"。在回信中，马克思指出，蒲鲁东的历史观，充其量不过是"黑格尔式的废物"即唯心史观。因为，根据蒲鲁东的意见，历史不是由人，而是由观念、经济范畴所创造的，而这样的历史，其实"不是历史，不是世俗的历史——人类的历史，而是神圣的历史——观念的历史"。在这一点上，黑格尔和蒲鲁东是一致的。其次，在马克思看来，蒲鲁东对历史发展的说明，不过是对黑格尔辩证法的漫画式地挪用；他给我们提供了"一套妄图充当辩证怪论的怪论"②。根据黑格尔的历史观，作为历史的创造者，观念自身是具有内在矛盾性的，因而历史的发展也就表现为观念自身的辩证运动。蒲鲁东虽然也将观念视为历史的创造者，但他无法像黑格尔那样揭示观念本身的内在联系。因此，要从矛盾运动的角度来说明社会历史的发展问题，蒲鲁东便只能把一切经济范畴都想象为服务于他的固定观念即平等观念而发明出来的，然后将每一个经济范畴的实际发展进程同他的固定观念相对照。这样，他便得出结论说，"这里存在着矛盾"，相应地，蒲鲁东的经济范畴就得以"辩证"地

---

① 《马克思恩格斯全集》第 47 卷，人民出版社 2004 年版，第 447 页。
② 《马克思恩格斯全集》第 47 卷，人民出版社 2004 年版，第 441 页。

"运动"起来了。对此，马克思一语破的，蒲鲁东"对我们隐瞒了一点，这就是矛盾只存在于他的固定观念和现实运动之间"①。这就是说，他根本不理解观念，或者说，经济范畴之间的内在联系及其辩证运动，因而现实的历史的运动，在蒲鲁东那里，就变成了由他个人的主观伦理价值判断所决定的。

马克思进一步分析道，由于蒲鲁东把历史的运动解读为观念、范畴的运动，并把他个人的伦理价值判断当作社会历史进步的依据，这样，他就不仅在理论的内在逻辑上犯了为资产阶级社会的永恒性作论证的错误，还公开地犯了敌视一切能够实质性地推进历史进步的政治运动的错误。这是因为，既然历史的运动只在于根据蒲鲁东本人想象的固定观念即平等观念对不同的经济范畴进行平衡、综合，那么他本人"头脑中的辩证的旋转运动"也就合乎逻辑地替换了一切现实的辩证运动过程，即人们既得的生产力和他们的不再与此种生产力相适应的社会关系的相互冲突、一个民族内各个阶级间以及各个民族彼此间准备着的可怕战争，等等。这就是说，"由于在他看来范畴是动力，所以要改变范畴，是不必改变现实生活的。完全相反。范畴必须改变，而结果就会是现存社会的改变"②。这样，蒲鲁东拒斥并敌视一切政治运动的举动也就不难理解了。

综上所述，蒲鲁东哲学方法论的形而上学性可以简要地概括为：将观念、范畴永恒化，并依据自身的主观伦理价值判断，虚构观念、范畴的"内在"联系及其"辩证"运动。客观地说，这种哲学方法论的荒谬之处，对于当时德国一般的进步思想家来说，都是能够轻易地识别出来的。安年科夫会取笑蒲鲁东的哲学，其原因正在于此。然而，对于刚刚完成历史唯物主义新世界观的建构并逐步深入政治经济学研究的马克思来说，蒲鲁东的这种以哲学统摄政治经济学的

---

① 《马克思恩格斯全集》第47卷，人民出版社2004年版，第444页。
② 《马克思恩格斯全集》第47卷，人民出版社2004年版，第448页。

研究进路，尽管荒谬，却是推动他实现自身哲学变革的最后一个"催化剂"①。这是因为，蒲鲁东以野人献曝的方式，让马克思进一步确证了《德意志意识形态》中的思想，即哲学脱离实在的历史基础，必然会沦为教条和公式。也由此，历史唯物主义哲学要超越以往的一切形而上学，就不仅要以实在的历史为出发点，更要深植于实在的历史基础之上。换言之，历史唯物主义哲学必须通过对政治经济学的深入研究来实现自身的不断深化和发展。以此来看，当马克思在《致安年科夫的信》的结尾处对安年科夫说，"现在您会承认：一个不了解社会现状的人，更不会了解力求推翻这种社会现状的运动和这个革命运动在文献上的表现"时，在某种意义上可以说，他的目的不仅在于批判蒲鲁东，也在于强调对"社会现状"的研究的至关重要性。应该说，正是通过对社会现状的深入研究，马克思才最终实现了对哲学方法论、政治经济学与社会主义的科学整合。这一点，正是具有同样抱负的、形而上学家蒲鲁东所不能理解的。

三　马克思对蒲鲁东部分经济学观点的概要性批判

如前所述，在《致安年科夫的信》中，马克思所要着重批判的是蒲鲁东的哲学方法论，而非后者的经济学观点。不过，由于批判本身的需要，在这封回信的实际论证过程中，马克思对蒲鲁东的部分经济学观点也作了初步的概要性批判。从文本上看，这主要包括以下两个方面。

第一，对蒲鲁东部分经济范畴的概要性批判。

首先，在《贫困的哲学》中，蒲鲁东将"分工"指认为他所提供的"经济矛盾链条"的第 1 个环节，亦即起始范畴。针对此，马克思指出，对于蒲鲁东来说，"分工是一件非常简单的事情"，以至

---

① 张一兵：《回到马克思：经济学语境中的哲学话语》，江苏人民出版社 2014 年版，第 495 页。

于他在谈论分工时，甚至忽视了连普通经济学家都会讨论的世界市场的问题；而从 9 世纪到 12 世纪在德国发生的城乡分离问题也根本没有提到；等等。在这个意义上，马克思评价道："蒲鲁东先生就分工问题所说的一切，最多不过是亚当·斯密和其他成百上千的人在他以前说过的东西的归纳，并且是个很表面、很不完备的归纳。"①如果将马克思这里针对蒲鲁东的分工范畴所作的批判同他在《德意志意识形态》中所持有的分工思想进行对照，那么，批判蒲鲁东的分工范畴，对于马克思本人的思想发展来说，其所具有的部分意义在于，使马克思清楚地意识到，泛泛地谈论分工而忽视分工本身在历史发展的不同阶段所具有的差异性，是有问题的。以此来看，在《致安年科夫的信》中，马克思对蒲鲁东关于分工问题的一系列追问，实际上，也是他同自己在《德意志意识形态》中受斯密影响而持有的"泛分工论"的主动告别。基于此种新的认识，相比于《德意志意识形态》，在接下来的《哲学的贫困》中，马克思关于分工的认识也就合乎逻辑地取得了显著进步。

其次，针对蒲鲁东的机器范畴，即"经济矛盾链条"上的第 2 个环节，马克思指出，把机器的产生看作一般分工的结果的蒲鲁东，根本不了解历史事实。因为，历史上出现的每一种分工，实际上，都有其特殊的生产工具。蒲鲁东关于机器的认识，充分反映了他既不懂机器产生的历史，更不懂机器发展的历史。此外，在马克思看来，蒲鲁东把"机器"纳入他所谓的"经济矛盾链条"，同分工、竞争、信贷等经济范畴相并列，恰恰表明他对政治经济学是一无所知的。因为，机器本身并不是经济范畴。基于蒲鲁东的这一错误认识，马克思简要地区分了机器的两种存在方式，即作为机器的机器和特定生产方式下的机器。

最后，针对蒲鲁东的所有权范畴，即"经济矛盾链条"上的最后一个环节，马克思指出，把所有权指认为范畴体系的最后一

①《马克思恩格斯全集》第 47 卷，人民出版社 2004 年版，第 442 页。

个环节，实际上表明，蒲鲁东是把所有权规定为一个独立的关系，而这同样是不符合历史事实的。因为，在现实世界中，所有权本身恰恰是由蒲鲁东列举的一系列经济范畴所表现的社会关系的总和构成的。① 因此，脱离产生所有权的诸社会关系，所有权本身必然会同蒲鲁东的其他经济范畴一样，获得永恒性的存在。也正是在这个意义上，马克思评价道：蒲鲁东所理解的所有权，"不过是形而上学的或法学的幻想"②。

第二，对蒲鲁东部分经济范畴的对抗性关系的批判。

在回信中，为了论证蒲鲁东对诸经济范畴的演进过程之说明是一种主观的虚构，马克思以《贫困的哲学》中竞争和垄断的对抗性关系为例作了初步的批判。马克思分析道，根据蒲鲁东的意见，竞争和垄断作为安睡在天父怀中的永恒的经济范畴，它们都是为平等这一固定观念而发明出来的，因而在理论上都是"好的东西"，然而，不好的是，竞争和垄断的实际发展进程，以及在这一进程中出现的相互吞并的问题。从竞争和垄断表面上的对抗出发，蒲鲁东一方面想象了两个范畴的矛盾性，另一方面则基于此种矛盾进一步想象了作为问题的解决的"综合"同样已经事先存在于上帝的怀抱中。蒲鲁东认为，两个经济范畴的相互斗争，最终的结果是彼此好的方面的表露。因此，对两个经济范畴的"综合"就要使好的方面保留下来，使坏的方面相互抵消。针对此，马克思提醒蒲鲁东："请稍稍看一下现实生活吧！"一旦将目光转向现实世界，就能够发现，这里不仅存在竞争和垄断，还存在两者的综合，但这种综合是竞争产生垄断、垄断产生竞争的现实运动，而不是蒲鲁东所理解的公式。更进一步，这种综合也不是问题的解决，而是更大的困难和混乱的产生。因此，马克思指出，蒲鲁东如果想要使竞争和垄断得到平衡，

---

① 在这个意义上，"所有权"严格说来指的是生产关系，而"所有权"概念本身，确切些说，不过是生产关系的法律用语。参见《马克思恩格斯全集》第31卷，人民出版社1998年版，第412页。

② 《马克思恩格斯全集》第47卷，人民出版社2004年版，第444页。

那么就必须对现代经济关系赖以存在的基础即"现代的生产方式"进行变革。①

　　诚如马克思所言，蒲鲁东的问题"主要是由于缺乏历史知识"②，所以，他根本无法深入研究作为"历史科学"的政治经济学。也由此，蒲鲁东对政治经济学的理解，只能抓住一些基本原理，然后从形而上学的或法学的层面加以把握。这样一来，蒲鲁东非但没有真正进入政治经济学的研究视域，在一些具体的经济学问题上，甚至还常常出现常识性错误。以此来看，蒲鲁东不但提供了一种可笑的哲学，而且提供了一种可笑的政治经济学理论，相应地，他对政治经济学的批判也只能是一种"谬误批判"。囿于"书信"本身的形式，在《致安年科夫的信》中，无论是针对蒲鲁东哲学方法论的批判，还是针对蒲鲁东经济学观点的批判，马克思其实都无法作充分的说明和论证。不过，《致安年科夫的信》中针对蒲鲁东的此种概要性批判，构成了马克思批判蒲鲁东的著作即《哲学的贫困》的理论说明和写作提纲，而这也是接下来所要分析的重点内容。

第三节　《哲学的贫困》中马克思对蒲鲁东经济学观点的公开批判

　　根据恩格斯 1847 年 1 月 15 日致马克思的信可以得知，在写完《致安年科夫的信》之后不久，马克思就已经着手用法文写作驳斥蒲鲁东的东西即《哲学的贫困》一书。③ 并且，在 1847 年 3 月 9 日致

---

　　①　参见《马克思恩格斯全集》第 47 卷，人民出版社 2004 年版，第 445—446 页。

　　②　《马克思恩格斯全集》第 47 卷，人民出版社 2004 年版，第 444 页。

　　③　参见《马克思恩格斯全集》第 47 卷，人民出版社 2004 年版，第 454 页。

马克思的信中，恩格斯还特别提到：如果《德意志意识形态》的出版会妨碍马克思《哲学的贫困》一书的出版，那么就把《德意志意识形态》"搁一旁算了"，因为，《哲学的贫困》一书的出版要"重要得多"。① 毋庸赘言，同蒲鲁东的《贫困的哲学》一书进行论战的迫切需求，自然是恩格斯在这里凸显《哲学的贫困》一书之重要性的缘由之一。然而，如果结合恩格斯和马克思此后对《哲学的贫困》一书的评价来看，即我们党的"纲领"② 和"有决定意义的论点"的第一次科学的概述③，那么相比于《德意志意识形态》，恩格斯之所以更加看重《哲学的贫困》，除了同蒲鲁东进行论战的需求外，显然还有一个更为深层的理论上的考虑。因此，从马克思自身的思想发展进程看，马克思如何批判蒲鲁东，固然是解读《哲学的贫困》一书的重要方面，但更为重要的或许是：探析批判蒲鲁东对于马克思自身思想的发展具有何种思想史意义。④

一　蒲鲁东的"构成价值"论与马克思对李嘉图经济学理论的正面肯定

就《哲学的贫困》一书的文本概况来说，作为同蒲鲁东《贫困的哲学》一书进行论战的专著，马克思在题目的拟定，以及具体内容的写作思路上，都同蒲鲁东的著作形成鲜明的对立。正因为如此，不同于《致安年科夫的信》，在《哲学的贫困》中，马克思不是从批判蒲鲁东的政治经济学研究方法出发，而是跟随蒲鲁东的"脚步"，对蒲鲁东的价值理论进行批判。

---

① 《马克思恩格斯全集》第 47 卷，人民出版社 2004 年版，第 460 页。

② 《马克思恩格斯全集》第 47 卷，人民出版社 2004 年版，第 485 页。

③ 《马克思恩格斯全集》第 31 卷，人民出版社 1998 年版，第 414 页。

④ 关于《哲学的贫困》与《贫困的哲学》的文本比较研究，国内的既有研究已经取得了颇为丰富的理论成果。其中，杨洪源在这一研究议题上的贡献尤为突出，其与此相关专著包括：《政治经济学的形而上学：〈哲学的贫困〉与〈贫困的哲学〉比较研究》（2015）、《〈哲学的贫困〉再研究：思想论战与新世界观的呈现》（2021）。

首先，在《贫困的哲学》中，受政治经济学的影响，蒲鲁东也将"价值"视为政治经济学的基础，并由此展开他所谓的经济矛盾体系。蒲鲁东关于"价值"的讨论，最终目的在于"谦虚"[①] 地推出令他引以为豪的"构成价值"论。具体说来，在《贫困的哲学》中，为了引入"构成价值"这一概念，蒲鲁东自认为，关于使用价值和交换价值之矛盾性关系的准确认识是其中的关键所在。在他看来，以往的经济学家，只揭示了价值的二重性存在，却没有看到使用价值和交换价值的矛盾性关系。其例证在于：经济学家们始终没有告诉我们"为什么价值会随着生产的增长而降低，或者反过来随着产品的减少而增高，用经济学的术语来说，就是为什么彼此不可或缺的使用价值与交换价值会成反比地增减"[②]。也就是说，经济学家们没有解释，使用价值（使用价值 = 众多、供给）越大的东西，为何交换价值（交换价值 = 稀少、需求）就越低，反之，交换价值则越高的问题。这便是蒲鲁东所理解的使用价值和交换价值的矛盾性关系。更进一步，蒲鲁东认为，如果依据使用价值和交换价值的矛盾性原则进一步推论，那么在理论上就会出现一种极端的情况，即极端稀少但毫无用处的物品会成为"无价之宝"，而数量无穷的日常生活必需品会变得"一钱不值"。然而，由于现实生活中不会出现这种极端的情况，所以，蒲鲁东也就得出结论：使用价值和交换价值不但相互排斥，而且"命定地互相联系"。

其次，在指认了使用价值和交换价值的矛盾性关系之后，蒲鲁东进一步分析了导致此种矛盾性关系之缘由。蒲鲁东指出，价值概

---

① 所谓"谦虚"，指的是蒲鲁东在"构成价值"的发现上，并没有将其指认为他本人的独有发现。这与他在价值概念固有矛盾问题上的"高调"形成了鲜明的反差。在《哲学的贫困》中，马克思不无讽刺地评价道，蒲鲁东"应该承认，在经济学的任何一个发现中都没有什么闻所未闻的东西"。《马克思恩格斯全集》第 4 卷，人民出版社 1958 年版，第 88 页。

② ［法］蒲鲁东：《贫困的哲学》上卷，余叔通、王雪华译，商务印书馆 2010 年版，第 79 页。

念所固有的矛盾，一方面，决定于人类本身的多种需求以及满足需求的方式即劳动，另一方面，则决定于买者和生产者（卖者）的"自由意志"。然而，蒲鲁东认为，无论是人类的劳动还是个人的自由意志，实际上，都是无法废除的。因此，使用价值和交换价值的矛盾就是命定的、必然的、无法避免的。也由此，问题的关键就不在于废除"价值概念"，而在于"确定价值概念"。这样一来，蒲鲁东也就完成了问题域的转换，即从价值概念的固有矛盾问题转换为价值概念的确定问题。对于蒲鲁东来说，价值概念的确定同样不是什么困难的问题。因为，在蒲鲁东看来，只要具备形而上学的知识，或者说，对二律背反有所了解，也就不难理解，"凡是表现出二律背反的地方，便有解决问题的希望，便预示着变化即将来临"①。所以，价值概念固有的使用价值和交换价值的矛盾，既是问题本身的显现，也是价值可以得到构成的标志。换言之，价值概念的矛盾性恰恰表明，它在本质上是完全可以协调的，可以确定的。也正是在这个意义上，蒲鲁东将构成价值指认为社会经济发展过程中的"倾向"，并且将价值达到构成的状态视为社会进入有秩序状态的最高标志。②

最后，在对一些前提性的问题进行说明之后，蒲鲁东也就合乎逻辑地转向对价值如何确定之问题的探讨。就"构成价值"这一概念本身来说，蒲鲁东明确指出，其实质就是关于组成财富的各个元素的比例规律。由于财富本身又是由劳动创造的，所以，"劳动，只有劳动，才能创造出组成财富的一切元素，并且按照一种可变的而又相对固定的比例规律，把这些元素组合起来，直至最微小的分子"。易言之，构成价值的决定性因素也自然是劳动。"这种力量就

---

① ［法］蒲鲁东：《贫困的哲学》上卷，余叔通、王雪华译，商务印书馆 2010 年版，第 85—86 页。

② 参见［法］蒲鲁东《贫困的哲学》上卷，余叔通、王雪华译，商务印书馆 2010 年版，第 88—89 页。

是劳动。"① 那么，通过劳动如何建立起价值的比例关系呢？关于这个问题，蒲鲁东以"普罗米修斯"类比社会，并虚构了两个例子予以说明。其一，普罗米修斯通过自身的生产经验，逐步获得生产每一种产品所需要的劳动时间的准确认识，然后根据此种认识，普罗米修斯将会"聪明"地安排自己的生产活动，即首先生产那些成本最低的，因而也就是最必需的东西，并依此类推。② 其二，普罗米修斯先后从事过农夫、葡萄种植园者、面包师和纺织工的工作，由于普罗米修斯的精力、热情和体力并不总是一样的，所以，在不同的生产过程中，劳动本身的确是变化不定的，但无论如何，由于劳动总是属于普罗米修斯的劳动，所以，他总是用同一种货币即他的"劳动日"来购买和消费他自己的产品。③ 撇开蒲鲁东的这种神秘主义的论说方式，他无非想要传达两个层面的意思：第一，"效用奠定价值，劳动则把这种关系固定下来"④；第二，不同的劳动之间不存在质的差别，因而任何一个劳动日和另一个劳动日都是相等的。基于此，蒲鲁东提请读者注意，构成价值其实就是平等的理论，因为，通过构成价值，在各种物品的效用中供我们享受和观赏的消极意义将会被取消，渗透到交换中的专断意志将会得到限制，供求双方的恶意竞争也将得到改善。概言之，通过构成价值，社会全部产品的供求将会得到均衡，相应地，平等也将得到实现。

通过以上分析不难发现，在《贫困的哲学》中，蒲鲁东所谓的构成价值，在某种意义上可以说，其实是对庸俗的效用价值论和科学的劳动价值论的一种主观调和。值得注意的是，蒲鲁东试图引入

---

① ［法］蒲鲁东：《贫困的哲学》上卷，余叔通、王雪华译，商务印书馆2010年版，第93页。

② 参见［法］蒲鲁东《贫困的哲学》上卷，余叔通、王雪华译，商务印书馆2010年版，第94—95页。

③ 参见［法］蒲鲁东《贫困的哲学》上卷，余叔通、王雪华译，商务印书馆2010年版，第118—119页。

④ ［法］蒲鲁东：《贫困的哲学》上卷，余叔通、王雪华译，商务印书馆2010年版，第100页。

劳动以解决他所理解的使用价值和交换价值的矛盾，因而也就在表面上营造了一种其构成价值论是以科学的劳动价值论为基础的假象。对于此时的马克思来说，蒲鲁东的构成价值论，究其实，不过是歪曲使用科学的劳动价值的理论产物。也由此，批判蒲鲁东，恰恰为马克思在《哲学的贫困》中重新审视以李嘉图为代表的古典政治经济学，并正面肯定李嘉图的较为科学的劳动价值论提供了条件。这主要通过以下几点批判得到呈现。

第一，蒲鲁东对使用价值和交换价值之矛盾的理解是对价值概念固有矛盾的庸俗化阐释。首先，由于蒲鲁东关于构成价值的论证是从他对经济学家们忽视使用价值和交换价值的责难出发的，所以，马克思针对蒲鲁东构成价值论的批判，也是从批判他对经济学家们的责难开始的。在《哲学的贫困》中，马克思针锋相对地指出，使用价值和交换价值的矛盾性关系，这一被蒲鲁东视为他本人所独有的创见，其实并非什么"深奥的秘密"。在蒲鲁东之前，西斯蒙第和罗德戴尔等人早已对此作过论证。其次，蒲鲁东对两者矛盾性关系的论证，既缺乏基本的经济学常识，又充斥着十分庸俗的见解。就基本常识来说，蒲鲁东在谈论使用价值和交换价值的反比例关系时，完全撇开了需求不变的理论前提；与缺乏基本常识的问题相关联的是，蒲鲁东将使用价值和众多，交换价值同稀少混为一谈，更进一步，则把使用价值同供给，交换价值同需求混为一谈，这样，他就只能从供给代表效用、需求代表意见的角度来解释价值概念的固有矛盾。然而，在现实的交换过程中，供给同时是需求，需求也同时是供给，因而，确切些说，使用价值和交换价值的矛盾"不是发生在效用和意见之间，而是发生在出卖者所要求的交换价值和购买者所提出的交换价值之间。产品的交换价值每次都是这些互相矛盾的估价的合力"①。最后，支撑蒲鲁东的整个庸俗见解的是抽象的、错误的辩证法。马克思指出，蒲鲁东为了说明使用价值和交换价值的

---

① 《马克思恩格斯全集》第 4 卷，人民出版社 1958 年版，第 85 页。

矛盾性关系，便虚构了两个人物即唯一的生产者和唯一的消费者之间的互相斗争。对整个社会的此种抽象划分，使他可以完全撇开现实世界的情况，然后在众多和稀少、供给和需求、效用和意见这些虚构的矛盾中自由地活动。①

　　第二，蒲鲁东的构成价值论不过是歪曲使用李嘉图交换价值规律的理论产物。在揭穿蒲鲁东有关价值概念固有的矛盾性关系的解读中存在的各种漏洞之后，马克思开始转入对蒲鲁东构成价值论本身的批判。首先，就构成价值这一概念来说，马克思指出，根据蒲鲁东的意思，即"价值就是那种比例关系（尺度），根据这种关系，每种元素构成整体的一部分"②，构成价值实质上就是经济学家们所说的"相对价值"或"交换价值"，因为，产品互相交换的某种比例关系的概念，其实已经包含在经济学的这些简单用语中了。可见，蒲鲁东通过"绕圈子"的方式提出的这一新概念背后并没有包含什么新的内容。其次，就构成价值的决定性因素来说，马克思指出，产品的构成价值由体现在产品中的劳动时间所决定的原理，从而劳动被指认为构成价值（交换价值）的决定性因素，其实早在蒲鲁东之前，李嘉图就已经在批判斯密和罗德戴尔的过程中阐明过了。李嘉图的结论是：其一，效用虽是产品具有交换价值的前提，但不是价值的尺度；其二，劳动时间才是物品交换价值的基础；其三，物品的价格不取决于供求关系，而取决于生产该物品所需的生产费用。不同的地方在于：李嘉图的语言简洁明了而又准确，而蒲鲁东是在"玩弄辞句"；李嘉图把劳动时间指认为交换价值的决定性因素，因而科学地解释了资产阶级生产的实际运动，蒲鲁东却不顾实际运动，去发明按照这一公式来建立世界的新方法。对此，马克思总结道："李嘉图的价值论是对现代经济生活的科学解释；而蒲鲁东先生的价

---

① 参见《马克思恩格斯全集》第 4 卷，人民出版社 1958 年版，第 87 页。
② ［法］蒲鲁东：《贫困的哲学》上卷，余叔通、王雪华译，商务印书馆 2010 年版，第 90 页。

值论却是对李嘉图理论的乌托邦式的解释。"①

更进一步，马克思分析道，由于蒲鲁东没有正确区分"劳动时间"与"劳动价值"②，所以他必然会对李嘉图的理论作乌托邦式的解释，从李嘉图的价值论中引申出一切"平等"的结论。在马克思看来，商品交换价值的内在尺度是劳动时间，而劳动商品的价值即工资是劳动价值。因此，以生产一缪伊粮食所耗费的劳动时间的增减会影响一缪伊粮食本身的价值，却不会改变一缪伊粮食所能购买的劳动量这一情况为例，马克思直截了当地指出，"劳动价值"（工资）绝不会是价值的尺度。蒲鲁东将"劳动时间"和"劳动价值"相混淆，其实不过是进一步加深了在斯密那里已经出现的错误。一旦将这两者相混淆，蒲鲁东也自然会就将生产费用和工资混为一谈，其结果就是把整个社会变成仅仅是由以工资形式领得自己的产品的直接劳动所组成。总体而言，在马克思看来，事实上，蒲鲁东的整个论证甚至无法做到逻辑上的自洽，因为"他寻找商品相对价值的尺度是为了找出劳动者的平等报酬，他把工资的平等当做已经完全确定的事实，是为了根据这种平等去找出商品的相对价值"③。《贫困的哲学》一书中充斥着诸如此类的循环论证，而这正是蒲鲁东辩证法的"奇妙"之处。

第三，蒲鲁东的构成价值论不是无产阶级求得解放的"革命理论"。如前所述，蒲鲁东的构成价值论，其实就是要让劳动时间成为价值构成的决定性因素。然而，在马克思看来，以劳动时间来构成价值绝不会使无产阶级得到解放。这是因为，如果劳动时间是商品交换价值的决定性因素，那么"劳动商品"，或者说，工资，也自然是由生产工资所需要的劳动时间决定的。也正是在这个意义上，马克思指出，李嘉图把人同帽子相提并论，尽管刻薄，却是对刻薄的

---

① 《马克思恩格斯全集》第 4 卷，人民出版社 1958 年版，第 93 页。
② 参见《马克思恩格斯全集》第 4 卷，人民出版社 1958 年版，第 95—98 页。
③ 《马克思恩格斯全集》第 4 卷，人民出版社 1958 年版，第 99 页。

事实本身的揭示：即劳动（力）本身沦为商品，并在资本逐利的作用下，其自然价格即工资的最低额必然是其市场价格趋向的中心。相反，在面对劳动（力）可以买卖的事实前，蒲鲁东惶恐地将劳动价值直接看作"文法上的简略"①。更进一步，马克思分析道，如果按照蒲鲁东的想法，即作为构成价值决定性因素的劳动时间可以不管质量如何，那么，这也不意味着蒲鲁东所谓的永恒公平的实现。因为，如果各种不同劳动者的工作日的价值在事实上都是相等的，"那也就是假定简单劳动已经成为生产活动的枢纽"。说得更具体些，这就是假定："由于人隶属于机器或由于极端的分工，各种不同的劳动逐渐趋于一致；劳动把人置于次要地位；钟摆成了两个工人相对活动的精确的尺度，就象它是两个机车的速度的尺度一样。"② 可见，无论如何，以劳动时间来衡量交换价值，或者说，来构成价值，注定是工人遭受现代工业奴役的公式，因而，从这一公式中绝对不会产生出蒲鲁东所希望的无产阶级求得解放的"革命理论"。

　　综上所述，蒲鲁东的构成价值论其实不过是对李嘉图劳动价值论的乌托邦式的解释，所以，要想批驳蒲鲁东的这种解释，只要对李嘉图的劳动价值论有所了解就足够了。因此，在《哲学的贫困》中，将蒲鲁东同李嘉图相对照，在经济学的大部分观点上，马克思也就更加直接地站到后者的立场上。根据马克思本人的说法，他在《哲学的贫困》中正是"采用"③ 李嘉图的理论对蒲鲁东展开批判的。尽管马克思本人是在自我批评的意义上谈论这段历史的，但正是通过批判蒲鲁东，才使他公开地、正面地转向对李嘉图劳动价值论的肯定。相比于马克思初次研究经济学的思想状况，这恰恰是一个重大的理论进步。因为，从马克思自身的思想发展进程看，李嘉图的理论作为古典经济学的理论制高点——"李嘉图已科学地阐明

---

① 《马克思恩格斯全集》第 4 卷，人民出版社 1958 年版，第 100 页。
② 《马克思恩格斯全集》第 4 卷，人民出版社 1958 年版，第 96 页。
③ 《马克思恩格斯全集》第 50 卷，人民出版社 2021 年版，第 484 页。

作为现代社会即资产阶级社会的理论"①，马克思要想深化其历史唯物主义新世界观，建构其独有的政治经济学理论，就必须以李嘉图的理论为批判性的理论起点。以此来看，蒲鲁东对古典经济学的劳动价值论的理解尽管庸俗，却构成马克思审视并重估这一理论之价值的重要参照，因而具有十分重要的思想史意义。

二　蒲鲁东"凡劳动必有剩余"的观点与马克思对"劳动剩余"的初步探讨

在《贫困的哲学》中，通过玩弄辞句的方式提出所谓的构成价值论之后，蒲鲁东便着手用一些例子来对此进行验证，"凡劳动必有剩余"便是其中的典型例子之一。② 由此，蒲鲁东想要证明，构成价值"不仅在理论上是必需的，而且在实践中早已实现，并且每天都在实现"③。因此，跟随蒲鲁东的"脚步"，在《哲学的贫困》中，马克思也展开了对蒲鲁东"凡劳动必有剩余"之观点的批判性分析，并由此对"劳动剩余"作了初步的探讨。

首先，就蒲鲁东"凡劳动必有剩余"的观点来说，在《贫困的哲学》中，蒲鲁东指出，"凡劳动必有剩余"是经济学家们公认的定律，更是他本人所认定的普遍的和绝对的真理。不过，在蒲鲁东看来，经济学家们虽然认同这一原理，却无法对此作出准确的说明。其原因在于，经济学家们信奉供求是调节价值的唯一法则——蒲鲁东为了批判经济学家，在这里直接把斯密和李嘉图的理论扔在了一

---

① 《马克思恩格斯全集》第 4 卷，人民出版社 1958 年版，第 89 页。

② 需要说明的是，除了"凡劳动必有剩余"的观点外，蒲鲁东还试图用货币的例子来验证其构成价值论的现实性。鉴于马克思此时在货币问题上的理解受李嘉图货币数量论的影响较为严重，所以，对蒲鲁东的这一例子的批判，从根本上说，并不成功。因此，从马克思自身思想发展主线的角度看，相比于货币问题，关于剩余价值问题的讨论更具重要性。也由此，这里的解读主要聚焦于马克思对蒲鲁东"凡劳动必有剩余"之观点的批判。

③ ［法］蒲鲁东：《贫困的哲学》上卷，余叔通、王雪华译，商务印书馆 2010 年版，第 106 页。

旁，所以，成本、卖价（商品售价）和工资都无法得到精密的确定，相应地，剩余和利润也就无从计算。这样一来，原本每个公民应该平等地享有的获取利润的权利，在不规则的商业活动的作用下，也就被生产者对消费者的专断性和强制性的征扣所替代。也由此，经济学家们对"凡劳动必有剩余"之原理的认同，只能是把盗窃他人财富的行为以宪法权利的形式神圣化。[①]

其次，在批判完经济学家们之后，蒲鲁东自然要对这一问题发表他本人的见解。蒲鲁东指出，"只有价值比例规律能够说明这个问题"。而这里的关键首先在于，把社会理解为"集体的人"。蒲鲁东分析道，作为"集体的人"的社会，尽管不像个人那样具有直接的实体性存在，但是，诸如智慧、自发性、发展、生命等这些构成个人高度现实性的要件，"集体的人"也是具备的。易言之，"集体的人"虽不具有实体性的存在，但同个人一样，也具有现实性。所不同的是，"集体的人"受着"特殊规律的支配"。基于此，蒲鲁东进一步责备经济学家们不了解"集体的人"的个性。值得注意的是，从理论的内在逻辑上看，用"集体的人"来解释"凡劳动必有剩余"之观点，其实同蒲鲁东在《什么是所有权》中便已提出的"集体力量理论"存在着一脉相承的联系。如果将《什么是所有权》中关于"集体力量理论"的说明同《贫困的哲学》中提及的所谓事实上和理论上的两个例子相对照，也就不难发现，相比于《贫困的哲学》，在《什么是所有权》中，蒲鲁东起码还能把这一问题描述得清晰些。在《什么是所有权》中，蒲鲁东言简意赅地指出，"剩余"之所以存在，是由于资本家没有偿付劳动者因团结协调和群策群力而产生的。[②] 换言之，正是由于每个人的团结协调和群策群力，形成了远超于个人本身的力量，所以才产生了劳动的剩余。

---

① 参见［法］蒲鲁东《贫困的哲学》上卷，余叔通、王雪华译，商务印书馆2010年版，第111页。

② 参见［法］蒲鲁东《什么是所有权》，孙署冰译，商务印书馆2015年版，第150页。

借此反观《贫困的哲学》，蒲鲁东用以论证"凡劳动必有剩余"之观点的两个例子，则完全陷入个人的主观臆想中去了。其一，事实层面上关于铁路的例子。蒲鲁东分析道，铁路的发明，使运输速度大为提升，但这种提升给社会带来的现实利益远大于给运输业主的。言下之意，作为"集体的人"的社会，具有不同于个人的"特殊规律"，此即"集体的人"的个性。更进一步，通过漏洞百出的计算，蒲鲁东想要进一步说明，铁路运输因为兽力车运输企业的竞争，其利润会逐渐降低到一般水平。其二，理论层面上关于社会是一个各方面成比例的整体的例子。基于上述关于铁路的"事实"例子，蒲鲁东进一步指出，如果缺乏巨大的生产和庞大的交易量，铁路是无法存在的，而把这一"事实"上升到理论层面：对于社会来说，庞大的劳动工具只有在其他劳动能够供养得起这些新的劳动工具时才会被创造出来。为了说明这一理论，蒲鲁东再一次引入普罗米修斯及其"第二次创世"。蒲鲁东指出，普罗米修斯从零开始生产，先是经过分工，然后再经过每天生产一些新的机器，逐渐地，他的生活范围就从感官领域扩展到道德和文化领域。并且，在这一过程中，由于每一天都只消费前一天的产品，所以，聪明的普罗米修斯每一天也都为第二天留下一些剩余产品。不难发现，上述这两个例子不但什么也无法解释清楚，而且同以劳动时间衡量的构成价值（交换价值）毫无关联。然而，正是在举出上述两个例子之后，蒲鲁东便迫不及待地宣称："我已经用理论和事实证明了任何劳动必然留下某些剩余的原理。"① 基于此，面对现实中存在的贫富分化的问题，蒲鲁东指出，这只能说明，"凡劳动必有剩余"目前只是在"集体的人"即社会层面上获得真实性，而对于个人来说，这种真实性远未实现。也正是在这个意义上，蒲鲁东再一次转向对经济学家们的批判，要求他们按照价值比例规律来理解这一原理。

---

① ［法］蒲鲁东《贫困的哲学》上卷，余叔通、王雪华译，商务印书馆 2010 年版，第 116 页。

首先，在《哲学的贫困》中，针对蒲鲁东的上述见解，马克思批判性地分析了蒲鲁东的"集体的人"的观点。马克思指出，蒲鲁东责备经济学家们不了解所谓的"集体的人"及其个性，然而事实并非如此。通过援引美国经济学家托·库伯的批评，马克思告诉蒲鲁东，经济学中不但存在着被称为社会的"精神实体"，而且经济学家们还给它加上许多想象中的属性，并由此引起了许多困难和可悲的误解。此外，马克思进一步分析道，即使"凡劳动必有剩余"如蒲鲁东所说，能够应用于个人，并以此证明联合起来的个人的生产剩余多于没有联合的个人的生产剩余，那么这也不过是在重复以萨德勒为代表的许多经济学家业已阐明的观点，即"联合劳动"（协作）生产出远多于个人的生产剩余，它并没有包含什么独创性的见解。

其次，无论是蒲鲁东所列举的事实上的例子还是理论上的例子，实际上，都只是一种主观臆想。就铁路的例子来说，马克思分析道，要按蒲鲁东的想法进行计算，只能在许多条件均得到满足的情况下才是可行的，而即使从纯粹计算的层面上看，蒲鲁东的这个例子，也存在着诸多错误。更进一步，撇开蒲鲁东在论证过程中存在的这些问题，他通过铁路的例子，想要证明的无非是如下真理："每种新的发明都使产品的交换价值下降，使同样的劳动量生产出更多的商品。因此，社会之所以获得利益，并不是由于它获得更多的交换价值，而是它凭原来的价值获得了更多的商品。至于发明者，他的利润在竞争的影响下不断下降到利润的一般水平。"[①] 然而，无论是主张以劳动时间确定价值的李嘉图，还是主张以供求确定价值的罗德戴尔，实际上，都已经从各自的角度证实了这一真理。相反，无法证实这一真理的蒲鲁东，却毫无畏惧地指责经济学家们没有证实这一真理。就普罗米修斯的例子来说，马克思分析道，根据蒲鲁东的说法，普罗米修斯在第二天消费的是前一天的东西，因而总是会有

---

① 《马克思恩格斯全集》第 4 卷，人民出版社 1958 年版，第 132 页。

一天的剩余，这样一来，在既没有实现分工，也没有发明机器的普罗米修斯创世的第一天，这个"怪物"就要做两天的工作！对此，马克思评价道，蒲鲁东所谓理论上的普罗米修斯的例子，"部分是希腊的，部分是犹太的，既神秘又有寓意"，而它无论是在逻辑上，还是在政治经济学上，其实都是软弱无力的。由此可见，蒲鲁东"所谓事实，就是那大家知道的累进算法；所谓理论，就是那关于普罗米修斯的神话"。①

最后，关于"劳动剩余"的初步探讨。在《哲学的贫困》中，针对蒲鲁东关于"劳动剩余"的解释，马克思主要从以下两个方面进行了反驳。其一，产生劳动剩余的实际原因。马克思指出，根据蒲鲁东的意思，现实中存在的贫富分化问题，只是作为社会规律的"凡劳动必有剩余"尚未在个人层面上得到实现的体现。言下之意，现实中存在的贫富分化问题，只是由社会所生产的劳动剩余未加平均造成的。马克思分析道，蒲鲁东这样思考问题，其实也就将产生劳动剩余的一切实际的原因都抹杀了，其结果必然是：被他称为普罗米修斯的社会化身成了"没有手脚的怪影"。以英国 1840 年的生产力相对于 1770 年来说取得的 2700% 的增长为例，马克思分析道，生产力的此种发展以及随之而来的财富的增长，不是无缘由地产生的。如果没有"私人资本的积累、现代分工、工厂、无政府状态的竞争、雇佣劳动制度，一句话，没有建立在阶级对抗上的一切东西"，就绝不会有生产力的发展和劳动剩余的产生。"要获得这种生产力的发展和这种劳动剩余，就必需有阶级存在，其中一些阶级日益富裕，另一些则死于贫困。"② 易言之，贫富分化不是蒲鲁东所理解的劳动剩余没有在个人层面上得到实现的体现，而是劳动剩余本身的存在就是以贫富分化（阶级对抗）这一现实为前提的。其二，贫富分化问题的解决。在马克思看来，既然劳动剩余的产生是与阶

---

① 《马克思恩格斯全集》第 4 卷，人民出版社 1958 年版，第 134 页。
② 《马克思恩格斯全集》第 4 卷，人民出版社 1958 年版，第 135 页。

级对抗的存在相联系的，那么，贫富分化的问题就绝不能通过像蒲鲁东所要求的平均主义地分配劳动剩余来解决，而只能通过对现代生产条件的改变来完成。更进一步，正如前面分析的那样，蒲鲁东主张的构成价值，在强调以劳动时间来衡量交换价值时，只会导致工人工资降低到最低额度，从而使工人遭受来自现代工业的更为深刻的奴役。仅此而言，相比于经济学家，蒲鲁东及其构成价值理论，才是更应当受到谴责的对象。

综上所述，针对蒲鲁东"凡劳动必有剩余"之观点，在《哲学的贫困》中，马克思从批判蒲鲁东论证过程中存在的问题出发，逐步转向对"劳动剩余"之个人见解的初步阐发。客观地说，马克思此时对"劳动剩余"的解读同科学的剩余价值理论其实还有很长的一段距离，这同他此时仍局限于表层的交换或流通领域而无法深入实质性的生产过程的理论水平是一致的。然而，在批判蒲鲁东的过程中，正如图赫舍雷尔所总结的，马克思严格区分了"劳动商品的价值"与"劳动的价值产品"，这就为他以价值理论为基础的剩余价值理论开辟了道路①。在稍后的《雇佣劳动与资本》中，马克思也正式开启了对剩余价值问题的研究。以此来看，同蒲鲁东的错误见解进行论战，在一定意义上，成为马克思更加深入研究剩余价值，从而更加深入研究资本主义生产方式的一个重要导因。

三 马克思对蒲鲁东诸经济范畴的批判及其意义

诚如马克思所言，"价值"是政治经济学的基石，而"构成价值"则是蒲鲁东"经济矛盾体系"的基石。② 因此，在构成价值的问题得到说明之后，蒲鲁东便开始构筑其庞大的"经济矛盾体系"。在《贫困的哲学》中，这一"经济矛盾体系"主要是以分工、机

---

① 参见［德］瓦·图赫舍雷尔《马克思经济理论的形成和发展（1843—1858）》，马经青译，人民出版社1981年版，第233页。

② 参见《马克思恩格斯全集》第4卷，人民出版社1958年版，第88页。

器、竞争、垄断、税收、贸易平衡、信用、所有权（所有制）、共产主义和人口这十个蒲鲁东所谓的经济范畴，或者说，十个阶段构成的。通过这些经济范畴，蒲鲁东想要揭示出与观念顺序相一致的历史，并进一步论证其构成价值是解决所有经济范畴固有矛盾的真正的"灵丹妙药"。"从政治经济学观点看来，社会的进步就在于不断地解决价值构成的问题，或者说解决产品的比例和联系问题。"① 跟随蒲鲁东的此种逻辑展开，马克思也从批判蒲鲁东的构成价值论，转入对蒲鲁东经济矛盾体系的批判。从文本上看，这构成了《哲学的贫困》第二章的主要内容。概言之，在《哲学的贫困》中，针对蒲鲁东经济矛盾体系的批判，马克思主要是围绕前者的两对"正—反题"（四个经济范畴）展开的。

第一，关于分工与机器的问题。如前所述，蒲鲁东坚信，"凡是表现出二律背反的地方，便有解决问题的希望，便预示着变化即将来临"②。因此，这一思路也就成为他构筑其经济矛盾体系、论述具体经济范畴的基本框架，即从经济范畴"好的方面"（正题）到经济范畴"坏的方面"（反题），再到新的经济范畴（合题），依此类推。根据蒲鲁东的说法，经济矛盾体系是由"分工"开始的，所以，在《贫困的哲学》中，论述具体经济范畴的此种基本框架也就首先被运用到分工范畴上。这在文本上表现为，蒲鲁东首先区分了分工范畴"好的方面"和"坏的方面"，然后提出一个新的范畴作为分工范畴固有矛盾的解决即合题。就分工范畴"好的方面"来说，蒲鲁东认为，分工从本质上说，"是实现生活条件平等和知识平等的方式"③。就分工范畴"坏的方面"来说，蒲鲁东分析道，由于分工

---

① ［法］蒲鲁东：《贫困的哲学》上卷，余叔通、王雪华译，商务印书馆 2010 年版，第 125 页。
② ［法］蒲鲁东：《贫困的哲学》上卷，余叔通、王雪华译，商务印书馆 2010 年版，第 85—86 页。
③ ［法］蒲鲁东：《贫困的哲学》上卷，余叔通、王雪华译，商务印书馆 2010 年版，第 128 页。

所带来的进步不是同时惠及每一个人，而是首先影响少数特权者，所以分工概念本身从一开始便重现着价值的二律背反，这样，分工就由"上天赋予我们用以获取知识和财富的第一个最强有力的工具竟变成了我们制造贫困和愚蠢的工具。这就形成一种新的对抗规律公式"①。"乐观主义者"蒲鲁东认为，既然分工作为一个原则贯彻到底会产生两种截然不同的结果，那么这就预示着分工的问题即将得到解决，而机器正是分工的反题，即分工固有矛盾的解决。这是因为机器能够"把被分工所分割的各部分劳动联结起来……使分工劳动者恢复原状"②。也就是说，机器能起到"改组劳动，消除分工的弊病，同时又保留它的有益作用"③ 的效果。这样，分工和机器也就够了第一对"正—反题"。

在《哲学的贫困》中，马克思对此作了针对性的批判。就分工范畴来说，马克思首先指出，蒲鲁东把分工变为了永恒的规律、抽象的范畴，这样，他就可以自由地用分工的"分"字来解释种姓、行会、工场手工业、大工业等。然而，实际的历史进程绝非如蒲鲁东所想象的那般简单，仅以德国的城乡分离这一大分工为例，实现这一分离就整整用了三个世纪，而且由于城乡关系的此种改变，整个社会也随之发生变化。因此，仅仅着眼于分工的"分"字，试图从观念、范畴中推出具有不同特质的各个时代的分工，显然是不切实际的。换言之，把分工当作永恒的规律、抽象的范畴，必然会抹杀各个时代的分工所具有的特定性质。其次，蒲鲁东把分工理解为抽象的范畴，也就无法理解现代社会与现代工厂中的分工所存在的区别。马克思指出，尽管作为整体的现代

---

① ［法］蒲鲁东：《贫困的哲学》上卷，余叔通、王雪华译，商务印书馆2010年版，第129页。

② ［法］蒲鲁东：《贫困的哲学》上卷，余叔通、王雪华译，商务印书馆2010年版，第167—168页。

③ ［法］蒲鲁东：《贫困的哲学》上卷，余叔通、王雪华译，商务印书馆2010年版，第131页。

社会和现代工厂都存在着"分工"这一共同点，但两者的分工所具有的特定性质存在着根本的差别。就支配性的原则来说，现代社会内部的劳动分配服从于自由竞争的原则，毫无权威可言，而现代工厂内部的分工服从于"起指挥作用的企业主"。就实际的影响效果来说，现代社会内部的分工使人们在各自的专长中劳动，并由此产生了各自的特长和专业，也产生了所谓"职业病的痴呆"，而现代工厂内部的分工，在自动机器的影响下，劳动本身越来越丧失其专业性特质。可见，把分工理解为抽象的范畴，不但无法理解不同时代的分工所具有的特质，而且无法理解同一时代中不同领域内的分工所存在的差异。

就机器范畴来说，马克思首先强调，正像拖犁的牛一样，机器本身只是一种生产力，而非蒲鲁东所理解的经济范畴。相反，以机器为基础的现代工厂，即机器的使用方式，才是经济范畴，才是社会生产关系。在政治经济学研究中，把作为生产力的机器同分工等经济范畴相并列，足以证明蒲鲁东甚至缺乏必要的经济学常识。其次，将机器作为分工的反题，更是一种荒谬之极的说法。马克思指出，在蒲鲁东的构想中，机器的出现将使被分工所分割的各部分劳动重新联合起来，并使人恢复原状。然而，实际的情况是：机器的每一次发展都使分工加剧。以机器在纺织业中的使用情况为例，当机器尚未进入纺织业时，织布工人和纺纱工人多半是由至今在落后的国家中依然可见的农民组成的，而等到机器在纺织业中普及开来时，工场劳动和农业劳动，国际交换和国际分工等更为复杂的分工也随之产生。更进一步，机器在工业中的使用，从一开始就不是所谓的"天命的和慈善的目的"。在某种意义上可以说，机器，乃至自动工厂的出现，正是企业主同工人斗争，确切些说，企业主千方百计贬低工人特长的产物，其结果是，经验丰富的熟练工人将逐步地被手疾眼快的儿童所替代，劳动的价格也将进一步被压低。基于此，马克思不无嘲讽地指出：蒲鲁东甚至无法看到自动工厂真正的革命意义，即消除专业和职业痴呆，从而为人的普遍性的发展创造条件；蒲鲁东只知道工人不应当只局限于生产活动中的某一道工序，而应当掌握整个生产过程。换言之，工人不应当只做别针中的一个部分，而应当熟练掌握别针生产的整个过程。以此来看，蒲鲁东始终没有超出小资产者的理想，由中世纪的帮工或至多是中世纪的手工业师傅所构成的社会，才是他真正憧憬的未来社会。①

　　第二，关于竞争与垄断的问题。在《贫困的哲学》中，紧接着分工和机器之后的另外两个经济范畴便是竞争与垄断。同分工和机器一样，蒲鲁东认为，竞争和垄断也构成一对"正—反题"。因此，根据既有的解读框架，首先需要指出的是竞争范畴"好的方面"，亦即竞争作为经济范畴所具有的必然性。简单说来，竞争的必然性在于，"对劳动说来，竞争与分工是同样地必要的"②，它能够使分工提高到"第二种能力"，获得自主权，从而人们也就获得了自由；此外，竞争也"是价值构成所必需的，也就是说，是分配原则本身所必需的，因而也是实现平等所不可或缺的"③。就竞争范畴"坏的方面"来说，蒲鲁东直截了当地指出，"竞争具有杀人的本能"④，它改变了生产的天然区域、颠倒了一切公平与正义的概念、制造了恐怖和猜疑等社会弊病。然而，在蒲鲁东看来，作为永恒的范畴，竞争即使带来如此之多的社会弊病，问题也不在于消除竞争，而在于"如何使竞争获得平衡，或者可以说，如何使竞争受到监督"⑤。蒲鲁东认为，能够使竞争得到监督的正是垄断，因为，"垄断就像是每

---

　　① 参见《马克思恩格斯文集》第 1 卷，人民出版社 2009 年版，第 630 页。

　　② ［法］蒲鲁东：《贫困的哲学》上卷，余叔通、王雪华译，商务印书馆 2010 年版，第 214 页。

　　③ ［法］蒲鲁东：《贫困的哲学》上卷，余叔通、王雪华译，商务印书馆 2010 年版，第 217 页。

　　④ ［法］蒲鲁东：《贫困的哲学》上卷，余叔通、王雪华译，商务印书馆 2010 年版，第 230 页。

　　⑤ ［法］蒲鲁东：《贫困的哲学》上卷，余叔通、王雪华译，商务印书馆 2010 年版，第 249 页。

一个竞争者的安身之所"①。仅此而言，作为永恒范畴的竞争，必然包含着垄断的概念。不过，根据同样的框架，垄断必然也包含着有害的方面，它和竞争一样都正在变成"反社会"和"灾难性"的现象，而要解决这一问题，就需要靠另一个新的经济范畴，即"税收"。在《贫困的哲学》中，相比于其他经济范畴，蒲鲁东引入税收，并将其指认为解决竞争和垄断相互吞并之问题的出路，虽显"诗意"（"社会天才"），但更为"荒谬"。蒲鲁东如是说："社会天才在到达名为垄断的拐角时，以忧郁的目光回头眺望"②。

在反对蒲鲁东的论著中，马克思对蒲鲁东的上述见解也进行了有针对性的批判。

首先，蒲鲁东对现实的历史一无所知。在讨论竞争的必要性问题时，为了驳斥傅立叶主义者，蒲鲁东明确指出，人性是不可变的。与此相反，马克思指出："蒲鲁东先生不知道，整个历史也无非是人类本性的不断改变而已。"③ 因此，抽象地谈论人性并赋予人性以不变的特质，也就意味着，蒲鲁东既不理解社会历史的真正前提，即现实的个人，也不理解现实的历史，即由现实的个人的具体的历史的社会实践活动不断生成的各个社会形式之间的联系。

其次，与此相关联的是，蒲鲁东关于竞争与垄断之关系的理解也是非历史性的。马克思指出，蒲鲁东把竞争看作"正题"，把垄断看作前者的"反题"，这是他少有的一次将正题和反题的公式运用成功的例子。然而即使如此，在蒲鲁东的理解中也依然存在着问题。由于蒲鲁东将垄断作为竞争的反题，也就把垄断排在了竞争的后面。易言之，先有竞争，然后有垄断，而实际的历史进程是，现代资产阶级社会中的竞争恰恰是产生于封建垄断的，在现

---

① ［法］蒲鲁东：《贫困的哲学》上卷，余叔通、王雪华译，商务印书馆 2010 年版，第 261 页。

② ［法］蒲鲁东：《贫困的哲学》上卷，余叔通、王雪华译，商务印书馆 2010 年版，第 304 页。

③ 《马克思恩格斯文集》第 1 卷，人民出版社 2009 年版，第 632 页。

代竞争之上，才有现代垄断。就此而言，现代竞争前的封建垄断才是所谓的"正题"，现代竞争本身则是前一种关系的"反题"，而现代垄断是一个新的"合题"，"它既然以竞争的统治为前提，所以它就是封建垄断的否定，同时，它既然是垄断，所以就是竞争的否定"。① 以此来看，蒲鲁东关于竞争和垄断之关系的认识，实际上，存在着将特定历史时期的经济现象或范畴永恒化，并推广到一切社会形式中的问题。② 这其实也是蒲鲁东在解读其他经济范畴时都会存在的问题。

最后，蒲鲁东不理解竞争与垄断辩证统一的现实运动。如前所述，蒲鲁东解读经济范畴的基本框架是，先把经济范畴区分为好的方面和坏的方面，然后再通过一个新的范畴来解决前一个范畴的固有矛盾。然而，在对竞争与垄断范畴的解读中，蒲鲁东不得不面对竞争与垄断相互吞并的现实，这使他不得不在竞争和垄断之外，寻找一个新的范畴以便解决两者的矛盾，而这个新的范畴正是税收。对此，马克思分析道，令蒲鲁东苦恼的竞争与垄断的相互吞并，正是竞争与垄断的现实的运动。因此，作为两个范畴之合题的只能是，通过不断投入竞争的实际斗争，垄断者才能既维护自身的垄断，又保持竞争的状态。③ 然而，试图靠税收解决竞争与垄断相互吞并的问题，既忽视了不同历史时期中税收所具有的不同的内容（如君主制下一般向收益纳税，而立宪制度下一般向消费课税），也更清楚地暴露出蒲鲁东社会经济学理论的根本问题，即脱离社会现实，从而使经济学沦为形而上学。

总体而言，在《哲学的贫困》中，马克思对蒲鲁东具体经济学观点或经济范畴有针对性地批判，使后者的整个社会经济学理论存在的形而上学性的问题得以清晰地暴露出来。由此，蒲鲁东所构筑

---

① 《马克思恩格斯文集》第1卷，人民出版社2009年版，第636页。

② 参见杨洪源《政治经济学的形而上学：〈哲学的贫困〉与〈贫困的哲学〉比较研究》，中国人民大学出版社2015年版，第341页。

③ 参见《马克思恩格斯文集》第1卷，人民出版社2009年版，第636—638页。

的庞大的经济学矛盾体系，也就变得极为肤浅了。但是，撇开蒲鲁东在具体论证中存在的一系列问题，仅就他所列举的诸经济范畴来说，其实都是当时的政治经济学的主要研究对象。正因为如此，对于马克思本人来说，批判蒲鲁东的意义就不止于揭露其所存在的问题。事实上，如果将《哲学的贫困》同其前后的相关文本进行对照，就不难发现，通过对蒲鲁东的分工范畴的批判，马克思初步界划了社会分工和工场手工业内部的分工，这显然是对《德意志意识形态》中的"泛分工论"的重要超越。此外，通过对蒲鲁东的机器范畴的批判，马克思区分了作为机器的机器和以机器的使用为基础的社会生产关系，这种见解不仅深化了生产关系的概念，在一定意义上，也为《资本论》及其手稿中有关资本主义大工业（围绕机器体系）的讨论打开了理论空间。可见，马克思关于资本主义生产方式的科学认识，同他对蒲鲁东的批判密切相关。当然，囿于同蒲鲁东的论战，马克思对蒲鲁东的诸多批判，大多是直接对应于蒲鲁东本人的论证过程，而他本人关于政治经济学具体问题的见解并未得到正面的阐发。比如，蒲鲁东关于使用价值和交换价值之矛盾性关系的认识虽然被马克思批判了，但他本人关于这一问题的相关见解没有得到正面的阐发；马克思虽然批判了蒲鲁东的所有权范畴，但没有针对这一核心范畴本身作更为充分的剖析；等等。仅此而言，《哲学的贫困》中针对蒲鲁东经济学观点的批判，只是初步的。确切地说，在《资本论》及其手稿中，马克思才最终实现对蒲鲁东经济学观点的彻底批判。

第四节　《哲学的贫困》中马克思对蒲鲁东 经济学研究方法的公开批判

根据《哲学的贫困》的序言，蒲鲁东在马克思的理解中，既是一个拙劣的经济学家，也是一个拙劣的哲学家，经济学和哲学的

"双重错误"共存于蒲鲁东的理论当中。因此，当马克思进行批判时，便"常常不得不放下对蒲鲁东先生的批判，而去批判德国的哲学，同时还要对政治经济学作某些评论"①。在最直接的意义上，这些"额外"增加的批判对象使批判蒲鲁东成了一件并"不讨好的工作"。在更深层的理论意义上，这件"不讨好的工作"则为马克思批判性反思黑格尔辩证法和资产阶级政治经济学之方法论问题，从而进一步深化历史唯物主义方法论提供了条件。这一点，主要体现在《哲学的贫困》第二章第一节有关"方法"的讨论中。

一　在批判蒲鲁东的"系列辩证法"中，推进对黑格尔辩证法的再思考

在 1847 年反对蒲鲁东的论著中，马克思曾指出，当我们在谈论蒲鲁东的政治经济学时，只能跟随蒲鲁东的"矛盾"往前走。这里所谓的蒲鲁东的"矛盾"，指的是他用以构筑"经济矛盾体系"的方法，即"系列辩证法"。早在《德意志意识形态》中，马克思其实就已经意识到，在辩证法的问题上，蒲鲁东同黑格尔具有"实在的"而非"幻想"的密切关系。② 因此，从批判蒲鲁东的经济学观点，到批判蒲鲁东的"系列辩证法"，马克思便不得不从"英国人"（英国政治经济学）再次变回"德国人"（德国哲学），并由此延伸至对黑格尔辩证法的再审视。

事实上，早在 1843 年的《论人类秩序的建立》一书中，蒲鲁东已经提出了所谓的"系列辩证法"。在这个意义上，《论人类秩序的建立》一书可以视为蒲鲁东本人对即将到来的《贫困的哲学》一书的方法论的自我澄清。出于论证的需要，在《贫困的哲学》中有关"所有权"范畴的讨论中，蒲鲁东对这一方法论又作了详尽的说明，而为了凸显其系列辩证法的优越性，他分别考察了三段论、归纳法

---

① 《马克思恩格斯全集》第 4 卷，人民出版社 1958 年版，第 75 页。
② 参见《马克思恩格斯全集》第 3 卷，人民出版社 1960 年版，第 627 页。

和二律背反这三种"辩证工具"。就三段论来说，蒲鲁东认为，这一方法论的优势在于，可以从作为前提的任意的"一般命题"中精确地推导出结论。它的问题则在于，先验和偏见往往是其论证的前提，所以，通过三段论推导出来的结论，其"真实性"是无法保证的。在这个意义上，三段论"不知道它是从何而来"的。就归纳法来说，蒲鲁东指出，这一方法论恰好是三段论的反面或对它的否定。这是因为，归纳法是从个别到一般，所以不同于不知从何而来的三段论，归纳法的问题在于，"不知事物将走向何方"。概言之，归纳法偏重经验，而忽视了理性的作用，三段论正好相反。因此，在蒲鲁东看来，作为一种辩证工具，无论是三段论还是归纳法，都存在着自身的缺陷，所以需要一种新的方法，使个别与一般、理性与经验得到兼顾，否则人们的认识将摇摆于经验论和先验论这两种虚无之间，而这种新的方法论正是二律背反。蒲鲁东认为，使用二律背反认识一种观念、一个事实，被认识的对象本身之矛盾性就会得到显现。换言之，存在的内在规律、事物的必然性和思想波动与发展起因等都能得到如实反映。这样，我们便能从中得出一个预期中的"新的综合观念"。所以，二律背反既了解自己从何而来，也知道自己去向何处并将带来什么。就二律背反这一辩证工具的发现史来说，蒲鲁东认为，古人早有预见，康德真正创造了它，而黑格尔真正使之发扬光大。

然而即使如此，蒲鲁东也不认为二律背反已经是最高级的辩证工具了。因为，二律背反作为一种辩证工具，它适用的对象只是个别观念，"它本身并不解释观念的种属、类属、发展和进化，也就是说，它并不准确说明构成科学的关键所在，即体系。二律背反可以修琢出大量的石头，但是这些石头一片散乱，还没有修建大厦"①。这就是说，二律背反无法揭示出个别观念之间的内部联系。因此，

---

① ［法］蒲鲁东：《贫困的哲学》下卷，余叔通、王雪华译，商务印书馆2010年版，第650页。

要全面认识人类和自然，就必须有一种更为高级的（也可以说是最后的）辩证工具，这便是由蒲鲁东所发现的"系列辩证法"。简单来说，所谓的系列辩证法指的是，将看似孤立的一切创造物、现象和原则，归入某一系列，或者划分为若干系列来加以理解。这样，个别观念本身的多样性便能够在"系列"中实现"统一"，个别观念之间的内部联系也将得到真实的体现。也由此，蒲鲁东将"系列辩证法"称为"理性的最高形式"。如果只看蒲鲁东对观念之间的内部联系的强调，那么他的"系列辩证法"还是有一定的可取之处的。不过，有意识地摆脱对诸观念的孤立式的解读，与能否真正揭示诸观念之间的内部联系是两回事。显然，蒲鲁东只具有这方面的理论冲动，却不具备完成这一理论冲动的实际能力。以对所有权范畴的解读为例，蒲鲁东分析道，如果只是运用二律背反来认识所有权，那么至多只能揭示出所有权的固有矛盾，即既包含"好的方面"，又包含"坏的方面"，然而，要使所有权范畴中消极的一面得到消除，并使其平等、互助、责任心和秩序等积极性得到恢复，就"需要找出所有权只作为其中一个项的那种发展序列，建立这样一种系列"①。姑且不论蒲鲁东如何得出所有权在本质上是矛盾的结论，仅就蒲鲁东将寻找所有权所处其中的"系列"指认为解决所有权之消极性的出路来说，这里的主观唯心主义色彩就已经十分浓郁了。可见，根据这种辩证法所构筑的整个"经济矛盾体系"，也必然是存在问题的。

　　尽管蒲鲁东自认为他的"系列辩证法"要远胜于黑格尔的辩证法，但这显然无法获得马克思的认同。对于马克思来说，当面对由蒲鲁东抛出的这些"冒牌的黑格尔词句"时，他就必须同两个人打交道："首先是蒲鲁东先生，其次是黑格尔。"② 一旦把两者的辩证

---

　　①　［法］蒲鲁东：《贫困的哲学》下卷，余叔通、王雪华译，商务印书馆 2010 年版，第 656 页。

　　②　《马克思恩格斯文集》第 1 卷，人民出版社 2009 年版，第 598 页。

法加以比较，马克思便愈发清楚地意识到，令前者引以为豪的系列辩证法不过是把后者的辩证法"降低到极可怜程度"的产物。因为，相比于蒲鲁东的系列辩证法，黑格尔的辩证法才是观念自我运动的辩证法。首先，在马克思看来，蒲鲁东与黑格尔的共性在于，两者都将任何一种事物归结为逻辑范畴，因此两者的辩证法在本质上都是"运动的逻辑公式或者纯粹理性的运动"，在这里，理性及其辩护人正是这种纯粹理性运动的设定（幻想）者。在这一点上，蒲鲁东与黑格尔具有相似性。其次，不同的是，在黑格尔那里，观念（理性）作为历史运动的始因，它是能够自我安置、自我对立并自相结合的。正因为如此，从理性出发，通过此种辩证运动，就产生了思想群，最后又生产出了整个体系。① 在这个意义上，黑格尔那里的观念是"由于自己的矛盾本性而设定自己并自相对立的"，因而，黑格尔的辩证法是观念本身的运动。

相反，在蒲鲁东那里，观念固有的矛盾，或者说，观念之正题和反题的设定，不过是依凭其个人善恶作出的，它与观念自身的辩证运动无关。一个鲜明的例证是：在谈及竞争范畴的固有矛盾时，蒲鲁东明确指出，"竞争作为一个原则是不可摧毁的，可是它的现存形式却应该废除，应该否定"②。这就是说，竞争作为一个经济范畴，它是好的；遗憾的是，竞争的现实是不好的。如果说，作为"正题"的竞争的"好的方面"还可以说是基于竞争这一范畴本身作出的——主要还是基于蒲鲁东个人的善恶作出的，那么作为反题的竞争的"坏的方面"则完全是基于竞争在现实中的具体表现作出的。因此，在蒲鲁东那里，凡是涉及经济范畴"坏的方面"，或者说，经济范畴的"反题"的地方，他便不得不越出纯粹思辨的领域而诉诸经验表象。可见，蒲鲁东所谓的矛盾，其实只存在于他的固

---

① 参见《马克思恩格斯文集》第 1 卷，人民出版社 2009 年版，第 601 页。

② ［法］蒲鲁东：《贫困的哲学》上卷，余叔通、王雪华译，商务印书馆 2010 年版，第 232 页。

定观念（平等原则）和现实运动（不平等的现实）之间，如此，黑格尔的观念自身的辩证法也就被蒲鲁东"改造"为以他个人主观的善恶为依据的辩证法。

更进一步，以直接的奴隶制为例，马克思分析道，奴隶制作为一个经济范畴，它存在着好的方面和坏的方面。姑且不论奴隶制坏的方面，奴隶制的存在也有其历史合理性和必然性：其一，棉花的生产，以及现代工业的发展，都同奴隶制的存在息息相关；其二，要使殖民地具有价值，使世界市场得以产生，使大工业得以发展，在某种意义上说，都离不开奴隶制。就此而言，没有奴隶制，北美这个进步最快的国家将会变成宗法式的国家。换言之，消灭奴隶制几乎等同于从地图上抹掉美国，等等。可见，作为一个经济范畴，奴隶制是极其重要的，它是现代资产阶级工业的基础。那么，该如何挽救奴隶制呢？在马克思看来，由于蒲鲁东无法理解源自观念自身的矛盾本性的辩证运动，所以根据蒲鲁东的辩证法，所能得出的结论只能是：保留奴隶制这一经济范畴好的方面，消除其坏的方面。然而，一旦给自己提出消除经济范畴坏的方面而保留其好的方面的问题，那么，无论是观念中的还是实际上的辩证运动都会被立即"切断"。正因为如此，马克思评价道，不同于黑格尔的观念的辩证运动，蒲鲁东所提供的观念的辩证运动，不过是"在范畴的两个方面中间转动、挣扎和冲撞"。这根本不是观念自身的辩证运动，而是蒲鲁东本人的主观臆想。这种主观臆想，在把辩证法降低为善恶的辩证法的同时，必然会使蒲鲁东错失黑格尔辩证法中最为珍贵的思想遗产，即观念（事物）自身的内在矛盾运动的思想。与之相关联的是，蒲鲁东必然会在诸如资本和劳动、政治经济学和共产主义等问题上摇来摆去，始终无法超越小资产者的狭隘视界。

综上所述，将蒲鲁东同黑格尔相对照，马克思的批判，在一方面，凸显了蒲鲁东辩证法的虚假本质，即"从黑格尔的辩证法那里只借用了用语"①；在另一方面，则再一次肯定了黑格尔辩证法的积极意义②。对黑格尔辩证法的此种肯定性评价，显然有助于马克思批判性地继承黑格尔辩证法的珍贵思想遗产。在《哲学的贫困》中，这种继承主要表现在马克思对历史内在矛盾运动之认识的深化上。需要指出的是，从文本上看，即使马克思肯定黑格尔的辩证法具有其合理性的一面，但此时的他并不认同将辩证法运用到政治经济学研究当中去。因为，在他看来，黑格尔之所以会把一切事物归结为逻辑学和形而上学，其根源就在于把辩证法运用于宗教和法等领域。相应地，蒲鲁东把辩证法（尽管是一种掺假的辩证法）运用到政治经济学，最终也得出了政治经济学的逻辑学和形而上学，从而使政治经济学中人所共知的经济范畴，被翻译成了人们不大知道的语言。③ 因此，在《哲学的贫困》中，针对蒲鲁东的批判，实际上，并没有引发马克思对辩证法与政治经济学研究之关系的认真思考。这样一来，马克思对本人的政治经济学研究方法的制定也必然会受到一定的影响。历史地看，正是在后续的研究中持续遭遇蒲鲁东将掺假的辩证法运用到政治经济学研究当中的问题，辩证法与政治经济学研究的关系问题才终于引起马克思的注意，并最终在《导言》中完成自身政治经济学方法的制定。以此来看，马克思"从抽象上升到具体"的政治经济学方法的最终制定，同他对蒲鲁东的批判其实有着密切的关系。

---

① 《马克思恩格斯文集》第 1 卷，人民出版社 2009 年版，第 605 页。

② 在此之前，马克思还在《1844 年手稿》和《德意志意识形态》等文本中对黑格尔的辩证法作出过肯定性的评价。在《1844 年手稿》中，马克思指出，黑格尔的辩证法的伟大之处在于，"把人的自我产生看作一个过程，把对象化看作非对象化，看作外化和这种外化的扬弃"。《马克思恩格斯全集》第 3 卷，人民出版社 2002 年版，第 320 页。在《德意志意识形态》中，马克思则指出，黑格尔"第一次为全部历史和现代世界创造一个全面的结构"。《马克思恩格斯全集》第 3 卷，人民出版社 1960 年版，第 190 页。可见，马克思虽然一直在批判黑格尔的辩证法，但对于其中合理的一面始终是有清楚的认识的。

③ 参见《马克思恩格斯文集》第 1 卷，人民出版社 2009 年版，第 601 页。

二　在批判蒲鲁东的方法论隐性唯心史观中，展开对资产阶级经济学的论战

在《哲学的贫困》的第二章论及"方法"的部分中，马克思不仅把蒲鲁东同黑格尔相对照，还同资产阶级政治经济学相对照。在前一组对照中，正如前述分析表明的，蒲鲁东辩证法的伪黑格尔主义特质被马克思清楚地揭露出来了，而黑格尔辩证法的积极意义也得到了马克思的再一次肯定；相反，在后一组对照中，正如卢森贝指出的，"反对蒲鲁东的论战就变成反对整个资产阶级政治经济学的，首先是反对其方法论的论战"①。之所以如此，是因为蒲鲁东的理论和资产阶级政治经济学在方法论层面上都存在着隐性的唯心史观的问题，非历史性是其典型特质。

根据蒲鲁东本人的理解，经济理论有它自己的逻辑顺序和理性系列，"各个经济阶段或经济范畴有时是同时出现，有时又先后颠倒"，因此，他所要叙述的就"不是那种符合时间顺序的历史，而是一种符合观念顺序的历史"。② 然而，如前所述，一旦否认并取消观念在辩证运动中所具有的互相"区分"即自我安置、自我对立，并自相结合的能力③，那么观念也就不再有自发的运动，不再有内在的生命，也不再有自身的历史。有趣的是，在稍后的论述中，甚至连蒲鲁东自己也承认了这一点，即否定了观念历史的存在。他指出，"说某种事物突然发生了，或者说某种事物产生了，都是不确切的；

---

①　［苏］卢森贝：《十九世纪四十年代马克思恩格斯经济学说发展概论》，方钢等译，生活·读书·新知三联书店1958年版，第246页。

②　［法］蒲鲁东：《贫困的哲学》上卷，余叔通、王雪华译，商务印书馆2010年版，第177页。

③　事实上，蒲鲁东认为，"如果我们以为观念真的像我们在它的辩证发展过程中所看到的那样，是自我组合和自我分解，自我普遍化和自我简化的，那就是一种奇特的错觉。在绝对理性中，我们根据我们的对比能力和悟性需要而随意加以分门别类的所有概念，都是同等简单和普遍的。"参见［法］蒲鲁东《贫困的哲学》下卷，余叔通、王雪华译，商务印书馆2010年版，第532页。易言之，观念的自我运动是一种"奇特的错觉"。

文明世界与宇宙一样，一切都存在，一切都始终在活动"，"整个社会经济也是这种情况"。① 既然一切都早已存在，那么就不会有观念的出现，更不会有观念的历史。基于此，马克思评价道，由于蒲鲁东一笔勾销了"运动的影子"（观念）和"影子的运动"（观念的自我运动），所以他"本想说明历史，但却不得不否定历史；本想说明社会关系的顺次出现，但却根本否定某种东西可以出现；本想说明生产及其一切阶段，但却否定某种东西可以生产出来"②。可见，蒲鲁东所能够提供给我们的历史，既不是"世俗历史"，也不是"范畴的神圣历史"，而只能是他本身矛盾的历史！这种"历史"，从根本上说，毫无"历史"可言，因为它完全是蒲鲁东个人的主观虚构。

与此同时，把蒲鲁东与资产阶级经济学家相对照，马克思发现，他们在如何理解资产阶级社会的问题上，存在着相类似的问题，即"非历史的隐性历史唯心主义"③。马克思指出，经济学家们的出发点虽是"人的生动活泼的生活"，但分工、信用、货币等资产阶级生产关系不过是他们借以解释生产活动的当然前提。易言之，关于这些关系是怎样产生的问题，他们既没有说明也没有思考。"也就是说，没有说明产生这些关系的历史运动。"④ 因此，分工、信用、货币等资产阶级生产关系，对于经济学家来说，正是固定的、不变的、永恒的范畴。以此来看，蒲鲁东的非历史性的思维方式，正是其无批判性地接受资产阶级经济学的理论产物。因为，蒲鲁东所构筑的整个经济矛盾体系，无非是对承继自资产阶级经济学的原理、范畴之次序的重新编排。

那么，经济学家们为何会将资产阶级社会生产关系看作永恒的

---

① ［法］蒲鲁东：《贫困的哲学》下卷，余叔通、王雪华译，商务印书馆 2010 年版，第 536 页。

② 《马克思恩格斯文集》第 1 卷，人民出版社 2009 年版，第 609 页。

③ 参见张一兵《回到马克思：经济学语境中的哲学话语》，江苏人民出版社 2014 年版，第 530 页。

④ 《马克思恩格斯文集》第 1 卷，人民出版社 2009 年版，第 598 页。

生产关系呢？马克思分析道，经济学家们关于这一问题的论证非常奇怪。在他们的理解中，只存在两种制度。一种是资产阶级制度，由于财富的生产和生产力的发展，只有在这种关系中才能够按照自然规律进行，所以这种制度就被理解为天然的、不受时间影响的自然规律。一种是人为的封建制度，由于财富的生产和生产力的发展无法在以人的统治为基础的关系中得到充分发展，所以这种制度是要被历史所淘汰的。"于是，以前是有历史的，现在再也没有历史了。"①

如果把经济学家们的这种奇怪的论证方式同蒲鲁东的观点加以对照，也就不难发现，两者的问题是一样的，即都否定了历史自身的辩证运动。这是因为，当经济学家们把生产财富和生产力的发展能够按照自然规律进行指认为资产阶级制度之天然属性的判断依据时，他们不过是片面地强调了资产阶级制度"好的方面"。然而，被经济学家们视为人为的制度即封建制度，实际上，不仅存在着坏的方面，也存在着好的方面。比如，"城市中的宗法式的生活""骑士的德行""权利和义务之间美妙的协调""通过各同业公会、行会和商会组织起来的工业发展"等封建制度一切好的方面。那么，根据经济学家们的论证方式，难道封建制度就会因此而成为自然的、永恒的生产方式吗？答案显然是否定的。更进一步，如果封建制度的这一切好的方面使经济学家们深受感动，并由此"抱定目的要消除这幅图画上的一切阴暗面——农奴制度、特权、无政府状态"，那么，资产阶级的发展在其萌芽阶段便会被窒息。因为，正是社会生产中的对抗性因素之间的相互斗争，才产生形成历史的运动。换言之，机械地取消所谓好的方面和坏的方面的对立和斗争，事物的矛盾运动就会立即停止，相应地，任何历史的进步都是不可想象的。② 可见，一旦撇开封建主义好的方面和坏的方面，资产阶级

---

① 《马克思恩格斯文集》第 1 卷，人民出版社 2009 年版，第 612 页。

② 参见孙伯鍨《探索者道路的探索——青年马克思恩格斯哲学思想研究》，北京师范大学出版社 2017 年版，第 402 页。

制度的"历史运动"也就变得不可理解了。资产阶级得势以后，恰恰就是这么做的，其结果便是将资产阶级制度指认为自然的、永恒的规律，从而遮蔽了这一制度本身的历史暂时性。

综上所述，把蒲鲁东同经济学家们相对照，使马克思清楚地意识到，相比于批判蒲鲁东的隐性唯心主义方法论，同资产阶级经济学的方法论进行论战显然要更为重要。因为，存在于蒲鲁东理论中的种种矛盾，在某种意义上可以说，正是其深陷资产阶级经济学意识形态陷阱的理论表现。这样，马克思同蒲鲁东的论战，也就合乎逻辑地发展为同整个政治经济学之方法论的论战。在这一过程中，马克思进一步彰显了历史性思维方式在政治经济学研究中的至关重要性。

三　在批判性反思蒲鲁东的理论失误中深化历史唯物主义方法论

从哲学方法论层面看，蒲鲁东的理论失误，从根本上说，既可以归之于黑格尔哲学的观念史观，也可以归之于资产阶级政治经济学的非历史性的思维方式。因此，针对蒲鲁东的批判，便不可避免地成为一件不讨好的工作，即批判的对象不应当仅仅局限于蒲鲁东，而必须延展至对黑格尔哲学和资产阶级政治经济学的批判。然而，把蒲鲁东的理论同黑格尔的哲学和资产阶级政治经济学相对照，便不难发现，蒲鲁东的理论失误，实际上，进一步放大了黑格尔唯心史观和资产阶级政治经济学方法论所存在的问题。这样，批判蒲鲁东势必会对马克思造成更为巨大的思想触动，从而促使马克思进一步深化并阐发他和恩格斯在《德意志意识形态》中创立的历史唯物主义方法论。

第一，事物的内在矛盾及其斗争，"产生形成历史的运动"①。如前所述，把蒲鲁东同黑格尔相对照，黑格尔所阐发的基于观念内

---

① 《马克思恩格斯文集》第 1 卷，人民出版社 2009 年版，第 613 页。

在矛盾本性的辩证运动得到了马克思的肯定。在马克思看来，蒲鲁东既然跟随黑格尔，将一切事物都归结为逻辑范畴，那么在他想要叙述观念的历史时，就理应继续贯彻黑格尔的辩证法，但蒲鲁东直接否定了观念在辩证运动中能够互相"区分"的能力，把观念的自我安置，自我对立，并自相结合，看作一种"奇特的错觉"①。这样一来，蒲鲁东也就一笔勾销了"运动的影子"（观念）和"影子的运动"（观念的辩证运动），以至于他甚至连某种类似历史（观念史）的东西都未能"造成"。蒲鲁东想要说明历史，但最终不得不否定历史。基于马克思对蒲鲁东的这一批判，可以得出如下结论：无论是现实的历史，还是观念范畴的历史，都是由具体的内在矛盾运动推动的发展过程。也正是在这个意义上，马克思认为，在黑格尔那里，至少还存在着观念范畴的演绎史，而在蒲鲁东那里，社会历史被固定为一个"完整的画面"②，成了永恒的、静止的、不变的东西。这样的东西，与其说是对历史存在的证明，不如说是对历史存在的证伪。可见，针对蒲鲁东的辩证法及其观念史的批判，使马克思更加清楚地认识到，历史的生成同具体的事物的内在矛盾运动之间的必然联系。这就为马克思进一步深化历史唯物主义的内在矛盾运动的解读视域奠定了思想基础。

第二，"经济范畴只不过是生产的社会关系的理论表现"③。在与蒲鲁东的对照中，黑格尔的辩证法具有的合理性的一面，以及基于此种辩证法所叙述的观念史，在一定意义上，都得到了马克思的正面肯定。然而，这并不意味着，马克思完全认同了黑格尔的观点。事实上，在马克思看来，由蒲鲁东的理论失误表明，把一切事物都归结为逻辑范畴的唯心史观，无论是蒲鲁东的还是黑格尔的，其理

---

① ［法］蒲鲁东：《贫困的哲学》下卷，余叔通、王雪华译，商务印书馆2010年版，第532页。

② ［法］蒲鲁东：《贫困的哲学》上卷，余叔通、王雪华译，商务印书馆2010年版，第54页。

③ 《马克思恩格斯文集》第1卷，人民出版社2009年版，第602页。

论的最终归宿，都必然是抽象的逻辑学和形而上学。这里的问题是：把一切事物都"抽象"为逻辑范畴，从表面上看来，是在对事物进行分析，并深入事物当中，但其实是离事物、现实越来越远。马克思分析道，如果我们跟随蒲鲁东（也可以说跟随黑格尔）假定一种观念的历史，那么原理和世纪的关系，按照观念的历史来说，就是世纪属于原理，而非原理属于世纪。例如，11 世纪属于权威原理，18 世纪则属于个人主义原理。但是，如果我们对原理与世纪的关系作进一步的追问，比如，为什么该原理不出现在其他世纪，却只出现在 11 世纪或 18 世纪？原理与世纪之间那种预想中的关系就会出现颠倒。这是因为，一旦提出这个问题，要想给出一个合理的解答，就必须仔细研究一下："11 世纪的人们是怎样的，18 世纪的人们是怎样的，他们各自的需要、他们的生产力、生产方式以及生产中使用的原料是怎样的；最后，由这一切生存条件所产生的人与人之间的关系是怎样的。"① 可见，观念的历史，从根本上说，还是要通过对现实的、世俗的历史的研究来加以说明。这样一来，原先作为出发点的永恒的观念范畴，也必然会被现实的个人所替代。因此，准确说来，是经济范畴表现着生产的社会关系，而非生产的社会关系体现着永恒的经济范畴。黑格尔的辩证法即使具有其积极的一面，但由于颠倒了社会意识与社会存在的真实关系，使他所提供的"历史"只能是唯心主义的"历史"。这种"历史"是"范畴的神圣历史"，而非深植于现实的"世俗历史"。

第三，生产力与生产关系的矛盾，推动现实的历史的发展过程。与上述观点相联系的是，既然经济范畴不过是生产的社会关系的理论表现，那么所谓的"历史"（现实的历史）就绝不是如黑格尔想象的那样，是由观念自身的矛盾运动所推动的发展过程，而是由一定的生产力同一定的生产关系的矛盾运动所推动的发展过程。在这里，马克思对黑格尔唯心史观的颠倒，既是其历史唯物主义新世界

---

① 《马克思恩格斯文集》第 1 卷，人民出版社 2009 年版，第 607—608 页。

观的科学阐发，更是其历史唯物主义新世界观内在矛盾运动解读视域的深化。这是因为，黑格尔在观念自身的矛盾本性中所把握到的辩证运动的实质，通过对蒲鲁东的批判，被马克思有意识地接受了下来。这就引导着马克思不断地透过资产阶级的社会现象，剖析出这一生产的社会关系之内在矛盾的更为具体的内容。在《哲学的贫困》中，这种理论进展具体表现为：相比于《德意志意识形态》，马克思已经不再简单地将资产阶级私有制的矛盾本性理解为生产力得不到全面发展①，而是理解为更加具体的劳动产品得不到平等分配所引发的阶级对抗②。当然，如果把《哲学的贫困》中的这种认识与《资本论》及其手稿中的思想加以比较，那么可以发现，从劳动产品的分配的角度来理解生产关系的矛盾本性，实际上，仍然没有达及具体的生产关系的维度。③ 应该说，唯有通过更加系统的经济学研究，马克思才能逐渐克服和超越此处存在的不足。不过，马克思内在矛盾运动的解读视域的深化，显然为他后续的思想进展打开了理论空间。

第四，生产力的变化必然引发生产关系和经济范畴的变化。在上述问题得到解决之后，无论是资产阶级经济学，还是蒲鲁东的理论，缺失历史性线索的问题便立即得到显现。因为，一方面，生产力作为起决定性作用的因素，它的改变会引起人们的生产方式的改变，从而也会引起人们在其中活动的一切社会关系的改变。用一个更为形象的例子来说，就是"手推磨产生的是封建主的社会，蒸汽磨产生的是工业资本家的社会"④。以此来看，经济学家们关于资产阶级生产方式的认识，其实是对资本主义生产方式之历史暂时性的一种本质遮蔽。另一方面，作为一定的生产的社会关系的理论表现，

---

① 参见《马克思恩格斯文集》第 1 卷，人民出版社 2009 年版，第 566 页。

② 参见《马克思恩格斯全集》第 4 卷，人民出版社 1958 年版，第 95 页。

③ 参见唐正东《对蒲鲁东的批判给马克思带来了什么？——〈哲学的贫困〉的思想史地位辨析》，《江苏社会科学》2010 年第 2 期。

④ 《马克思恩格斯文集》第 1 卷，人民出版社 2009 年版，第 602 页。

观念、范畴也必然会随同它们所反映的关系的改变而发生变化。因此，蒲鲁东把经济关系看作永恒的范畴的表现，虽没有直接承认资产阶级生产方式的永恒性，但在一个更深的层面上无意识地论证了资产阶级生产方式的永恒性。可见，非历史性的思维方式，使蒲鲁东貌似批判了资产阶级社会，但在本质上无意识地站到了资产阶级经济学家的立场上，为资产阶级社会作辩护。可以说，对蒲鲁东的此种理论失误的批判性反思，能够使马克思更为自觉地深化历史唯物主义方法论中的历史性思维方式。[1] 这种历史性的思维方式，正是马克思超越资产阶级意识形态，从而科学剖析资产阶级生产方式的关键所在。

从总体上看，马克思对蒲鲁东的经济学研究方法（哲学方法论）的批判，使后者在方法论层面上的隐性唯心主义历史观被清晰地揭露出来。这也是马克思对蒲鲁东理论的更为深层的打击。此外，从马克思自身的思想进展看，蒲鲁东在方法论层面上的错误，也为马克思进一步深化其历史唯物主义方法论之内在矛盾的解读视域和历史性的思维方式提供了反面参照。然而，囿于马克思此时的理论水平以及同蒲鲁东论战诉求，《哲学的贫困》中马克思对蒲鲁东的批判还存在着以下两点问题：其一，马克思此时尚未认真思考政治经济学研究同辩证法的关系；其二，马克思此时针对蒲鲁东具体经济学观点的批判同针对蒲鲁东方法论的批判是分别进行的。这些问题表明，马克思此时关于哲学与政治经济学的研究尚未得到统一，而他的科学的政治经济学研究方法也尚未制定。有意思的是，马克思此时存在的这些不足，蒲鲁东在其《贫困的哲学》一书中都作出了一定的探索。比如，蒲鲁东不仅致力于将辩证法运用到政治经济学研究中，也试图将哲学方法论同经济学研究统一起来。前一个方面无须赘言，后一个方面则表现为：蒲鲁东不是将方法论的讨论放在

---

① 参见仰海峰《马克思〈哲学的贫困〉中的历史性思想》，《哲学研究》2020 年第 5 期。

《贫困的哲学》一书的开头部分，而是融入经济范畴，尤其是"所有权"范畴的解读中。尽管蒲鲁东的探索最终得出的是一些肤浅的结论，但这些探索在研究路向的确定上显然具有一定的前瞻性。这就预示了，《哲学的贫困》之后，针对蒲鲁东理论的批判依然会在马克思自身的思想进展中占据重要一席。

第 四 章

《资本论》手稿及相关文本中马克思对蒲鲁东的全面批判

在《哲学的贫困》中，由于马克思鞭辟入里的公开批判，蒲鲁东表面上成了一个无关紧要的"简单的批判对象"①，然而，自1847年之后，蒲鲁东的理论在马克思的著作、手稿及书信中实际上仍被反复地提及并予以批判。这一现象含蓄地表明，马克思并没有因为蒲鲁东理论昭然若揭的可笑与幼稚而置之不理，或者严格地说，自两者彻底决裂以来，对蒲鲁东理论的批判依然在马克思自身的思想进展中占据重要一席。概言之，在《资本论》手稿及相关文本时期，马克思不但因为蒲鲁东理论的反面示例而愈益自觉地把历史唯物主义方法论同经济学的科学分析有机统一起来，而且，由于蒲鲁东的理论在工人运动中的广泛影响，他必须对蒲鲁东的理论进行更为全面的批判，以便使共产主义首先摆脱蒲鲁东主义这个"假兄弟"的影响。

---

① ［英］戴维·麦克莱伦：《马克思传》（第4版），王珍译，中国人民大学出版社2016年版，第162页。

第一节 1848 年革命时期及《伦敦笔记》中马克思对蒲鲁东的批判

1848 年，以法国的二月革命为起点，整个欧洲掀起了革命的浪潮。在这一过程中，不管是马克思还是蒲鲁东，他们的活动实际上都越出了单纯的理论领域而进入复杂的实践领域。由此，两者的理论也同时经历着实践的考验。客观地说，这种来自实践的考验，对两者的理论都构成了直接的挑战。所不同的是，蒲鲁东并没有根据革命形势的转变而本质性地调整或发展自己的理论，而马克思在反思由实践本身提出的问题的基础上，开启了他的第三次政治经济学研究。其中，蒲鲁东的理论恰恰作为一个反面的刺激素，融入马克思 "从头开始" "批判地仔细钻研新的材料"[1] 的过程中。

一 1848 年革命时期蒲鲁东提出的社会改革方案与马克思对他的批判

我们知道，在 1848 年革命前夕，除了《哲学的贫困》外，马克思还在《共产党宣言》这一无产阶级的革命纲领中批判过蒲鲁东。在那里，马克思把蒲鲁东的理论及其《贫困的哲学》一书视为 "保守的或资产阶级的社会主义" 的理论体系之典型代表。考虑到这一论断是基于特定的阶级基础和历史作用得出的，即蒲鲁东的理论表现为着眼于工人阶级的利益，而实质上起到维护资产阶级社会的 "生存条件" 的历史作用[2]，那么马克思的这一论断也就从侧面表明，蒲鲁东的理论必然因其较强的迷惑性而在尚未经过科学社会主义理论 "武装" 过的无产阶级中广泛流行。

---

① 《马克思恩格斯全集》第 31 卷，人民出版社 1998 年版，第 414 页。
② 参见《马克思恩格斯文集》第 2 卷，人民出版社 2009 年版，第 61 页。

事实的确如此。前述两个文本中马克思对蒲鲁东的批判并没有撼动后者在工人运动中的地位①，相反，二月革命之后，蒲鲁东在社会主义运动中的声望大有与日俱增之势。这既表现在以奥·布朗基等为首爆发的巴黎五月十五日事件在试图驱散制宪会议，成立新的临时政府时，居然私自将蒲鲁东列入这一政府组员的 9 人名单之中，还表现在蒲鲁东主编的报纸《人民代表·劳动者日报》（*Le Représent du Peuple. Journal quotidian des travailleurs*）的发行量在 1848 年 8 月的巴黎这样一个文盲比例仍旧较高的社会中达到了 4 万份的历史峰值。② 应该说，这一客观事实既为蒲鲁东兑现其提出实际的社会改革方案的承诺创造了条件，也使马克思一直关注着蒲鲁东，并把他放在批判社会主义错误思潮中的显著位置上。

1848 年 3 月 22 日、26 日、31 日，蒲鲁东相继出版了三本题为《社会问题的解决》（*Solution du problème social*）、《民主》（*La démocratie*）以及《信贷和流通组织》（*Organisation du crédit et de la circulation*）的小册子。③ 在如此之短的时间内连续发文，蒲鲁东所要达到的目的正是通过对二月革命的批判来提出他本人的社会改革方案。

在《社会问题的解决》一书中，蒲鲁东把矛头指向经由二月革命所确立的普选制度。在他看来，人们不应当迷信普选制度的神话。这是因为，表面上看来，普选制度赋予了全体国民以任命自己的代

---

① 事实上，不管是《哲学的贫困》还是《共产党宣言》，甫一面世并没有立即产生重大的理论震动，甚至在相当长的时期内也不为它所服务的世界无产阶级广泛了解，这种情况最直观地反映在两个文本首次出版时有限的发行量上：《哲学的贫困》总共只印了 800 本，而《共产党宣言》在伦敦公开出版时也仅印刷了几百本。

② 作为比较：同期马克思主编的《新莱茵报》发行量达到约 5000 份，这已经足以使它成为德国最大的报纸之一。参见［英］戴维·麦克莱伦《马克思传》（第 4 版），王珍译，中国人民大学出版社 2016 年版，第 202 页；George Woodcock, *Pierre-Joseph Proudhon*: *A Biography*, Montréal: Black Rose Books, 1987, pp. 127 – 136。

③ Cf. George Woodcock, *Pierre-Joseph Proudhon*: *A Biography*, Montréal: Black Rose Books, 1987, pp. 121 – 122.

表的权利，但由于人们之间在才能和财产方面客观存在的不平等，必然会导致"由此选出的代表终究不过是虚假的代表，不过是一场选举闹剧的产物"。因此，蒲鲁东认为，当二月革命企图用代议制民主来代替代议制君主制时，恰恰表明革命本身遭到了"阉割"。基于此，蒲鲁东想要强调的是，彻底的革命，或者说社会革命，"决不能脱胎于政治革命，恰恰相反，政治革命却必须脱胎于社会革命"。①

从社会革命高于政治革命的角度出发，在《信贷和流通组织》一书中，蒲鲁东初次描摹了他庞大的社会改革方案。他总结道："我们所需要的是：互惠、等价交换以及信贷组织。"② 如果说，这一总结不过是一种原则性的描述，那么，蒲鲁东关于建立交换银行（Bank of Exchange），或者说，人民银行（People's Bank）的设想则可以被理解为此种原则的具象化。蒲鲁东认为，"随着劳动的种类增多，实业的分门别类和交换次数的成倍增加，流通成了各国经济的头等重要的事实"③，这就使得个人所有权以及与交换活动的狭小范围相适应的货币成了集体生活的障碍。在蒲鲁东看来，社会生活的此种转变，表明同封建所有制的统治和社会的君主政治相吻合的货币已经同国王的特权一样腐化了。在这个意义上，蒲鲁东将王权、所有权和货币视为君主制的"三位一体"。也由此，二月所开创的革命事业就应当概括为是对这三项的否定。具体到货币问题上，这种否定就是取消货币所具有的特权，进而把以货币为媒介的间接交换调整为无须货币媒介的直接交换。对于蒲鲁东来说，取消货币的特权是一件简单的事情。从理论层面上来说，这是因为一切否定，在归根结底的意义上，都是对纯主观观念的否定。从实

---

① ［法］蒲鲁东：《社会问题的解决》，载《马列著作编译资料》第9辑，人民出版社1980年版，第74页。译文有所改动。

② Cf. George Woodcock, *Pierre-Joseph Proudhon：A Biography*, Montréal：Black Rose Books, 1987, p. 122.

③ ［法］蒲鲁东：《社会问题的解决》，载《马列著作编译资料》第9辑，人民出版社1980年版，第79页。

践层面上来说，这仅需要建立人民银行就可以了。所谓的人民银行，就是"将所有的贸易活动集中起来，这家银行将接受与发票票值相等的各种期票、委托书和支票；然后把这些证券折算成为一种等价的银行券"①。蒲鲁东认为，一旦这样做了，那么利率、股息、租金和工资就都会下降，而伴随价格的此种下降，困扰法国流通的媒介短缺问题就可以得到解决，相应地，革命也能和平地进行下去。

在提出实际的社会改革方案后，蒲鲁东便着手付诸实践。起初，他试图争取时任临时政府劳动部部长的路易·勃朗的支持，通过对法兰西银行的改造来实现其建立人民银行的宏伟计划。尽管路易·勃朗并没有理会蒲鲁东的这一请求，但蒲鲁东也没有因此而放弃他的计划。在此之后，一方面，由于6月初的议会补选使他成功进入议会并获得在议会讲坛直陈其社会改革方案的条件，1848年7月31日蒲鲁东在议会讲坛上发表反对梯也尔的演说，可以视作其"生平最大的胜利"②；另一方面，从求助于临时政府到求助于公众人物③以及主流报刊再到直接求助于工人群众，1849年1月31日"人民银行成立法"（the Act of Incorporation of the People's Bank）的注册，意味着蒲鲁东的社会改革方案最终由理论设想落实为初步的实践行动。

历史地看，由于相信"德国的资产阶级革命只能是无产阶级革命的直接序幕"④，因而巴黎的二月事变鼓舞着同期的马克思更为积极地介入德国革命之中，这也决定了此时的马克思必然会把目光转向

---

① ［法］蒲鲁东：《社会问题的解决》，载《马列著作编译资料》第9辑，人民出版社1980年版，第78页。

② 《马克思恩格斯全集》第6卷，人民出版社1961年版，第671页。

③ 蒲鲁东所求助的这些公众人物包括：《新闻报》（*La Presse*）主编埃·日拉丹（Émile de Girardin）、维·孔西得朗（Prosper-Victor Considérant）以及经济学家弗·巴师夏（Frédéric Bastiat）等人（Cf. George Woodcock, *Pierre-Joseph Proudhon：A Biography*, Montréal：Black Rose Books, 1987, p. 142）。

④ 《马克思恩格斯文集》第2卷，人民出版社2009年版，第66页。

德国。《新莱茵报。民主派机关报》（*Neue Rheinische Zeitung. Organ der Demokratie*）① 创刊初期，马克思撰写的大多数关于德国政治的文章直接见证了这种转向。② 然而，即使如此，蒲鲁东及其理论动态依然没有逸出马克思的视野。当蒲鲁东在议会讲坛上反对梯也尔，阐发其税收制度和社会经济制度时，马克思在第一时间对此作了较为详细的评论。

对马克思来说，蒲鲁东在议会讲坛上的演说之所以需要批判，从理论层面上看，是因为他"所谓的社会经济制度"，在归根结底的意义上，是一种"空想的科学"，其所能达到的作用无非是对资本和劳动的矛盾，无产阶级和资产阶级的矛盾的缓和，而"他的整个银行制度，他的整个产品交换制度无非是小资产阶级的幻想"。③ 从实践层面上看，是因为蒲鲁东的这套学说不仅受到巴黎通讯、小品文和长篇论文的极力推崇，还以《科隆日报》（*Kölnischen Zeitung*）为中介传播到德国国内。如果对这种情况置若罔闻，势必会影响德国革命，甚至是整个欧洲革命的发展走势。④ 由此也就不难理解，《哲学的贫困》之后，即使蒲鲁东的经济学观点在马克思面前是"软弱无力"的，但马克思也无法轻易地把蒲鲁东的理论清扫进历史的"故纸堆"中去，因为这恰恰是由无产阶级在政治上和理论上的成熟程度决定的。正因为如此，马克思几乎抓住了一切机会同蒲鲁东的理论进行斗争。1848 年 11 月 29 日，在致恩格斯的信中，马克思督促前者

---

① 参见《马克思恩格斯文集》第 2 卷，人民出版社 2009 年版，第 879 页。

② 值得一提的是，马克思之所以能够将更多的精力放在德国国内，很大一部分原因是恩格斯承担了对英、法形势的追踪任务，这同样可以反映在《新莱茵报。民主派机关报》创刊初期恩格斯撰写的一系列文章中。

③ 《马克思恩格斯全集》第 5 卷，人民出版社 1958 年版，第 358 页。

④ 事实上，在马克思和恩格斯看来，欧洲各国的革命是相互联系和相互依存的。他们还认为：法国工人的胜利将具有决定性的重要意义，因为它将是推动欧洲其他国家的人民革命斗争的新的强大的动力。他们希望这个胜利将使德国的资产阶级民主革命更易于进行到底，从而为整个欧洲的无产阶级革命铺平道路。参见杨金海主编《马克思主义研究资料》第 12 卷，中央编译出版社 2015 年版，第 39—40 页。

"要详细地写一写蒲鲁东"，并且考虑到当时有许多法文报纸都在转载他们的文章，马克思还特别强调，"谈蒲鲁东时不要忘了"① 他。这一现象表明，只要无产阶级运动尚未摆脱蒲鲁东及其学说的影响，而科学社会主义尚未成为无产阶级运动的理论指导，对于蒲鲁东的批判便会始终处在马克思批判社会主义错误思潮的显著位置上。

然而，从马克思思想发展史的角度看，对于蒲鲁东的批判同时向马克思提出了更为艰巨的理论任务。这是因为，同其他空想社会主义者相比，正是在经济学观点上"软弱无力"的蒲鲁东，在如何改善工人阶级的处境问题上，更多地强调了物质生活条件即经济关系的改变的突出作用。诚然，如《共产党宣言》中已经指出的那样："这种社会主义所理解的物质生活条件的改变，绝对不是只有通过革命的途径才能实现的资产阶级生产关系的废除，而是一些在这种生产关系的基础上实行的行政上的改良，因而丝毫不会改变资本和雇佣劳动的关系"②，不过，由此而来的问题是，要想彻底驳倒蒲鲁东的理论，除了揭示其理论的形而上学特性之外，马克思本人还必须对资本主义社会的内在结构及其矛盾运动作出更为科学、透彻的解读。就此而言，只要马克思本人的政治经济学理论尚未真正建构起来，他对蒲鲁东的批判就依然是有待推进的。也由此，《哲学的贫困》只是构成马克思此种努力方向的起点，而非终点。

1848 年革命时期，马克思对蒲鲁东的批判是上述努力方向的一种延续。大革命的最终失败与此时的马克思对革命形势的过分乐观恰恰表明，不但他对资本主义社会的内在结构及其矛盾运动的理解，而且他对蒲鲁东的批判都是有待深化的。在反思大革命失败的基础上，马克思开启了他的第三次政治经济学研究。与此相反，大革命

---

① 《马克思恩格斯全集》第 48 卷，人民出版社 2007 年版，第 44 页。
② 《马克思恩格斯文集》第 2 卷，人民出版社 2009 年版，第 61 页。

的失败以及人民银行"预料之内"的破产①并没有使蒲鲁东的想法产生实质性的转变。在 1849 年于狱中完成的《一个革命者的自白》（*Les confession d'un révolutionnaire*）一书中，蒲鲁东不但将人民银行运行的三个月视作他"一生中最美满的时刻"，而且依然坚信一旦把人民银行"嫁接到旧社会的枝芽上，就能使旧社会从它的原则中吸取崭新的生命力，从而使旧社会逐渐得到改造"②。因此，正如蒲鲁东会在他后续的理论创作中不断地回到建立"人民银行"这个"救世药方"上一样，马克思的第三次政治经济学研究也会不时地回顾蒲鲁东理论的弊病与局限。并且，正是通过此种回顾，马克思展现了其系统的政治经济学研究的理论进展。

二 《反思》中马克思对蒲鲁东的批判及其再生产理论的初步发展

大革命时期，马克思其实过高地估计了欧洲资本主义社会的经济发展状况和无产阶级的成熟程度。这种与事实不相符合的理论判断恰恰表明，《德意志意识形态》中马克思所确立的基于生产逻辑的历史分析理论，仍需找到使之得以具体化的中介环节才能够对资本主义社会矛盾作出科学的剖析。简单来说，仅仅立足于生产逻辑对资本主义社会进行批判，的确能够说明"产生这些关系的历史运动"③，进而指证资本主义社会的历史暂时性与必然灭亡性，却无法揭示资本主义社会的运行机制，即资本主义社会的再生产过程。这就决定了，巴黎的二月革命必然会被此时的马克思经验地理解为一

---

① 当然，所谓人民银行"预料之内"的破产是相对于马克思和恩格斯来说的。应马克思要求，1848 年 12 月初，恩格斯撰写《蒲鲁东》一文，在那里，恩格斯以英国空想社会主义者的失败讽刺蒲鲁东的社会改革方案也难逃破产的结局。尽管该文在马克思恩格斯生前并未发表，但恩格斯的这一预判得到了历史的证实。参见《马克思恩格斯全集》第 6 卷，人民出版社 1961 年版，第 669 页。

② ［法］蒲鲁东：《一个革命者的自白》，载《马列著作编译资料》第 9 辑，人民出版社 1980 年版，第 75—76 页。

③ 《马克思恩格斯文集》第 1 卷，人民出版社 2009 年版，第 598 页。

种"普遍变革的信号"①。换言之，在此时的马克思的理解中，危机和革命是直接联系在一起的。基于这一判断，马克思对革命进程过于乐观的情绪不仅弥漫于革命期间，甚至还延续到革命失败之后的一段时期。在革命失败之后撰写的《1848 年至 1850 年法兰西阶级斗争》的前三篇文章②，以及马克思与恩格斯合写的《共产主义者同盟中央委员会告同盟书》等文章中，一种强烈的革命激情依然是显而易见的。

　　然而，革命失败之后，欧洲资本主义社会迅速进入新的繁荣周期，这促使马克思不得不重新反思革命进程与危机之间的关系，并从 1850 年 9 月起再次投入经济学的研究当中。在这一过程中，通过对新的材料的仔细钻研，马克思写下了共计 24 册的《1850—1853 年伦敦笔记》（以下简称《伦敦笔记》），这一笔记由大量的摘录性笔记和部分反思性手稿构成。如果说，通过对欧洲的政治事件背后的经济原因的"追溯"，在和恩格斯合写的《时评·1850 年 5—10 月》一文中，马克思已经放弃了新的革命高潮即将到来的幻想，那么，《伦敦笔记》中对经济学的再次研究，则使马克思进一步改变了此前的看法，即不再把危机同革命直接联系在一起，而是把危机看作资产阶级社会的"生理周期"的表现。究其缘由，正是因为马克思在《伦敦笔记》中完成了对资本主义社会再生产过程的初步分析。

　　毋庸置疑，在《伦敦笔记》中，马克思实现的此种理论进展主要是同他对资产阶级经济学货币理论的反思相关联的。其佐证是："通货理论派"与"银行理论派"的理论分歧构成了《伦敦笔

---

① 《马克思恩格斯全集》第 29 卷，人民出版社 2020 年版，第 623 页。

② 《1848 年至 1850 年法兰西阶级斗争》的总标题是 1895 年恩格斯为出版该书时所加的。收录在这一总标题下的文章包括：《1848 年的六月失败》《1849 年 6 月 13 日》《1849 年六月十三日事件的后果》以及《1850 年普选权的废除》。其中，前三篇文章为马克思独自撰写，最后一篇文章选自马克思与恩格斯合作撰写的《时评。1850 年 5—10 月》一文中有关法国事件的部分。恩格斯有选择地收录该文，并将题目修改为"1850 年普选权的废除"，由此构成了我们目前所看到的《1848 年至 1850 年法兰西阶级斗争》一书。

记》中第Ⅰ—Ⅶ笔记本的主体内容，而作为"通货理论派"的奠基人，李嘉图则构成第Ⅷ本笔记的思考中轴。但是，如果因此而忽视对其他线索的研究，则势必会简化《伦敦笔记》中马克思再生产理论的初步形成过程之原初语境的复杂性，这样一来，《伦敦笔记》在马克思思想发展中的"桥梁"作用也就无法得到准确的理解。

事实上，在《伦敦笔记》中，马克思之所以会以货币、信用和危机之间的联系为切入点开始他的研究，不仅因为资产阶级经济学家普遍将货币和信用政策上的失误归结为 1847 年工商业危机的原因，也因为以蒲鲁东为代表的资产阶级社会批评家只知道跟在资产阶级经济学家后面亦步亦趋，幻想通过对货币和信用政策的"改革"来消除危机。所以，一方面，为了"阻止这些观念再浸透到刚刚形成的工人运动中去"①，另一方面，为了避免使社会主义因蒲鲁东等人在政治经济学上的无知而被肤浅化②，马克思必须从同一层面开始他的理论分析。也就是说，《伦敦笔记》中，在马克思所直接面对的众多资产阶级经济学家的背后，实际上还存在着另外一个对话群体，即以蒲鲁东为代表的资产阶级社会批评家。在某种意义上，同属资产阶级社会批评家阵营的蒲鲁东等人的理论失误，对于马克思此时的研究来说，恰恰具有更为现实且重要的推动作用。这一点是不容忽视的。

与此同时，正如马克思本人所说的那样，他在 1847 年驳斥蒲鲁东的《哲学的贫困》一书中"采用过李嘉图的理论"③，因此，在《伦敦笔记》中，当马克思已经质疑并着手清算李嘉图的货币数量论

---

① *MEGA2* 第 4 部分第 8 卷前言，载《马克思恩格斯研究》1994 年第 18 期，第 69 页。

② 在《政治经济学批判》第一分册中，马克思特别谈到了这一问题，即社会主义因蒲鲁东及其学派对政治经济学的无知而被肤浅化。参见《马克思恩格斯全集》第 31 卷，人民出版社 1998 年版，第 480—481 页。

③ 《马克思恩格斯全集》第 50 卷，人民出版社 2021 年版，第 484 页。

时，对于蒲鲁东的再次批判，显然不会是"旧调重弹"，而是其批判本身的深化与自身理论进展的呈现。仅此而言，在《伦敦笔记》第Ⅶ笔记本的《反思》手稿中，马克思对蒲鲁东的批判，虽不过寥寥数语，却具有不可忽视的思想史意义。在某种意义上，《反思》手稿"是《哲学的贫困》未完成思路的继续"①。

第一，在《反思》手稿中，马克思深化了对蒲鲁东等人货币观及其社会改革方案之局限性的批判，并呈现出经济学研究与历史唯物主义相统一的理论进展。对于此时的马克思来说，要想看出蒲鲁东货币观的形而上学性并不困难，因为针对这一点的批判早在《哲学的贫困》中已经完成，但当时的马克思无法辨识出蒲鲁东货币观的认知结构缺陷，即停留在流通领域的资产阶级"视界"②。之所以如此，是因为马克思此时也尚未真正突破资产阶级"视界"。具体说来，李嘉图的货币数量论正是此时的马克思批判蒲鲁东货币观的理论依据。这种货币理论认为，货币不同于其他商品，其价值决定于货币数量的多少。不难发现，这种货币理论实际上正是囿于流通领域中货币数量与商品价格量之间的数量比例关系的产物，它所反映的是，李嘉图劳动价值论的不彻底性与其解读思路的非历史性问题。所以，当马克思尚未辨识出李嘉图货币数量论的理论缺陷时，也就意味着，他不但"还没有完全进入历史唯物主义的生产关系理论的视域之中"③，而且针对蒲鲁东货币观的批判也必然是不够彻底的。

与此相反，通过对"通货理论派"与"银行理论派"的研究，在《反思》手稿中，李嘉图的货币数量论已经不再是马克思的主要关注点，相反，此前启发马克思克服李嘉图货币数量论的"银行理

---

① 张一兵：《回到马克思：经济学语境中的哲学话语》，江苏人民出版社 2014 年版，第 546 页。
② 参见张梧《资本主义的双重视界及其认识论意蕴》，《哲学动态》2020 年第 2 期。
③ 唐正东：《基于经济学视角的现代性批判及其哲学意义——以马克思的"伦敦笔记"为例》，《哲学研究》2006 年第 12 期。

论派"的观点反倒成为此时马克思批判的主要对象。作为《伦敦笔记》中马克思经济学研究的阶段性总结，《反思》手稿中的这种细微的转变实际上表明，此时的马克思不仅完成了对李嘉图货币数量论的超越，也在借鉴与分析"银行理论派"的观点的过程中实现了其货币理论的发展。"银行理论派"在反对货币数量论的时候，虽然正确地区分了货币作为支付手段的职能（银行券的流通）与货币作为流通手段的职能（国家纸币的流通），但他们对于货币不同职能的理解，实际上只是在"量"的层面上的形式区分，而不触及对货币职能差别的"质"的分析，即产生货币的历史性生产关系的分析。这就决定了，他们必然只能从流通领域中"量"的维度，即能否生息的角度，来区分资本和货币。在他们看来，在实业家与实业家的贸易中流通的信用货币（银行券）是能够生息的，因而是资本；在实业家与消费者的贸易中流通的货币是不能生息的，因而是货币。由此，从危机中实业家与实业家的贸易无法全部实现的事实出发，他们必然会断言，危机中缺乏的是资本，而非货币。

　　针对"银行理论派"的这一观点，马克思先是在《伦敦笔记》的第Ⅳ笔记本中指出，"只有劳动可以自由交换货币，也就是说，只有同雇佣劳动制度联系在一起，货币制度本身才是纯粹的"[①]，接着又在《反思》手稿中总结道，"在真正贸易中的通货和在收入同商品即一部分资本相交换中的通货"[②]，本质上都是货币。这就表明，马克思此时已经清楚地意识到，区分资本和货币的依据不是"银行理论派"所深陷其中的外在的流通，而是生产中的资本主义雇佣劳动制度。因此，在两种不同的贸易形式中出现的货币，实际上，都是作为支付手段或流通手段的货币。一旦从这种历史性的生产关系的角度来看待资本与货币的区别时，马克思关于危机的认识也就获得

---

① 转引自 *MEGA2* 第 4 部分第 7 卷序言，载《马列主义研究资料》第 5 辑，人民出版社 1984 年版，第 27 页。

② 《马克思恩格斯全集》第 10 卷，人民出版社 1998 年版，第 640 页。

了重大的推进。马克思指出，危机中存在的问题，恰恰是以商品形式存在的资本不能兑现为货币的问题，所以，"事实上缺乏的是通货，而不是资本"。① 更进一步，在马克思看来，危机中缺乏的货币不应归咎于货币制度的某种特殊形式，因为"货币制度又以现有生产方式为基础""在货币制度的存在中不仅包含着［商品与货币］分离的可能性，而且已经存在着这种分离的现实性，并且这种情况证明，正是由于资本同货币相一致，资本不能实现其价值这一状况已经随着资本的存在，因而随着整个生产组织的存在而存在了"。② 也就是说，流通层面上的货币危机实际上不过是资本主义制度固有矛盾的外在表现。

当对货币的本质和危机的根源有了一个更为深刻的理解之后，在《反思》手稿中，马克思也就合乎逻辑地转向对蒲鲁东社会改革方案的批判。马克思指出，蒲鲁东等人"想保留货币，但又不让货币具有货币的属性""他们保留产品同产品的可交换性之间的分离，因为他们保留价值和私人交换。但是他们想好好地安排这种分离的符号，以便让这种符号表示同一"。③ 显然，此时的马克思已经清楚地辨识出蒲鲁东等人停留在流通领域的认知结构缺陷。因此，此处的批判既深化了《哲学的贫困》中马克思对蒲鲁东的批判内容，也反映了马克思历史唯物主义理论内容的重要发展，即从流通领域沉降到生产领域，从而生产关系的理论视域才得以在历史唯物主义的思路中被真正地开辟并发展起来。

第二，在《反思》手稿中，马克思已经同蒲鲁东等人的消费不足理论划清界限，并初步形成了对资本主义再生产过程的分析。按照蒲鲁东等人的消费不足理论来看，危机之所以产生，是由于资本家在出售工人生产的产品时，为了获取利润而人为地加价了，"因此

---

① 《马克思恩格斯全集》第 10 卷，人民出版社 1998 年版，第 641 页。
② 《马克思恩格斯全集》第 10 卷，人民出版社 1998 年版，第 642 页。
③ 《马克思恩格斯全集》第 10 卷，人民出版社 1998 年版，第 643 页。

工人就无法买回他给他的雇主所生产的东西"①，换言之，工人生产的东西多于他们能够消费的东西。可见，在归根结底的意义上，这种看法的立足点依然是流通层面上的商品交换关系，而它关于价值剩余的解释也相应地会滑向重商主义的"让渡利润"。然而，在《哲学的贫困》中，当马克思本人尚未真正突破资产阶级"视界"时，他实际上也只能从流通层面或分配领域中的不平等入手，来说明资本主义社会的危机及其必然灭亡的发展趋势。仅此而言，此时的马克思显然无法同蒲鲁东等人的消费不足理论真正划清界限。

在《反思》手稿中，得益于马克思自身货币理论的发展，他对由斯密所区分的两种贸易形式之内涵有了更为深刻的理解。这就为马克思初步建构再生产理论并同蒲鲁东等人的消费不足理论划清界限奠定了思想基础。

首先，此时的马克思已经意识到，斯密关于两种贸易的区分，实际上，关涉的是以生产和消费之关系为中轴的资本主义社会的再生产问题，因而具有重要的理论意义。借此反观蒲鲁东等人从斯密的上述原理所引申出的工人无法赎回自己的产品的观点，马克思立即发现，蒲鲁东等人的观点正是停留在流通层面上对斯密的上述原理的一种简化。"在亚·斯密上述原理的基础上，整个经济学被蒲鲁东等人愚蠢地简单化了。事情并不如此简单。"②尽管，针对这一观点的批判，在《反思》手稿中马克思并没有展开，但此处的批判表明，"视界"的成功转换，即由流通领域沉降到生产领域，预示着离马克思彻底批判这种观点已经不远了。

其次，此时的马克思也突破了斯密关于两种贸易的区分，建构了其再生产理论的初步形态，并深化了对于危机的认识。尽管斯密关于两种贸易的区分是重要的，但囿于其外在劳动价值论，斯密把

---

① ［法］蒲鲁东：《什么是所有权》，孙署冰译，商务印书馆2015年版，第225页。

② 《马克思恩格斯全集》第10卷，人民出版社1998年版，第639页。

一切商品的价值都分解为工资、利润和地租，也就是转化为劳动者、资本家和土地所有者的消费基金，由此，斯密也就混淆了"年产品价值"和"年价值产品"①，进而"巧妙"地"避开"了不变资本的再生产问题。在经济学史上，斯密的这一看法被称为"斯密教条"，它不仅使斯密得出了一种庸俗化的资本主义社会再生产理论，也严重地阻碍了后续的再生产理论的向前发展。斯密的结论是，"商人所买的一切，终须卖归消费者"，因此，"商人彼此间流通的货物价值，决不能超过商人和消费者间流通的货币价值"。② 应该说，在《反思》手稿中，马克思还不具备批判"斯密教条"的能力，但是，从现实的经济危机出发，马克思清楚地意识到，斯密关于两种不同贸易必然具有合比例的关系之断言显然是缺乏事实依据的，因为"所有的危机事实上都表明，实业家和实业家之间的贸易，总是超出实业家和消费者之间的贸易为它所设定的界限"。

　　在此时的马克思看来，斯密的问题在于，仅看到两种贸易、两种货币之间的区别，却忽视了"这两种贸易、两种货币之间的联系"③。在这里，马克思强调的"联系"正是这两种贸易、两种货币所赖以存在的共同的"现有的生产方式"基础。应该说，这一观点同马克思此时的货币理论是一致的。基于此，马克思认识到，"正是由于资本同货币相一致，资本不能实现其价值这一状况已经随着资本的存在，因而随着整个生产组织的存在而存在了"④。也就是说，在此时的马克思的理解中，资本主义经济危机的根本原因不在于单个的、孤立的矛盾——如蒲鲁东所认为的一国之内工人工资的日益

---

　　① 用马克思的话说，年产品价值 = c + v + m，而年价值产品 = v + m。马克思在《资本论》第 2 卷中对斯密的这一问题进行了详细的说明。参见《马克思恩格斯全集》第 45 卷，人民出版社 2003 年版，第 417—418 页。

　　② ［英］亚当·斯密：《国富论》上，郭大力、王亚南译，译林出版社 2014 年版，第 279 页。

　　③ 《马克思恩格斯全集》第 10 卷，人民出版社 1998 年版，第 636 页。

　　④ 《马克思恩格斯全集》第 10 卷，人民出版社 1998 年版，第 642 页。

减少，也不在于生产比例的失调，而在于资本主义的整个生产组织或生产方式的本质。以此来看，马克思确实是将社会再生产与经济危机的问题置放到具有历史的特征的资本主义生产过程的领域中加以理解的。解读视角上升到这一层面，马克思也就完成了对斯密再生产理论和蒲鲁东等人消费不足理论的双重超越。

当然，我们也必须看到，再生产理论的真正确立仍需以马克思价值理论与剩余价值理论的建构为条件。因此，在《反思》手稿中，不管是对资产阶级经济学的批判，还是对蒲鲁东的批判，实际上仍然存在着有待推进的地方。不过，通过对《反思》手稿的分析可以发现，马克思关于资产阶级经济学的批判也包含了他对蒲鲁东的批判，并且构成一条不可忽视的线索。如果说，针对资产阶级经济学的批判是此时的马克思"直接有意图的前台理论目的"①，那么针对蒲鲁东的批判则可以被理解为"间接有意图的后台理论目的"。这两条线索交织在同一文本中，既印证了马克思再生产理论的初步形成过程之原初语境的复杂性，也预示着马克思下一阶段关于政治经济学研究的大体思路和方向。②

三 《19 世纪革命的总观念》中蒲鲁东的"药方"与马克思的经济学研究

19 世纪 50 年代初，蒲鲁东就社会革命问题又发表了两本著作，分别是 1851 年的《19 世纪革命的总观念》（*Idée générale de la révolution au XIX siècle*）和 1852 年的《从十二月二日政变看社会革

---

① 此处借用了张一兵教授的一个表述。参见张一兵《回到马克思：经济学语境中的哲学话语》，江苏人民出版社 2014 年版，第 179 页。

② 《伦敦笔记》之后，马克思下一阶段的经济学研究成果即为《1857—1858 年经济学手稿》。《伦敦笔记》中针对蒲鲁东的批判恰恰构成《1857—1858 年经济学手稿》的开篇部分。可以说，《1857—1858 年经济学手稿》的理论展开过程是《伦敦笔记》中理论逻辑发展的必然结果。参见张一兵《回到马克思：经济学语境中的哲学话语》，江苏人民出版社 2014 年版，第 545、546、551 页。

命》（*La révolution sociale démontrée par le coup d'État du deux decembre*）。尽管马克思曾在《路易·波拿巴的雾月十八日》1869 年第二版序言中提到过蒲鲁东的后一本著作，但由于这本著作主要是蒲鲁东唯心主义历史观的反映①，因而已经创立唯物史观的马克思显然没有多大兴趣对该书进行字斟句酌式的批判。相反，对于 19 世纪 50 年代初的马克思来说，蒲鲁东的前一本著作是值得关注的。从 1851 年 7 月底至 10 月，即蒲鲁东《19 世纪革命的总观念》一书问世之后不久的一段时期内，马克思和恩格斯通过书信就该书交换了许多意见。其中，在 1851 年 10 月 13 日致恩格斯的信中，马克思特别提到："你必须把对蒲鲁东的看法（对蒲鲁东《19 世纪革命的总观念》一书的看法——引者注）告诉我，简单点也行。我现在正从事经济学的研究，所以对此尤其感兴趣。"② 显然，马克思对蒲鲁东的这一著作具有浓厚的兴趣，而这恰恰揭示了，马克思这一时期对蒲鲁东的批判与其第三次经济学研究所具有的重要关联。

　　遗憾的是，由于马克思本人未能如期出版类似《哲学的贫困》这种公开著作③，因此，在既有的研究中，这一时期两者之间的关联性往往没有得到应有的关注与研究，而这势必会影响我们对马克思第三次经济学研究思想演化路径之整全性的了解。在这里，我们可以通过对蒲鲁东《19 世纪革命的总观念》一书的简要梳理与马克思同恩格斯围绕该书所交换的意见来把握其中的联系。

---

①　参见《马克思恩格斯文集》第 2 卷，人民出版社 2009 年版，第 466 页。

②　《马克思恩格斯全集》第 48 卷，人民出版社 2007 年版，第 412 页。

③　针对蒲鲁东的《19 世纪革命的总观念》一书，马克思原本计划同恩格斯合作撰写一本小册子，但是由于未能找到出版商，以及魏德迈的《革命》杂志的停止出版等客观原因，马克思撰写这部著作的计划未能实现。最终，马克思和恩格斯关于蒲鲁东该书的讨论主要停留在书信交流中，以及恩格斯应马克思要求撰写的一篇评论中。值得一提的是，将恩格斯的评论与马克思 1851 年 8 月 8 日致恩格斯的信中对蒲鲁东该书所作的要点概括进行比较，能够发现，恩格斯的评论实际上是对马克思的要点概括的一个扩充。两者基本上是一致的。这也表明，马克思和恩格斯关于蒲鲁东该书的评价是基本一致的。

首先，就蒲鲁东的《19 世纪革命的总观念》一书来说，全书由 1 篇前言和 7 篇论文构成。根据全书的逻辑展开来看，可以对全书内容作如下划分。

第一，指认 1789 年的革命之不彻底性，并提出继续革命的口号。这部分内容主要对应于该书的前言和第 1、2 篇论文。在该书的第 2 篇论文中，蒲鲁东指出，1789 年的革命只完成了它的一半事业。它推翻了封建秩序，却回归到了以往的政治传统，因而也就没能建立起以平等为基础的工业秩序。如此，一方面，被蒲鲁东视为"经济力量"（economic forces）的分工、竞争、集体力量、交换、信贷、财产等就失去了引导和平衡，因而劳动也就处于一种无政府的状态："经济力量的有益效果中就会掺进同样份量的有害效果；亏空就会抵消盈利；社会作为生产、流通和消费的中心、代理机构或主体，就会处于病痛不断加重的状态。"① 另一方面，由于政府的精神和本质是不变的，因而政府的权力也就不会因为实行民主制而避免出现集中化的趋势，而权力集中化的直接后果便是腐败和暴政。这样一来，"被视为秩序的手段和自由的保障的政府，也就同社会步调一致，越来越陷入困境当中，负债累累并趋向破产"② 。因此，蒲鲁东得出结论："19 世纪的革命有充分的理由。"③ 对于蒲鲁东来说，如果新的革命具有历史必然性，那么，资产阶级作为"革命的长子"，就必须同无产阶级和解，并效仿他们的先辈，"通过革命去拯救人民和资产阶级自身"④ 。正因为如此，在该书的前言中，蒲鲁东郑重地呼吁资

---

① Pierre-Joseph Proudhon, *General Idea of the Revolution in the Nineteenth Century*, trans. John Beverley Robinson, London：Pluto Press, 1989, p. 46. 中译文参见《马克思恩格斯全集》第 44 卷，人民出版社 1982 年版，第 168 页。

② Pierre-Joseph Proudhon, *General Idea of the Revolution in the Nineteenth Century*, trans. John Beverley Robinson, London：Pluto Press, 1989, p. 61.

③ Pierre-Joseph Proudhon, *General Idea of the Revolution in the Nineteenth Century*, trans. John Beverley Robinson, London：Pluto Press, 1989, p. 74.

④ Pierre-Joseph Proudhon, *General Idea of the Revolution in the Nineteenth Century*, trans. John Beverley Robinson, London：Pluto Press, 1989, p. 8.

产阶级继续革命。

　　第二，评价既有的革命理论原则，并提出新的革命原则。这部分内容主要对应于该书的第3、4篇论文。在着手解决当前社会面临的问题之前，蒲鲁东认为，"有必要评价一下供民众需用的理论，这是一切革命都必不可少的理论"①。在该书的第3、4篇论文中，蒲鲁东分别评价了联合（association）原则和权威（authority）原则。就联合原则来说，蒲鲁东指出，不同于集体力量、分工和交换等，联合不是一种"经济力量"，它甚至不是一种"力量"，而是一种"信条"。所谓的经济力量，本质上是"非物质的"，它能够"从无中创造"，它是"成果的生产和繁荣的源泉"；而"联合在本质上是不产生成果的，甚至是有害的，因为它束缚工人的自由"。② 因此，联合原则并不能提供所需的解决办法。诸如圣西门主义者、傅立叶、欧文、卡贝、路易·勃朗和其他为博爱负责的作者们，将只有分工和交换等"经济力量"才具有的优点和效力，毫无根据地归之于协作社契约，或者说，联合原则，因此，他们的理论都合乎逻辑地发展为体系（system），进而使社会主义变成一种宗教。与此相反，蒲鲁东提出新的原则，即互惠（reciprocity）原则。在蒲鲁东看来，不同于联合原则，互惠原则就是"交换的参加者保证彼此无条件地按照成本出售自己的产品"③，这一新的原则虽不同于交换，但越来越成为交换的规律，并消融于交换之中。

　　就权威原则来说，蒲鲁东指出，人们最初基于"家庭习俗"和

---

　　①　Pierre-Joseph Proudhon, *General Idea of the Revolution in the Nineteenth Century*, trans. John Beverley Robinson, London：Pluto Press, 1989, p. 75. 中译文参见《马克思恩格斯全集》第44卷，人民出版社1982年版，第173页。

　　②　Pierre-Joseph Proudhon, *General Idea of the Revolution in the Nineteenth Century*, trans. John Beverley Robinson, London：Pluto Press, 1989, p. 83. 中译文参见《马克思恩格斯全集》第44卷，人民出版社1982年版，第175页。

　　③　Pierre-Joseph Proudhon, *General Idea of the Revolution in the Nineteenth Century*, trans. John Beverley Robinson, London：Pluto Press, 1989, p. 91. 中译文参见《马克思恩格斯全集》第44卷，人民出版社1982年版，第176页。

"治家经验"构想的社会秩序，从原则上说，正是权威，从行动上说，则是政府。"捍卫权力、保护利益的权威，不管它如何确立、如何获得，总是站在富裕的一方反对不幸的一方：政府的历史正是无产阶级的殉道史。"① 而备受推崇的民主是政府进化的最终表现。因此，立宪君主制、普选权、纯粹的民主或间接的民权，实际上也无法提供解决问题的办法。在蒲鲁东看来，卢梭对社会契约（social contract）的一无所知虽然葬送了整个事业，但真正与政府相对立的恰恰是社会契约。不过，这种社会契约不再是公民与政府之间的协议，而是由每个人自由讨论和接受的协议。这样，社会契约就由法律的语言变成了商业的语言，"在它的最高的意义上，每个人都把自己看作本质上的生产者，并因此而放弃了相互统治的所有借口"②。

第三，提出蒲鲁东本人的社会改革方案，并阐发其关于未来社会的构想。这部分内容主要对应于该书的第5、6、7篇论文。蒲鲁东指出，通过对既有的社会改革方案的研究，能够发现，解决问题的关键就在于贯彻互惠原则，以及这一原则的法律表现，即社会契约。因此，他认为，接下来要完成的任务可以概括为以下三点："（1）完全制止我们从以前的革命继承下来的瓦解倾向，并借助新原则着手清算现存的利益；（2）再借助新原则来组织经济力量和建立财产结构；（3）把政治的或政府的制度溶化、淹没和强迫消失在经济制度中。"③ 在第5篇论文中，蒲鲁东着重讨论了"社会清算"（social liquidation）的问题。在蒲鲁东看来，诸如货币利息、房租、

①　Pierre-Joseph Proudhon, *General Idea of the Revolution in the Nineteenth Century*, trans. John Beverley Robinson, London：Pluto Press, 1989, p. 108.

②　Pierre-Joseph Proudhon, *General Idea of the Revolution in the Nineteenth Century*, trans. John Beverley Robinson, London：Pluto Press, 1989, p. 112.

③　Pierre-Joseph Proudhon, *General Idea of the Revolution in the Nineteenth Century*, trans. John Beverley Robinson, London：Pluto Press, 1989, p. 173. 中译文参见《马克思恩格斯全集》第44卷，人民出版社1982年版，第182页。

地租等非法利益之所以存在，是以现有银行具有的特权及其获取的利息为条件的。因此，借助互惠原则改革现有的银行，从而使之成为"公益机构"，就成为蒲鲁东进行社会清算的基础。"法国银行被宣布为不是国家的财产……而是公益机构，并发布清算公司的命令。"① 蒲鲁东认为，一旦完成了对现有银行的改革，就能使利息降低到 0.5% 或 0.25%。这样一来，首先就国家发行的国债而言，利息的偿付将变得微不足道，因此，"国家偿付的将不再是利息，而是年金"②，即国家对国债之利息的偿付会转换为对本金的分年扣除③。与此同时，由于低廉的利息，或者说，利息的废除，抵押债务或普通债务的利息、建筑物的房租、地产的地租等非法利益也能够以转换为年金的方式得到清算。比如，建筑物的承租人可以通过"每次缴纳的款项"而享有"他所住的房屋以及全部用来出租给市民居住的建筑物"的一定比例的、不可分割的一部分所有权④；农户每一次缴纳的地租，也会"使农户获得该不动产的一部分所有权，并且对他来说就是抵押"⑤。

在蒲鲁东看来，"完成社会清算之后，接下来的任务便是社会的重建；在正题和反题之后，便是合题"⑥。因此，在第 6 篇论文中，

---

① Pierre-Joseph Proudhon, *General Idea of the Revolution in the Nineteenth Century*, trans. John Beverley Robinson, London：Pluto Press，1989，p. 176. 中译文参见《马克思恩格斯全集》第 44 卷，人民出版社 1982 年版，第 182 页。

② Pierre-Joseph Proudhon, *General Idea of the Revolution in the Nineteenth Century*, trans. John Beverley Robinson, London：Pluto Press，1989，p. 180.

③ 参见《马克思恩格斯全集》第 48 卷，人民出版社 1998 年版，第 343 页。

④ Cf. Pierre-Joseph Proudhon, *General Idea of the Revolution in the Nineteenth Century*, trans. John Beverley Robinson, London：Pluto Press，1989，p. 194. 中译文参见《马克思恩格斯全集》第 44 卷，人民出版社 1982 年版，第 183 页。

⑤ Pierre-Joseph Proudhon, *General Idea of the Revolution in the Nineteenth Century*, trans. John Beverley Robinson, London：Pluto Press，1989，p. 199. 中译文参见《马克思恩格斯全集》第 44 卷，人民出版社 1982 年版，第 186 页。

⑥ Pierre-Joseph Proudhon, *General Idea of the Revolution in the Nineteenth Century*, trans. John Beverley Robinson, London：Pluto Press，1989，p. 207.

蒲鲁东转而讨论"经济力量的组织"（organization of economic forces）这一问题。在蒲鲁东看来，相较于权威原则，契约原则更易于生产者的联合，力量的集中，以及他们利益的统一和团结。契约是自由的、平等的、博爱的，最后，作为经济力量的组织，契约还是一种秩序。因此，社会的重建有赖于契约制度。换言之，必须通过契约制度，使信贷、财产、分工、集体力量和交换等蒲鲁东所理解的经济力量得到引导和平衡。就信贷而言，在蒲鲁东看来，只要将利率降低至 0.5% 或 0.25%，就能够使信贷得到组织，而它的完成正是以具有货币特权的金银退出流通为标志的。① 就财产而言，蒲鲁东指出，前一篇论文所提出的通过房租、地租赎回财产的方式，同样适用于地产的赎回。"由于分年还款的便利，不动产的价值可以无限地分割、交换，并作一切可能的变动，而不触动不动产本身。"② 就分工和集体力量来说，蒲鲁东认为，是否进行联合必须以外部的经济状况和占主导地位的利益为依据。③ 农民能够自己耕作自己的土地，因而农业劳动的特点就是排斥协作社的形式；反之，在大工业中，"凡是按其性质要求联合使用大量不同专业的工人的一切工业部门、采矿业或企业，必定成为工人协作社或工人协会产生的场所"。④ 正如因地租和抵押盘剥而受封建奴役的农民一样，现今的工人也受到大工业的压迫而丧失集体力量的

---

① Cf. Pierre-Joseph Proudhon, *General Idea of the Revolution in the Nineteenth Century*, trans. John Beverley Robinson, London: Pluto Press, 1989, pp. 206 – 207.

② Pierre-Joseph Proudhon, *General Idea of the Revolution in the Nineteenth Century*, trans. John Beverley Robinson, London: Pluto Press, 1989, p. 214. 中译文参见《马克思恩格斯全集》第 44 卷，人民出版社 1982 年版，第 188 页。

③ Cf. Pierre-Joseph Proudhon, *General Idea of the Revolution in the Nineteenth Century*, trans. John Beverley Robinson, London: Pluto Press, 1989, p. 87. 中译文参见《马克思恩格斯全集》第 44 卷，人民出版社 1982 年版，第 176 页。

④ Cf. Pierre-Joseph Proudhon, *General Idea of the Revolution in the Nineteenth Century*, trans. John Beverley Robinson, London: Pluto Press, 1989, p. 216. 中译文参见《马克思恩格斯全集》第 44 卷，人民出版社 1982 年版，第 189 页。

优势。因此，必须通过契约，使大工业中的工人协会成为真正的
"革命的常备军"①。就贸易或交换而言，蒲鲁东认为，产品的稀缺
性以及价格的任意性是导致贸易或交换这种经济力量产生有害效
果的原因。因此，公平的价格（just price）是人们所期望的东西，
它应当精确地代表："（a）根据官方调查的自由生产者的平均水平
的生产费用的数额；（b）商人的报酬或对卖主卖出货物时丧失的
利益的补偿。"② 在蒲鲁东看来，只要以公平价格雇佣劳动、出售或
交换产品，世界上就不会再有战争和奴役的问题。最后，蒲鲁东认
为，一旦国内的利息被废除之后，保护本国工业的关税也将完成自
己的使命。同时，法国银行发行的银行券具有的低廉的贴现率不仅
会深受国内商人的青睐，还会吸引外国人从而增加输入。这样，输
出和输入就可以得到平衡。③

　　总体而言，在《19 世纪革命的总观念》一书中，蒲鲁东提出
的社会改革方案可以概括为以下三个要点：其一，改革方案的主
导思路在于使蒲鲁东所理解的经济力量得到引导和平衡，这样经
济力量的集中就会替代政治力量的集中，从而以平等为基础的工
业秩序也就能够建立起来；其二，改革方案的基础在于使国家银
行变成公益机构，废除利息，进而货币利息、房租、地租等利息
的不同形式④也就能够得到清算；其三，改革方案的原则在于贯彻
契约制度，信贷、财产、分工、集体力量和交换等经济力量只要通
过简单的契约就能得到引导和平衡。在蒲鲁东看来，一旦依照他的

---

① Cf. Pierre-Joseph Proudhon，*General Idea of the Revolution in the Nineteenth Century*，trans. John Beverley Robinson，London：Pluto Press，1989，pp. 220 – 224.

② Pierre-Joseph Proudhon，*General Idea of the Revolution in the Nineteenth Century*，trans. John Beverley Robinson，London：Pluto Press，1989，p. 227. 中译文参见《马克思恩格斯全集》第 48 卷，人民出版社 2007 年版，第 345 页。

③ Cf. Pierre-Joseph Proudhon，*General Idea of the Revolution in the Nineteenth Century*，trans. John Beverley Robinson，London：Pluto Press，1989，pp. 234 – 239. 中译文参见《马克思恩格斯全集》第 44 卷，人民出版社 1982 年版，第 191—192 页。

④ 参见《马克思恩格斯全集》第 48 卷，人民出版社 2007 年版，第 355 页。

药方继续革命，就能够超越以往的纯政治革命，实现彻底的社会革命。这样，权威原则的统治将不复存在，而社会中的迷信、警察、行政、司法、国民教育、外交和战争等也将得到废除。在该书的第 7 篇论文中，他所构想的正是这样一个没有权威的、无政府的未来社会。

其次，就马克思和恩格斯围绕蒲鲁东该书交流的意见来说，这些意见既包含了马克思和恩格斯对蒲鲁东理论进展的肯定，也反映了蒲鲁东该书与马克思下一阶段政治经济学研究的关联性。

第一，在《19 世纪革命的总观念》中，形而上学的政治经济学家蒲鲁东要更接近尘世一些。在 1851 年 8 月 8 日致恩格斯的信中，马克思首先对蒲鲁东的这一论著作出肯定性的评价。在那里，马克思指出："书中批驳卢梭、罗伯斯比尔和山岳党等等的地方写得很好。"① 紧接着，马克思对全书作了要点概括。通过马克思概括的内容来看，他重点关注的是蒲鲁东该书的第 5 篇论文和第 6 篇论文，即蒲鲁东关于"社会清算"和"经济力量的组织"的讨论。在概要性地提炼出蒲鲁东的社会改革方案之后，马克思向恩格斯征求对该"药方"的看法。基于马克思的要点概括，恩格斯在 1851 年 8 月 11 日前后的回信中，也对蒲鲁东的进步作出肯定性的评价。恩格斯指出："无论如何，蒲鲁东的这本书，看来比他以前那些书是接近尘世得多了；——价值构成也具有了一种比较有血有肉的形式：小商贩的公平价格的形式。"②

然而，在两人的后续交流中，恩格斯进一步指出，马克思和他"关于物质生产的决定性历史动因、关于阶级斗争等等的前提，有很大一部分被他（蒲鲁东——引者注）接受了，但大多数都被歪曲了，他在这个基础上，利用假黑格尔主义的魔术，制造了把无产阶级反

① 《马克思恩格斯全集》第 48 卷，人民出版社 2007 年版，第 341 页。
② 《马克思恩格斯全集》第 48 卷，人民出版社 2007 年版，第 353 页。

过来纳入资产阶级中去的假象"①。也就是说，《19世纪革命的总观念》中，蒲鲁东之所以表现得更接近尘世一些，是由于他在一定程度上受到马克思和恩格斯的影响。不过，对于蒲鲁东来说，马克思和恩格斯的观点并不能被他很好地消化，所以，他只能将马克思和恩格斯的观点以歪曲的方式再现出来，这也在一定程度上使他的理论处于一种自相矛盾的状态之中。恩格斯指出："蒲鲁东先生现在终于也认识到，财产所有权的真正意义，在于由或多或少是隐蔽的国家隐蔽地没收各种财产，而废除国家的真正意义是国家的更加集中。"② 换言之，无政府主义者蒲鲁东正以不自觉的方式推翻他所建构的整个无政府状态的建筑物。但是，恩格斯同时指出，对于以路易·勃朗为代表的法国空想社会主义者来说，蒲鲁东的这种具有一定进步性的、自相矛盾的理论却是他们"啃不动"的"邪说"。正是在这个意义上，对于蒲鲁东的肯定性评价恰恰从侧面揭示了彻底清算蒲鲁东的理论必然会是马克思后续的政治经济学研究的重要内容之一。因为，蒲鲁东的观点与马克思历史唯物主义在表面上的相似性，即两者都强调了经济力量或经济关系的至关重要性，恰恰为准确区分两者的观点造成了极大的迷惑性。③

---

① 《马克思恩格斯全集》第48卷，人民出版社2007年版，第360页。

② 《马克思恩格斯全集》第48卷，人民出版社2007年版，第349页。

③ 事实上，蒲鲁东的理论中掺杂的马克思恩格斯的观点，已经使同时期的部分理论家感到困扰了。比如，法国新闻工作者玛-亚·马索尔（Marie-Alexandre Massol）在谈到蒲鲁东1852年的《从十二月二日政变看社会革命》一书时，就认为此时的蒲鲁东与19世纪40年代的蒲鲁东不同，具有一种与此前相反的革命立场。相反，共产主义者同盟盟员阿·克路斯（Adolf Cluß）对此表示怀疑。在1852年12月7日致克路斯的信中，马克思评论道：关于蒲鲁东，马索尔和克路斯的观点都是正确的，但是，"马索尔之所以有此错觉，是因为蒲鲁东以他惯用的精明的欺骗手段，从我这里剽窃了一些思想，宣称这些思想是自己的'最新发现'，例如：认为不存在绝对的科学；一切都必须根据物质关系来加以解释；等等。"可见，在马克思看来，19世纪50年代后，由于蒲鲁东剽窃了他的部分观点，所以的确会在表面上同马克思本人的历史唯物主义理论具有一定的相似性。这种表面上的相似性既为同时代人——特别是无产阶级——准确认识历史唯物主义造成了困难，也决定了清算蒲鲁东必然是马克思接下来的理论研究的重要内容之一。参见《马克思恩格斯全集》第49卷，人民出版社2016年版，第323页。

第二，蒲鲁东的问题在于不理解他所批判的对象，并由此走上了反对共产主义的道路。如果说蒲鲁东同马克思一样，也十分看重经济力量或经济关系，但他最终与科学社会主义失之交臂，那么，这就说明，问题的关键不在于仅仅强调经济力量或经济关系的决定性作用，而在于如何准确理解经济力量或经济关系的这种决定性作用。显然，蒲鲁东的问题就在于此。早在《致安年科夫的信》中，马克思就已经指出，蒲鲁东的哲学之所以是"可笑"，正是"因为他不了解处于现代社会制度联结……关系中的现代社会制度"。① 而在《19 世纪革命的总观念》中，蒲鲁东的"社会清算"本身之所以是矛盾的、不确切的，也正是因为他不了解自己所面对的现代社会制度，以及自己所要批判的对象，即资本。

在 1851 年 8 月 14 日致恩格斯的信中，马克思紧扣这一问题，对蒲鲁东主义的实质作了如下概括。

其一，资本是蒲鲁东所要反对的真正的敌人。然而，蒲鲁东根本不了解资本，他只是跟随资产阶级经济学家，将利息看作资本的纯经济学上的依据，而将利润看作工资的一种特殊形式。这样，利润、房租、地租等，就要以利息为转移，因而只要废除利息，资产阶级社会本身就能够在其不良倾向得到铲除的条件下保存下来。针对此，马克思指出，"价值最初是由最初的生产费用，根据生产该产品最初所必需的劳动时间来决定的"②，但资本主义社会的再生产必然会使资本本身的价值不断地贬值。因此，地租和利息的规律之所以失去作用，实际上是由于资本价值的不断贬值规律造成的。换言之，废除利息实际上是资本价值贬值规律的结果，而非铲除资本的手段。正因为如此，蒲鲁东以废除利息为核心的"社会清算"，其实并非变革资产阶级社会的手段，而是重建"健全的"资产阶级社会的一种手段。在这里，蒲鲁东犯了倒果为因的问题，其所能产生的

---

① 《马克思恩格斯全集》第 47 卷，人民出版社 2004 年版，第 439 页。
② 《马克思恩格斯全集》第 48 卷，人民出版社 2007 年版，第 355—356 页。

结果自然是："（1）使小的非工业资本家变成工业资本家。（2）使大资本家阶级永世长存"①，

其二，银行改革是蒲鲁东实现一切目标的手段。蒲鲁东试图通过他的银行将利息降低至 0.5% 或 0.25%，这样，他就必然会把银行的两项业务混淆起来，即混淆了"把资本变成现金"和"以货币的形式贷出资本"的区别。在马克思看来，降低银行利息，确实能够使资本变成现金，但这会使以货币形式贷出的资本陷入困境。因为资本的价格会随利息的降低而同比例地提高，"其结果无非是使他的证券失去信用"②，而信用的缺失也必然会使蒲鲁东的银行走向破产。可见，蒲鲁东的银行改革同样暴露出他不了解货币、资本，以及两者之间的联系的问题。

其三，建立在农业基础上的所有制是导致蒲鲁东理论陷入错乱的现实基础。通过对蒲鲁东的研究，马克思指出，对于蒲鲁东来说，"法国的农民和法国的鞋匠、裁缝、商人是自古以来就有的，必须承认他们的存在"③。正因为如此，深陷法国现实之中的蒲鲁东始终无法摆脱狭隘的小资产阶级视界，从资本主义社会表面上的流通过程深入本质的生产过程。由此，蒲鲁东提出的一系列社会改革方案，也就必然会在承认现存事物的基础上，走上对资产阶级社会的改良和反对共产主义的道路。马克思总结道，"整个蒲鲁东主义首先是反对共产主义的一场论战"④，而整个蒲鲁东主义的局限性同时表明，共产主义的未来必须以"改造建立在农业基础上的所有制这种肮脏东西"⑤ 为核心。

综上，蒲鲁东《19 世纪革命的总观念》一书之于马克思政治经济学研究的意义在于，蒲鲁东错误的货币观、资本观，在归

---

① 《马克思恩格斯全集》第 48 卷，人民出版社 2007 年版，第 355 页。
② 《马克思恩格斯全集》第 48 卷，人民出版社 2007 年版，第 356 页。
③ 《马克思恩格斯全集》第 48 卷，人民出版社 2007 年版，第 356—357 页。
④ 《马克思恩格斯全集》第 48 卷，人民出版社 2007 年版，第 354 页。
⑤ 《马克思恩格斯全集》第 48 卷，人民出版社 2007 年版，第 357 页。

根结底的意义上，反映的是他对现代社会制度或资本主义生产方式的无知，而这恰恰刺激着此时的马克思将其"新哲学"进一步落实为对资本主义生产方式的政治经济学批判，进而不断地深入对货币问题、资本问题、生产过剩问题、社会再生产问题、财产的历史性问题，以及资产阶级意识形态批判等问题的研究中。应该说，《伦敦笔记》时期，蒲鲁东正是以这样一种"反面教员"的身份在场，并由此预示了马克思下一阶段研究的大体思路和方向，而下一阶段的重要成果便是马克思卷帙浩繁的《资本论》手稿。

第二节　《1857—1858 年经济学手稿》时期对蒲鲁东的多维度批判

整个 19 世纪 50 年代，马克思实际上都在密切地关注着以英、法为代表的欧洲国家的经济危机，并期盼着新的革命高潮能够伴随新的经济危机的爆发而到来。于是，在《伦敦笔记》之后，马克思继续加紧他的经济学思考。1855 年，马克思"为了掌握材料，为进一步加工做好准备"①，开始翻阅此前写下的经济学笔记；1856 年，新的经济危机的迹象在主要资本主义国家有所显现，这使马克思越加相信"普遍的金融危机在最近的将来是'不可避免的'"，而它的爆发应该不会"迟于 1857 年冬天"。因此，为了能够在"洪水"之前至少搞清楚一些基本问题，马克思"发狂似地"加工和总结他的经济学研究②，由此写成了篇幅巨大的"1857—1858 年期间的经济

---

① 《马克思恩格斯全集》第 49 卷，人民出版社 2016 年版，第 649 页。
② 参见《马克思恩格斯全集》第 50 卷，人民出版社 2021 年版，第 39、89、259—260 页。

学手稿"①。总体而言，这一时期的手稿，包括作为主体部分的《1857—1858 年经济学手稿》，都不是为出版而写的，它们带有明显的草稿性质，是某种意义上的"思想革命的实验过程"②。在这一过程中，针对蒲鲁东及其学派的批判，再一次成为马克思思考的切入点，并且，随着马克思自身思想的发展，这种批判也在政治经济学方法论与具体经济学问题等多个维度上得到深化与推进。

一　从抽象上升到具体：对蒲鲁东政治经济学方法论的再批判

相比于此前的文本，《导言》的重要意义在于，在着重思考政治经济学的对象和方法的过程中，马克思重新肯定了他在 19 世纪 40 年代所批判过的"从抽象上升到具体"的方法，并将其看作"科学上正确的方法"。毋庸讳言，马克思的此种转变主要是在与古典政治经济学以及黑格尔的唯心主义的对话中完成的，但只要回到马克思的写作语境与《导言》本身就能发现，除此之外，蒲鲁东的线索同样不可忽视。

首先，19 世纪 50 年代，黑格尔依然是蒲鲁东用以阐述政治经济学的重要资源，这一情况促使马克思仔细思考政治经济学研究与辩证法的关系问题。事实上，早在 19 世纪 40 年代，蒲鲁东就已经尝试着以黑格尔的方式来阐述政治经济学，并且，在某种意义上可以

---

① "1857—1858 年期间的经济学手稿"是一个广义概念，主要包括：《巴师夏和凯里》《导言》《〈政治经济学批判〉（1857—1858 年手稿）》《金称量机》《七个笔记本的索引（第一部分）》《〈政治经济学批判〉第一分册第二章初稿片段和第三章开头部分》。其中，作为主体部分的《〈政治经济学批判〉（1857—1858 年手稿）》由"Ⅰ. 价值""Ⅱ. 货币章""Ⅲ. 资本章"构成。这部手稿于 1939 年和 1941 年在莫斯科首次以德文发表时，编者加上《政治经济学批判大纲》（*Grunderisse*）的标题，从此它就以《大纲》闻名于世。为了同后续的《1861—1863 年经济学手稿》《1863—1865 年经济学手稿》在表述上保持一致性，本书以《1857—1858 年经济学手稿》指称《政治经济学批判大纲》，并以"《1857—1858 年经济学手稿》时期"指称"1857—1858 年期间的经济学手稿"这一文本群。

② 张一兵：《回到马克思：经济学语境中的哲学话语》，江苏人民出版社 2014 年版，第 552 页。

说，他的思路同"从抽象上升到具体"的思路是相似的。① 比如，在《贫困的哲学》中，当谈及何为"社会科学"的问题时，他指出："社会科学并不是关于社会过去情况或未来情况，而是关于社会的整个生存过程，亦即关于社会的整个不断变迁情况的理论和系统的知识。因为只有在社会科学里才能有理论和系统。这门科学的对象包括的不仅是某一个时期的人类秩序，也不仅是其中的某一些因素，而是社会存在的一切原则和全部希望，就好像一切时期和一切地点的社会进化一下子都集中在一起，固定在一个完整的画面上，从而使各个时代的联系和各种现象的次序一目了然，我们可以从中找出它的系列关系和统一性。"② 也就是说，社会科学的目的在于揭示社会的整个生存过程的本质。尽管蒲鲁东将社会的整个生存过程理解为一个静止的、完整的画面，进而将不同时期和不同地点的社会进化理解为这个完整的画面之固定的局部，已经决定了活生生的社会现实是在他的研究视域之外的，因而他所安排的经济范畴的次序也无法真正澄清社会的整个生存过程之本质，但这的确是某种意义上的将黑格尔所提供的现成的逻辑体系应用到政治经济学中的一种尝试。

　　然而，对于马克思来说，19世纪40年代初的思想转变，使他既对古典政治经济学"抽象"的劳动价值论也对黑格尔的"逻辑学"持断然否定的态度。尽管这种态度在马克思确立新世界观之后有所改变，但整个19世纪40年代，马克思实际上都未能认真思考政治经济学研究与辩证法的关系问题。正因为如此，在反对蒲鲁东的《哲学的贫困》中，马克思并不重视通过蒲鲁东那种掺假的黑格尔主义所折射出的政治经济学研究思路，即从思维上把握具体的思路，而是将主要精力置放在论证并强调经济范畴背后的

---

　　① 参见唐正东《从斯密到马克思——经济哲学方法的历史性诠释》，江苏人民出版社2009年版，第356页。

　　② ［法］蒲鲁东：《贫困的哲学》上卷，余叔通、王雪华译，商务印书馆2010年版，第53—54页。

社会关系本质。当然，从与蒲鲁东进行论战的目的出发，在这一文本中，马克思将批判的"火力"集中于揭示蒲鲁东社会经济学的形而上学弊病亦是合理的，但论战本身的特性也恰恰限制了此时的马克思对自身政治经济学研究方法的制定，以及对蒲鲁东的理论失误之价值的认识。

相反，蒲鲁东并没有因为马克思指责其将黑格尔的辩证法降低到极其"可怜的程度"而放弃这种尝试。在《无息信贷》（*Gratuité du crédit. Discussion entre M. Fr. Bastiat et M. Proudhon*）① 和《19 世纪革命的总观念》等 19 世纪 50 年代的著作中，蒲鲁东依旧沿着这一思路阐发其关于社会历史和政治经济学的相关见解。针对后一本论著，恩格斯在 1851 年 8 月 21 日致马克思的信中指出，在蒲鲁东的这本书中，"假哲学的历史结构是十分清楚的：革命前，工业阶级处于自在的状态；1789 年—1848 年处于对抗的状态：否定；蒲鲁东的合题要一举解决这一切……他（蒲鲁东——引者注）……利用假黑格尔主义的魔术，制造了把无产阶级反过来纳入资产阶级中去的假象"②。而针对前一本论著，马克思在 1851 年 11 月 24 日致恩格斯的信中也提到，关于《无息信贷》，"你应当看到，这家伙（蒲鲁东——引者注）是怎样用黑格尔的辩证法在巴师夏面前炫耀自己的"③。可见，19 世纪 50 年代初，马克思仍然频频遭遇着蒲鲁东的这种拙劣的

---

① 1849—1850 年，蒲鲁东及其追随者舍韦（Charles-François Chevé）同巴师夏围绕"信贷"问题进行辩论，双方各发表了 7 封公开的辩论信。其中，蒲鲁东方面，舍韦主笔了第一封论战信，其余 6 封则为蒲鲁东所写。最终，蒲鲁东方面的 7 封公开信和巴师夏的 7 封答辩信一起于 1850 年以小册子的形式在巴黎出版，书名是《无息信贷——弗·巴师夏先生和蒲鲁东先生的辩论》（以下简称《无息信贷》）。根据马克思与恩格斯的书信交流可以推知，马克思最早在 1851 年 11 月 24 日之前的几天看到蒲鲁东的这本书。在《伦敦笔记》的第XVI本笔记本中，马克思对该书作了详细的摘录。在《资本论》的手稿中，马克思针对蒲鲁东的很多批判也都是围绕这一论著展开的。在这个意义上，《无息信贷》是除《贫困的哲学》之外，马克思所关注的另外一本有关蒲鲁东的极其重要的著作。

② 《马克思恩格斯全集》第 48 卷，人民出版社 2007 年版，第 360 页。

③ 《马克思恩格斯全集》第 48 卷，人民出版社 2007 年版，第 432 页。

辩证法，而这势必会刺激着他开始认真思考政治经济学研究与辩证法的关系问题。因此，当马克思在《导言》中重新肯定"从抽象上升到具体"的政治经济学研究方法时，蒲鲁东的线索显然是一个未曾言明的重要背景。不过，在1858年2月1日致恩格斯的信中，马克思本人恰恰提示了《导言》写作之时蒲鲁东线索的存在。在那里，马克思直接谈到了辩证法应当如何运用到政治经济学研究中的问题。他指出，拉萨尔"竟打算在他的第二部大作中用黑格尔的方式来阐述政治经济学。但是他会遗憾地看到：通过批判使一门科学第一次达到能把它辩证地叙述出来的那种水平，这是一回事，而把一种抽象的、现成的逻辑体系应用于关于这一体系的模糊观念上，则完全是另外一回事"①。显然，一方面，当拉萨尔试图用黑格尔所提供的那种抽象的、现成的逻辑体系来阐述政治经济学时，他不过是重蹈了蒲鲁东的覆辙，因而此处的这一批判虽是直接指向拉萨尔的，但在深层逻辑上也是指向蒲鲁东及其追随者的，这可以说是一种批判逻辑上的他性镜像关系；另一方面，当马克思如此清晰地指认出他本人的辩证的政治经济学研究方法同拉萨尔（蒲鲁东）的区别时，也就意味着，在1857年8月底马克思制定其本人的政治经济学方法时，蒲鲁东所走过的那条道路，必然是作为一个反面的"参照系"内在于他批判性改造资产阶级经济学与黑格尔哲学的过程中。

其次，蒲鲁东所理解的"从抽象上升到具体"是《导言》中马克思在制定其政治经济学方法时所要批判的三种解读路径之一，因而也是马克思唯物主义的改造"从抽象上升到具体"的支援性理论背景之一。就《导言》这一手稿本身来说，马克思首先是通过对资产阶级经济学发展历程的追溯，区分了其在历史上走过的两条道路。第一条道路是从"生动的整体"出发，进而从分析中找出"一些有决定意义的抽象的一般关系"②，这可以称为"从具体上升到抽象"；

①《马克思恩格斯全集》第50卷，人民出版社2021年版，第315页。
②《马克思恩格斯全集》第30卷，人民出版社1995年版，第41—42页。

第二条道路是从这些有决定意义的抽象出发，不断地上升到对国家、国际交换和世界市场等具体的理解中，此即"从抽象上升到具体"。其次，马克思明确地表达了对后一条道路的肯定，并由此展开了对黑格尔的解读路径之批判。从表面上看，《导言》中马克思对资产阶级经济学所走过的第二条道路只有肯定、没有批判，黑格尔对这一方法的唯心主义解读则承担了马克思此处的批判性分析的全部"火力"。然而，事实并非如此。尽管黑格尔是这一方法的最直接的阐发者，因而针对黑格尔的批判自然是极其重要的一环，但《导言》的手稿性质显然在一定意义上遮蔽了马克思对资产阶级经济学与蒲鲁东的解读路径的批判性分析。

就资产阶级经济学来说，千万不要因为马克思只说了"后一种方法显然是科学上正确的方法"① 就误以为此时的他完全站到了资产阶级经济学的解读路径上。因为，从《导言》的开始部分——有关"生产、消费、分配、交换（流通）"的讨论——便贯穿着马克思对资产阶级经济学的基于历史唯物主义原则的批判性分析思路。同时，如果考虑到在《巴师夏和凯里》中马克思已经明确地意识到古典政治经济学和庸俗经济学的根本区别，那么准确说来，《导言》中马克思所肯定的其实是资产阶级经济学在其古典时期作出的有限的理论贡献。因此，当马克思在未完成的《导言》中匆匆转向对黑格尔的批判时，以下两个问题显然是他在此处尚未充分展开但理应讨论的：其一，古典政治经济学的"从抽象上升到具体"与马克思本人的政治经济学方法有何根本区别；其二，庸俗经济学的方法与马克思本人的政治经济学方法有何根本区别。

就第一个问题来说，尽管在《导言》中专门讨论政治经济学方法的部分，马克思的确没有给出足够的说明，但在《导言》的开始部分，关于"生产一般"的讨论，其实已经提示了马克思用以上升到具体的那个"抽象"同古典政治经济学的根本区别了。首先，马

---

① 《马克思恩格斯全集》第30卷，人民出版社1995年版，第42页。

克思强调，当我们谈到生产时，总是指向一定的社会发展阶段上的生产，但为了避免重复，我们的确可以从一切生产阶段中找出某些共同的标志、共同的规定，这样就是一个"合理的抽象"。其次，马克思进一步补充道，抽象之所以必要，"是为了不致因为有了统一（主体是人，客体是自然，这总是一样的，这里已经出现了统一）而忘记本质的差别"。与此相反，"那些证明现存社会关系永存与和谐的现代经济学家的全部智慧，就在于忘记这种差别"。① 可见，马克思的科学抽象体现了社会历史过程中的普遍性与特殊性的辩证统一，而现代经济学的抽象至多只是体现了经验存在上的单一维度的普遍性。正因为如此，马克思的科学抽象是包含着"内在矛盾"的，而当他"完成从抽象上升到具体的理论环节的时候，他实际上揭示的是某个特定的具体生产形式在社会历史过程中的独特属性"②，这样，他也就不会得出资本主义生产方式是社会生产的永恒的、自然的形式之现代经济学谬论。当然，囿于《导言》本身的手稿性质，以及马克思此时尚未真正建构起他本人的政治经济学理论等原因，他关于这一问题的分析，实际上也并没有得到充分的展开。

就第二个问题来说，在马克思已经区分出古典政治经济学和庸俗经济学之后，有关现代经济学的全面批判，就既应当包括古典政治经济学，也应当包括庸俗经济学，而在《导言》中，后一点恰恰可以归之于对蒲鲁东的批判性分析。这是因为，两者的理论旨归虽截然不同——庸俗经济学的目的在于为现存社会制度进行辩护，而蒲鲁东及其追随者的目的在于批判现存社会的不合理形式——但在深层逻辑上都趋向于以古典政治经济学提供的材料为教条。在《1861—1863 年经济学手稿》中，当马克思以"庸俗社会主义者"③指称蒲鲁东及其追随者并同庸俗经济学家相并列时，恰恰提示了两

---

① 《马克思恩格斯全集》第 30 卷，人民出版社 1995 年版，第 26 页。
② 唐正东：《〈资本论〉及其手稿中的"抽象"概念》，《贵州师范大学学报》（社会科学版）2016 年第 3 期。
③ 《马克思恩格斯全集》第 35 卷，人民出版社 2013 年版，第 318 页。

者在深层逻辑上的同构性。由此可见，尽管蒲鲁东本人可能对古典政治经济学中存在的"从抽象上升到具体"之方法缺乏清晰的认识，但在学理层面上，他的理论实践恰恰代表了对古典政治经济学之方法的一种既是社会主义式的，更是庸俗化的解读路径。因此，在《导言》中，马克思虽没有直接讨论庸俗经济学及其方法论的问题，但在一定意义上，有关蒲鲁东的批判必然地包含着对庸俗经济学的批判，并具有更为重要且现实的意义。

此外，《导言》中关于蒲鲁东的批判最直接地包含于马克思对黑格尔的批判性分析之中。相较于黑格尔，蒲鲁东的确是贫乏的，但在马克思批判性改造黑格尔哲学的过程中，蒲鲁东本人对黑格尔辩证法的漫画式的"丑化"，恰恰使如下问题得以浮现出来：如果"从抽象上升到具体"的方法不能依照黑格尔的方式，使之被置放到"绝对者—上帝（实体—主体）"这一基础之上，那么，针对这一方法的改造，是否可以依循蒲鲁东的方式，以"社会天才"的主观意志来替代黑格尔的"绝对者—上帝（实体—主体）"，并使之成为这一方法的真正基础呢？[①] 很显然，答案是否定的。在《导言》中，马克思指出，"从抽象上升到具体的方法，只是思维用来掌握具体、把它当作一个精神上的具体再现出来的方式"，而黑格尔的问题在于将这种从思维上把握具体的过程理解为"具体本身的产生过程"。[②] 对此，马克思评价道：黑格尔其实是陷入一种幻觉。如果说，马克思早在《1844 年手稿》中已经意识到，黑格尔只是"为历史的运动找到抽象的、逻辑的、思辨的表达"[③]，那么《导言》中指认的"黑格尔陷入幻觉"便是对此前的结论的一种重申（当然是在更高层次上的重申），它所提示的是，"把实在理解为自我综合、自我深化和自我运动的思维的结果"固然是一种唯心主义的观点，但只

---

① 参见吴晓明《黑格尔的哲学遗产》，商务印书馆 2020 年版，第 86—89 页。

② 《马克思恩格斯全集》第 30 卷，人民出版社 1995 年版，第 42 页。

③ 《马克思恩格斯全集》第 3 卷，人民出版社 2002 年版，第 316 页。

要剥离掉覆着于这一观点之上的思辨的神秘外衣，就能发现，真正的问题在于：“自我活动着并使实体性内容得以自行展开的实在主体是什么？”①

应该说，正是在对这一问题的解答中，马克思不仅实现了对黑格尔辩证法的真正的唯物主义改造，也同蒲鲁东本质性地区别开来。蒲鲁东在有意识地挪用黑格尔辩证法的过程中，由于未能准确领悟其中的合理内核，因而不可避免地使这种辩证法沦为纯粹的形式方法，并倒退至“主观主义”的立场上，这样一来，在蒲鲁东那里就“既没有实在主体的自我活动，也没有实体性内容在活动中的生成，有的只是：抽象的形式或原则被先验地强加到任何内容（作为单纯的质料）之上”②。相反，在马克思看来，“实在主体仍然是在头脑之外保持着它的独立性；只要这个头脑还仅仅是思辨地、理论地活动着。因此，就是在理论方法上，主体，即社会，也必须始终作为前提浮现在表象面前”③。也就是说，马克思的“实在主体”乃是特定的、具有实体性内容的“社会”④，这样的社会因为它始终在头脑之外保持其独立性而同黑格尔的神秘化的“实在主体”划清界限，并由此揭示了“从抽象上升到具体”之政治经济学方法的真实要义：政治经济学研究应始终以作为主体的既定的社会为前提，进而从思维上把握具体所反映的其实是既定的社会这一实在主体的自我深化、自我综合、自我运动的规律。

与此同时，当马克思在《导言》中对“从抽象上升到具体”作了此种唯物主义的解读并将其指认为政治经济学研究中科学上正确的方法之后，也就意味着，他必须本质性地深入对作为主体的“现代资产阶级社会”的研究中。借此反观蒲鲁东等人，他们则完全不知道如何深入现代资产阶级社会中，并通过此种深入的研究把握其

---

① 吴晓明：《黑格尔的哲学遗产》，商务印书馆 2020 年版，第 89 页。
② 吴晓明：《黑格尔的哲学遗产》，商务印书馆 2020 年版，第 89 页。
③ 《马克思恩格斯全集》第 30 卷，人民出版社 1995 年版，第 43 页。
④ 吴晓明：《黑格尔的哲学遗产》，商务印书馆 2020 年版，第 95 页。

中真正的本质性内容。一个鲜明的例证是，蒲鲁东对黑格尔辩证法的挪用，最终漫画式地表现为：把古典政治经济学提供的经济范畴依照蒲鲁东本人的意志在"观念上"进行排序。对此，马克思指出，经济范畴的次序绝不是如蒲鲁东所想的那样，它们的次序是由它们所反映的各种经济关系"在现代资产阶级社会内部的结构"中的相互关系所决定的。在现代资产阶级社会中，"支配一切的经济权力"是资本，因而"它必须成为起点又成为终点，必须放在土地所有制之前来说明"①。如此，马克思在《导言》中制定的政治经济学方法也同以蒲鲁东为代表的对辩证法的任何形式主义的解读划清了界限。

综上，蒲鲁东虽是贫乏的，但在批判性改造古典政治经济学与黑格尔辩证法的问题上，他恰恰以自己所走过的那条错误的道路，刺激着马克思在《导言》中认真思考政治经济学研究与辩证法的关系问题。正是通过对这一问题的解答，马克思重新发现并彻底改造了黑格尔的辩证法，使之成为批判性研究和叙述资产阶级社会全部经济生活的本质及其内在规律的方法论基础。以此为基础，在随后的《1857—1858 年经济学手稿》中，马克思对现代资产阶级社会作了进一步深入的研究，并对不了解这一社会现实的蒲鲁东及其学派予以批判。应该说，批判错误思潮与观点，同马克思制定自己的政治经济学理论是一种合二为一的过程。②

二 价值理论的建构：从批判蒲鲁东主义者的"劳动货币"观谈起

我们知道，在《导言》中，马克思已经制定了其政治经济学的研究方法，并据此拟定了最初的篇章结构，但《1857—1858 年经济

---

① 《马克思恩格斯全集》第 30 卷，人民出版社 1995 年版，第 49 页。

② 参见［苏］格·阿·巴加图利亚、维·索·维戈茨基《马克思的经济学遗产》，马健行等译，贵州人民出版社 1981 年版，第 23 页。

学手稿》的写作仍然是从批判蒲鲁东主义者的货币理论出发的。①
从逻辑上看，这可以说是对《伦敦笔记》中有关货币理论研究的继
续和深入，但这一现象更直接地印证了马克思在写作这部手稿之初
的确尚未形成科学的整体思路，同时客观地反映了马克思创立其经
济学说基本要素的真实过程。具体到《1857—1858 年经济学手稿》
中的"货币章"，便如同巴加图利亚和维戈茨基所总结的那样，马克
思在这部手稿中"创立自己的价值理论是以批判蒲鲁东的'劳动货
币'论是一种小资产阶级理论，实质上是资产阶级对货币和货币流
通理解的夸张形式开始的"②。易言之，马克思正是在批判蒲鲁东主
义者的"劳动货币"观中制定自己的价值理论的。两者之间的关联
性可以概括为以下几点。

　　第一，从批判蒲鲁东主义者"劳动货币"观的认知结构缺陷，
到追问货币存在的客观必要性问题。1856 年，蒲鲁东的学生达里蒙
出版《论银行改革》（*De la réforme des banques*）一书。在该书中，
达里蒙一方面认为，"人们顽固地保持贵金属在流通和交换中的优势
地位"③ 是导致一切弊病（经济危机）的根本原因，另一方面主张，
消除危机的关键在于，让"金银成为同其他商品一样的商品，或者，
准确地说，一切商品都具有和金银一样的等级（由于同样的名义）

---

　　①　《1857—1858 年经济学手稿》的"货币章"反映的是从货币到价值的写作逻
辑，这其实是从事物的外部现象到内部本质的一个研究过程，换言之，"货币章"遵循
的方法恰恰不是《导言》中制定的从抽象上升到具体，货币这一研究对象也不是分篇
计划中作为起点的或多或少属于一切社会形式的一般的抽象的规定。这就说明，在运
用从抽象上升到具体的方法叙述现代资产阶级社会本身的运动之前，马克思本人还必
须经历一个"从具体上升到抽象"的探索过程。应该说，正是通过这一艰辛的探索过
程，马克思才在《政治经济学批判》第一分册中明确将商品确定为资产阶级生产的第
一个范畴，进而马克思用以上升到具体的那个"抽象"，才同古典政治经济学的"抽
象"真正地区别开来。

　　②　［苏］格·阿·巴加图利亚、维·索·维戈茨基：《马克思的经济学遗产》，马
健行等译，贵州人民出版社 1981 年版，第 23 页。

　　③　［法］阿尔弗雷德·达里蒙：《论银行改革》，转引自《马克思恩格斯全集》第
30 卷，人民出版社 1995 年版，第 59 页。

而成为交换工具；产品确实同产品交换"①。总而言之，用马克思的话来说，该书的核心思想依然是蒲鲁东的"老一套"②。因此，1857年1月初，当尚未形成政治经济学研究整体思路的马克思看到达里蒙的这一论著时，也就合乎逻辑地将其作为批判的起点。

对于马克思来说，经过《伦敦笔记》的理论探索，他已经非常清楚蒲鲁东学派存在的认知结构缺陷问题。因此，在"货币章"中，马克思在对达里蒙的观点进行简要分析之后便将矛头指向这一问题。马克思指出，蒲鲁东学派提出的"劳动货币"不过是"一套流通把戏"，这里涉及的基本问题是："是否能够通过改变流通工具——改变流通组织——而使现存的生产关系和与这些关系相适应的分配关系发生革命？进一步要问的是：如果不触动现存的生产关系和建立在这些关系上的社会关系，是否能够对流通进行这样的改造？"③ 蒲鲁东及其同伙正是由于完全陷入流通领域的假象之中，始终认为流通先于生产，所以他们从来没有直截了当地提出过这个问题。在马克思看来，如果能够准确地认识物质生产在"有机整体"中的决定性作用，也就不难发现，其他生产条件的改变和社会变革，才是流通的每一次改造所必要的前提，因此，批判并废除现在只有金银才享有的垄断特权并非问题的关键之所在。这里的实际问题是："资产阶级交换制度本身是否需要一种特有的交换工具？它是否必然会创造一种一切价值的等价物？"④ 这样一来，在批判蒲鲁东学派"劳动货币"观的过程中，马克思也就提出了货币存在的客观必要性问题，进而转向了对价值关系的考察。

需要指出的是，早在马克思1844年的《詹姆斯·穆勒〈政治经济学原理〉一书摘要》（以下简称《穆勒评注》）中，他已经提

① ［法］阿尔弗雷德·达里蒙：《论银行改革》，转引自《马克思恩格斯全集》第30卷，人民出版社1995年版，第72页。
② 《马克思恩格斯全集》第50卷，人民出版社2021年版，第109页。
③ 《马克思恩格斯全集》第30卷，人民出版社1995年版，第69页。
④ 《马克思恩格斯全集》第30卷，人民出版社1995年版，第74页。

出过货币存在的客观必要性问题，而在专门反对蒲鲁东的《哲学的贫困》中，马克思也对这一问题作了进一步的探索。然而，在马克思本人的价值理论尚未取得实质性的进展之前，他其实也无法对这一问题作出科学的解答。比如，在《穆勒评注》中，马克思虽然已经将货币的客观存在同私有制条件下的交换关系联系起来，但人本学唯物主义的主导性思路限制了此时的马克思继续沿着这一方向作更为深入的探讨，因而有关货币的讨论，此时的马克思更多地强调的是货币作为私有财产的外化，具有排除私有财产之特殊个性的抽象性。① 在《哲学的贫困》中，马克思虽然已经明确地将货币看作一种社会关系，并把它同一定的生产方式联系起来②，但他的研究其实还没有真正深入资本主义的生产过程之中。其结果是，马克思虽然没有直接采用李嘉图的观点，但他在价值决定的问题上同李嘉图一样陷入了一种"二元论"。李嘉图认为，除了劳动商品和货币外，一切商品的价值都是由最大劳动量决定的；马克思则认为，除了农产品外，生产商品所需要的最低限度时间决定商品的价值。从这里能够看到，马克思和李嘉图在具体细节方面的确存在区别，但无论何种情况，他们所指认的决定商品价值的"必要劳动时间"依然是一个缺失社会形式维度的直接劳动量。这种认识，显然同马克思科学的价值理论还有一段距离。在《1857—1858 年经济学手稿》中，通过对蒲鲁东之流的批判，马克思不仅再次提出了货币存在的客观必要性问题，也由此在制定他本人的价值理论方面迈出了决定性的一步。

第二，从指认蒲鲁东主义者混淆价值和价格的差别，到重新阐发社会必要劳动时间决定商品价值的重要原理。马克思接着在"货币章"中分析道，金属货币同一切商品的相对价值虽然经常发生变化，但由于金属作为货币，它不是以某一第三种商品来估价，而只

---

① 参见《马克思恩格斯全集》第 42 卷，人民出版社 1979 年版，第 19—20 页。

② 参见《马克思恩格斯全集》第 4 卷，人民出版社 1958 年版，第 119 页。

是表示自身物质的可除部分，因此 1 塔勒银在任何情况下始终是 1
塔勒。蒲鲁东学派正是被金属货币这种名义上的不可贬值性所迷惑，
所以，为了避免一切商品同金属货币相比的相对价值的经常性地提
高或降低，他们提出直接让纸币即单纯的价值符号来获得劳动小时
的名称，从而废除金银所具有的特权，"也就是说，不用劳动时间的
一定对象化，比如说金和银，而用劳动时间本身来表现价值"①，此
即蒲鲁东主义者的"劳动小时券"。可见，蒲鲁东主义者所构想的
"劳动小时券"是要让劳动时间既成为决定价值的要素，又成为表现
价格的要素。这就说明，在他们的理解中，价值和价格只是名义上
不同。应该说，正是这种将价值和价格等同起来的幻想，暴露了蒲
鲁东主义者的"最深奥的秘密"②，即他们的流通理论和价值决定理
论是如何联系起来的秘密。

在接下来的讨论中，马克思指出，"由劳动时间决定的商品价
值，只是商品的平均价值"③。换言之，"决定价值的，不是体现在
产品中的劳动时间，而是现在必要的劳动时间"④。因此，如果价值
和价格的差别只是名义上的，那么就必须要求劳动生产率始终保持
不变。然而，现实的经济规律是：已经对象化于商品中的劳动时间
之价值不是恒定的，而是随着劳动生产率的发展，相应地发生贬值。
这就决定了：一方面，金属货币同一切商品一样，并不享有蒲鲁东
主义者所认为的能够使其自身免于贬值的任何特权；另一方面，价
值与价格之间的差别决不是名义上的，而是实际上的、必然的差别，
所以，即使用劳动小时券替代金属货币，它所代表的也只能是平均
劳动时间，因而也决不会依照蒲鲁东主义者的设想，直接同商品中
的实际劳动时间相一致。仅此而言，蒲鲁东主义者提出的取消价值
和价格的差别的要求，其实"是对建立在交换价值上的生产关系的

① 《马克思恩格斯全集》第 30 卷，人民出版社 1995 年版，第 86 页。
② 《马克思恩格斯全集》第 30 卷，人民出版社 1995 年版，第 84 页。
③ 《马克思恩格斯全集》第 30 卷，人民出版社 1995 年版，第 85 页。
④ 《马克思恩格斯全集》第 30 卷，人民出版社 1995 年版，第 83 页。

整个基础的否定"①，而这显然无法通过改造银行或建立合理的"货币制度"来实现。

诚然，如马克思本人所说的，以上观点在他驳斥蒲鲁东的小册子中已经指出②，但相较于《哲学的贫困》时期，"货币章"中马克思关于必要劳动时间的理解显然已经有了实质性的进展。在马克思看来，劳动时间所决定的商品的平均价值并不是一个"外在的抽象"，而是"商品价格在一定时期内所经历的波动的推动力和起推动作用的原则"③，换言之，这种平均化其实是商品关系中的客观抽象。解读视角上升到这一层面，也就意味着，马克思关于劳动时间的理解已经具有了质性的社会形式维度。因此，相较于《哲学的贫困》，马克思此时关于决定价值之尺度的"社会必要劳动时间"的理解已经深刻得多了。以此为基础，马克思指出，"价值关系是怎样和为什么在货币上取得了物质的、独立的存在"④ 的问题同时能够得到科学的解答。这一点，正是"货币章"接下来所要重点分析的问题。

第三，从区分商品的二重性，到论证商品和货币的必然的内在联系。如果说，前述关于价值决定理论的讨论更多地表现为量上的，即商品的价值量由社会必要劳动时间所决定，那么马克思接下来的分析则可以说是关于价值决定理论的质性维度的讨论。马克思指出，"商品的价值和商品本身不同……作为价值，一切商品在质上等同而只在量上不同，因此全都可以按一定的量的比例互相计量和互相替换……价值是商品的社会关系，是商品的经济上的质"⑤。可见，此时的马克思已经从商品价值量的分析深入商品价值质的分析，而这一理论进展也立刻使马克思意识到，商品本身具有

---

① 《马克思恩格斯全集》第 31 卷，人民出版社 1998 年版，第 200 页。
② 参见《马克思恩格斯全集》第 4 卷，人民出版社 1958 年版，第 106—107 页。
③ 《马克思恩格斯全集》第 30 卷，人民出版社 1995 年版，第 85 页。
④ 《马克思恩格斯全集》第 30 卷，人民出版社 1995 年版，第 88 页。
⑤ 《马克思恩格斯全集》第 30 卷，人民出版社 1995 年版，第 89 页。

一种二重的存在，即"自然存在"和"纯经济存在"，此即马克思的商品二重性学说。对于马克思来说，这一重大理论进展，既为他在研究起点上由"价值"过渡到"商品"奠定了必要的思想基础，也为他进一步建立劳动二重性学说提供了可能。在这个意义上，商品二重性学说的初步建立是马克思克服古典政治经济学的价值理论之缺陷的重要一步。

马克思在致恩格斯的一封信中对此作了重要的说明。他指出："经济学家们毫无例外地都忽略了这样一个简单的事实：既然商品是二重物——使用价值和交换价值，那么，体现在商品中的劳动也必然具有二重性。"① 事实上，在"货币章"中，马克思关于生产商品的劳动之二重性的认识，正是在区分商品二重性存在的过程中获得的。他指出，在交换中，商品只是作为价值而存在，并且只有作为价值才能够进行比较，而这就意味着，商品交换首先必须在观念上转化为劳动时间，也就是说转化为某种在质上和商品本身不同的东西，之所以如此，是因为商品本身不仅是"一般劳动时间的对象化（这种劳动时间本身只是和自身的质相分离的、仅仅在量上不同的劳动）"，也是"一定的、自然规定的、在质上和其他劳动不同的劳动的一定结果"②。在这里，指向商品的纯经济存在的"一般劳动时间"即所谓的抽象劳动，而指向商品的自然存在的"在质上和其他劳动不同的劳动"即所谓的具体劳动。

对于马克思来说，商品二重性和劳动二重性学说是他的价值理论中的主要因素。正如他后来指出的那样，"这是对事实的全部理解的基础"③。在"货币章"中，也正是以此为基础，马克思才科学地解答了货币存在的客观必要性问题。马克思指出："商品二重地存在

---

① 《马克思恩格斯文集》第 10 卷，人民出版社 2009 年版，第 276 页。
② 《马克思恩格斯全集》第 30 卷，人民出版社 1995 年版，第 92 页。
③ 《马克思恩格斯全集》第 31 卷，人民出版社 1972 年版，第 331 页。

这个简单的事实，即一方面商品作为一定的产品存在，而这个产品在自己的自然存在形式中观念地包含着（潜在地包含着）自己的交换价值；另一方面商品作为表现出来的交换价值（货币）存在，而这个交换价值又抛弃了同产品的自然存在形式的一切联系——这种二重的、不同的存在必然发展为差别，差别必然发展为对立和矛盾。商品作为产品的特殊性同商品作为交换价值的一般性之间的这个矛盾，产生了二重设定商品的必要性，即一方面表现为这种一定的商品，另方面表现为货币——商品的特殊的自然属性同商品的一般的社会属性之间的这个矛盾，从一开始就包含着商品的这两个分离的存在形式不能互相转换的可能性。"① 这就是说，货币存在的客观必要性是由商品本身的二重性存在——这又是以生产商品的劳动的二重性为条件的——所决定的，因而商品和货币之间的关系，其实是商品使用价值和价值之内在矛盾的外部表现。换言之，商品必然发展到货币，两者之间具有必然的内在联系。在了解了这一点之后，马克思也就再一次回到对蒲鲁东主义者的批判上。马克思指出，由于商品和货币之间具有必然的内在联系，所以，"货币同特殊商品的并存所引起的混乱和矛盾，是不可能通过改变货币的形式而消除的（尽管可以用较高级的货币形式来避免较低级的货币形式所具有的困难），同样，只要交换价值仍然是产品的社会形式，废除货币本身也是不可能的"②。蒲鲁东主义者的"劳动货币"观之所以是一种空想，原因正在于此。

由此可见，在这一手稿中，马克思制定其科学的价值理论和货币理论，正是同批判和克服蒲鲁东主义者错误的价值理论和货币理论直接地联系在一起的。与此相关联的是，马克思对蒲鲁东主义者的理论弊病也有了更为深刻的认识，而这就关涉对资产阶级意识形

---

① 《马克思恩格斯全集》第 30 卷，人民出版社 1995 年版，第 96 页。

② 《马克思恩格斯全集》第 30 卷，人民出版社 1995 年版，第 94—95 页。

态的批判问题。对此，我们将在后文中详细论述。①

三　从货币到资本的推进：对《无息信贷》中蒲鲁东错误资本观的批判

价值理论的制定为马克思进一步分析"资本"这一现代社会制度中占统治地位的生产关系奠定了重要的思想基础。客观地说，在"货币章"中，马克思虽然有意识地回避了对资本同货币之关系问题的详细讨论②，但他的分析不时地触及这一问题。比如，在分析货币作为流通手段的职能时，马克思就已经意识到，除了"为买而卖"的循环，流通中同时存在着"为卖而买"的循环。在对两种循环的比较分析中，马克思指出，"在为卖而买的现实过程中，动机当然是从中获取利润，最终目的是以商品为中介用较少的货币换取较多的货币"③，因而，这种循环要成为可能，就必须被看作流通的特殊形式，它同"为买而卖"的循环有着独特的区别。此外，在"货币章"随后的分析中，马克思还进一步指出，"货币的简单规定本身包含着这样一点：货币作为发达的生产要素，只能存在于雇佣劳动存在的地方"④。不难发现，这里的论述已经揭示了货币与资本之间的内在联系，即货币必然发展为资本以及实现这种发展的前提条件。正因为如此，在《1857—1858年经济学手稿》中，当马克思从"货币章"过渡到"资本章"时，他其实不但已经形成了科学的价值理论，而且有关资本的认识也已经取得了相应的发展。

也由此，一旦马克思开始正式讨论"资本"时，在《无息信

---

① 参见第四章第二节第六目的分析。

② 马克思的这种有意识的回避体现在如下一些表述中："至于利润的范畴，我们还没有涉及"，利息和资本的关系"在这里我们还不去谈"，等等。参见《马克思恩格斯全集》第30卷，人民出版社1995年版，第153、171页。

③ 《马克思恩格斯全集》第30卷，人民出版社1995年版，第153页。

④ 《马克思恩格斯全集》第30卷，人民出版社1995年版，第175页。

贷》中，巴师夏与蒲鲁东关于何为资本的"令人厌烦的争论"①　便立即出现在马克思的研究视域中。可以说，这是对"货币章"中针对蒲鲁东主义者达里蒙之批判逻辑的延展。正如巴师夏在他的第 10 封信中所说的，是否支持无息信贷，必须首先弄清楚"资本是否同劳动一样，享有获得报酬的固有权利"②，因此，何为资本的问题也就成为两者在信件中频繁争论的主要内容之一。在巴师夏看来，资本本身是劳动的产物，但资本可以使劳动结出果实③；当资本为劳动提供劳动条件时，它就理应同劳动一样，凭借其所提供的"服务"④获得相应的报酬⑤。相反，在蒲鲁东的第 11 封信中，他先是以其惯有的蔑视一切的态度否定了包括巴师夏在内的所有经济学家关于资本的定义，而后又卖弄起黑格尔的辩证法，指出，或许黑格尔的辩证法能够帮助我们从经济学家们关于资本的既有定义中找出一个确定的概念。然而，在给资本下定义的过程中，蒲鲁东不过是以他"夸夸其谈的傲慢态度掩盖他在辩证法上的无能"⑥。这种无能，不但使辩证法在蒲鲁东这里沦为纯粹的形式方法，而且甚至变成一种"综合"的方法。也就是说，蒲鲁东所阐发的资本的概念其实是从经济学家们既有的定义中找出一些关键词加以合并而成的。通过对经济学家们所提供的关于资本的既有定义的追溯，蒲鲁东首先确立了

---

①　《马克思恩格斯全集》第 30 卷，人民出版社 1995 年版，第 205 页。

②　Cf. Frédéric Bastiat and Pierre-Joseph Proudhon, *Gratuité du crédit. Discussion entre M. Fr. Bastiat et M. Proudhon*, Pairs：Librairie de Guillaumin et Cie, 1850, p. 158.

③　Frédéric Bastiat and Pierre-Joseph Proudhon, *Gratuité du crédit. Discussion entre M. Fr. Bastiat et M. Proudhon*, Pairs：Librairie de Guillaumin et Cie, 1850, pp. 127 – 128.

④　关于"服务"的说法，马克思在"资本章"的开头部分有过专门的说明。在那里，马克思指出，巴师夏采用了萨伊的说法，把劳动和产品的交换通通归结为"服务"的互相交换。这显然是抹消一切差别的做法。值得一提的是，在与巴师夏的辩论中，蒲鲁东实际上也接受了此种观点。参见《马克思恩格斯全集》第 30 卷，人民出版社 1995 年版，第 197—198、269 页。

⑤　Cf. Frédéric Bastiat and Pierre-Joseph Proudhon, *Gratuité du crédit. Discussion entre M. Fr. Bastiat et M. Proudhon*, Pairs：Librairie de Guillaumin et Cie, 1850, p. 79.

⑥　《马克思恩格斯全集》第 31 卷，人民出版社 1998 年版，第 155 页。

资本的三个观念，即产品、积累（萨伊语）和再生产（罗西语），这样，蒲鲁东也就通过经济学家们得到了关于资本的初步定义：资本是"为了再生产而积累的产品"。其次，蒲鲁东进一步追问：产品本身又是如何变成资本的呢？在蒲鲁东看来，关于这一问题的解答，将使我们看到他本人关于资本的定义。蒲鲁东指出，产品之所以会变成资本，"是由于价值的观念。也就是说，产品要变成资本就必须经过准确的估价，必须经过买和卖，它的价格必须经过争议并用一种合法的协定确定下来"①。值得一提的是，由于在对资本的理解中加入了价值的观念，蒲鲁东的资本观也就更加凸显了"关系"的维度。"资本不是一个具体的、确定的事物，它有自己的存在或现实……资本并不是经济学家们口中的土地、劳动和产品这三个术语系列中的第四个术语……资本只是表示一种条件，或者说，一种关系。"② 客观地说，这一结论是颇具迷惑性的。

如果说，要对上述两种资本观进行总结的话，那么巴师夏的资本观其实"只看到了资本的物质，而忽视了使资本成为资本的形式规定"③，相反，蒲鲁东的资本观虽"抓住了使交换价值成为出发点的形式，但是忽略了同内容的关系（这种关系对资本来说并不像对简单的交换价值那样是无关紧要的）"④。对于此时的马克思来说，两者的这种争论尽管令人厌烦，却不容忽视。这是因为，不管是以巴师夏为代表的"堕落的最新经济学"，还是以蒲鲁东为代表的"愚蠢"的社会主义者，他们在争论中所暴露出来的问题恰恰反映出资本主义的流通领域是假象丛生的地方。因此，马克思必须首先突

---

① Frédéric Bastiat and Pierre-Joseph Proudhon, *Gratuité du crédit. Discussion entre M. Fr. Bastiat et M. Proudhon*, Pairs：Librairie de Guillaumin et Cie，1850，p. 179. 中译文参见《马克思恩格斯全集》第 30 卷，人民出版社 1995 年版，第 222 页。

② Frédéric Bastiat and Pierre-Joseph Proudhon, *Gratuité du crédit. Discussion entre M. Fr. Bastiat et M. Proudhon*, Pairs：Librairie de Guillaumin et Cie，1850，p. 178.

③ 《马克思恩格斯全集》第 30 卷，人民出版社 1995 年版，第 213 页。

④ 《马克思恩格斯全集》第 30 卷，人民出版社 1995 年版，第 214 页。

破资本主义社会在流通层面上的诸种假象，才能进一步揭示其背后的一定的、具体的、历史的生产关系本质。同时，蒲鲁东所阐发的那种颇具迷惑性的资本观，也是马克思必须加以辨析和清算的内容之一。正因为如此，"资本章"的分析依然是从巴师夏和蒲鲁东等人所深陷其中的流通环节开始的。

第一，从流通出发，马克思承认，资本首先来自流通，但同时强调，实现资本的流通不同于进行着交换价值的简单运动的纯粹的流通。在"资本章"中，马克思的分析可以说是对"货币章"中有意回避的讨论的继续和深入。马克思指出，在纯粹的流通中，货币同商品相交换，"每一方一旦实现在另一方身上，就会失去自己和另一方相对立的规定。任何一方都不能在它过渡到另一规定时仍保持自己原有的规定"。可见，在纯粹的流通中，货币只是作为商品流通的中介而存在，商品的使用价值才是这一流通的最终目的，所以，纯粹的流通本身"不包含自我更新的原理"①，这样，交换价值便会因为进入流通而消失。相反，在实现资本的流通中，"交换价值不会由于进入流通而消失；流通不是交换价值消失的运动，反而是交换价值实际上使自己设定为交换价值的运动，是交换价值实现为交换价值的运动"②。这就表明，表现为直接存在于资本主义社会表面上的流通不过是一个"纯粹的假象"，"流通是在流通背后进行的一种过程的表面现象"③，而这背后的过程便是资本主义的生产过程。

应该说，正是通过此种比较分析，马克思不仅清晰地呈现了资本流通的特殊性，还指认了资本关系的历史性，即资本的存在是以社会生产的一定的历史阶段为前提，从而是历史的关系。马克思的分析推进到这一层面，也就获得了批判和清算蒲鲁东错误资本观的第一个视角。在《无息信贷》里蒲鲁东的第 13 封信中，他明确指

---

① 《马克思恩格斯全集》第 30 卷，人民出版社 1995 年版，第 210 页。
② 《马克思恩格斯全集》第 30 卷，人民出版社 1995 年版，第 215 页。
③ 《马克思恩格斯全集》第 30 卷，人民出版社 1995 年版，第 210—211 页。

出，"因为价值无非是一种比例，一切产品必然互成比例，所以由此可以得出结论，从社会的观点来看，产品总是价值并且是确定的价值。对社会来说，资本和产品之间的区别是不存在的。这种区别对个人来说完全是主观的"①。对此，马克思评论道："蒲鲁东恰恰是把社会的东西称为主观的东西，而把主观的抽象称为社会。"马克思分析道，"社会并不是由个人构成，而是表示这些个人彼此发生的那些联系和关系的总和"②。因此，奴隶和公民之间的区别，资本家和工人之间的区别，恰恰是由于他们在社会里并通过社会才是如此。以此来看，在对资本的理解中，问题的关键不在于是否强调了关系的维度，而在于如何准确理解这种"关系"。显然，前述蒲鲁东对资本的定义尽管也强调了这一维度，但他所理解的社会关系，不过是他个人的主观抽象。在这个意义上，蒲鲁东是一个满口社会现实，但始终不理解，也不触及真正的社会现实的主观唯心主义者，因而他的观点是具有迷惑性的。在"资本章"中，马克思批判和清算蒲鲁东资本观的第一个视角，便是再次指向其隐性唯心史观的问题。

第二，转到生产，马克思强调，资本是在流通中保存自己并通过劳动使自己倍增的。事实上，不管是从物质的维度把握资本概念的巴师夏，还是从主观的价值维度把握资本概念的蒲鲁东，他们关于资本的理解，在某种意义上，也包含了资本价值的自我保存之意涵。不过，仅从形式上看，即使在简单的流通中，交换价值也会再生产自己。因此，在马克思看来，在流通中并通过流通使自身的价值得以保存的确是资本同货币相区别的规定性之一，但这绝不是使资本成为"自为的交换价值"的最基本的规定。马克思指出，"交换价值只有增殖，即增大其价值的时候才能使自己成为交换价值"，也就是说，交换价值要成为资本，必须使自己不断地倍增。然而，对于包括巴师

---

　　① Frédéric Bastiat and Pierre-Joseph Proudhon, *Gratuité du crédit. Discussion entre M. Fr. Bastiat et M. Proudhon*, Pairs：Librairie de Guillaumin et Cie, 1850, p. 250. 中译文参见《马克思恩格斯全集》第 31 卷，人民出版社 1998 年版，第 258 页。

　　②《马克思恩格斯全集》第 30 卷，人民出版社 1995 年版，第 221 页。

夏在内的资产阶级经济学家以及空想社会主义者蒲鲁东来说，"要在理论上从资本价值的自我保存过渡到它的倍增，就是说，把这种倍增建立在它的基本规定上，而不只是看作偶然现象或只是看作结果"①，却是极端困难的。之所以如此，一方面是因为他们始终无法理解资本流通同资本主义生产过程的内在联系，另一方面则是因为他们始终无法理解同资本相交换的劳动（力）商品的历史特殊性。

得益于"货币章"中商品二重性学说的建立，马克思论证了价值的倍增是资本的基本规定，而这里的关键就在于"劳动（力）商品"概念的确立。在接下来的分析中，马克思首先指认了与作为交换价值的资本相交换的劳动（力）商品的历史特殊性。在马克思看来，一般商品的交换价值始终是物化在某一具体的产品中的，因而交换一旦完成，商品进入消费领域，交换价值也就随同使用价值的消费而消失了。相反，"工人要向资本提供的使用价值，也就是工人要向他人提供的使用价值，并不是物化在产品中的，它根本不存在于工人之外，因此不是现实地存在，而只是在可能性上，作为工人的能力存在"②。显然，正是由于劳动（能力）的此种特殊的使用价值，才不仅使资本得以保存起来，还使资本得以增加起来。正因为如此，马克思总结道：工人的劳动是"创造价值的劳动，即生产劳动"③。由此可见，马克思的分析推进到这里，尽管"劳动（能）力"商品的概念还没有正式确立并得到广泛的使用④，但这一概念

---

① 《马克思恩格斯全集》第 30 卷，人民出版社 1995 年版，第 228 页。

② 《马克思恩格斯全集》第 30 卷，人民出版社 1995 年版，第 223—224 页。

③ 《马克思恩格斯全集》第 30 卷，人民出版社 1995 年版，第 230 页。

④ 通过对《1857—1858 年经济学手稿》的文本研究可以发现，在稍后关于"资本和劳动的交换"的分析中，马克思使用的依然是"劳动"商品，而非"劳动（能）力"商品。"工人拿自己的商品，劳动，即作为商品同其他一切商品一样也有价格的使用价值，同资本出让给他的一定数额的交换价值，即一定数额的货币相交换。"参见《马克思恩格斯全集》第 30 卷，人民出版社 1995 年版，第 232 页。事实上，正是在分析"资本和劳动的交换"的过程中，马克思才逐渐确立了"劳动能力"商品的概念。在此之后，马克思才有意识地使之成为论述这一特殊商品概念的科学术语。

本身的科学内涵已经得到较为清晰的阐发。以此为基础，马克思进一步将资本同劳动的交换区分为两个性质不同的过程：其一，资本家同工人之间的特殊的交换，交换的结果正是资本家换来一种生产力；其二，生产过程本身，这一过程正是通过前一过程换来的那种生产力，"使资本得以保存和倍增"①。对此，马克思评价道："在资本和劳动的交换中第一个行为是交换，它完全属于普通的流通范畴；第二个行为是在质上与交换不同的过程，只是由于滥用字眼，它才会被称为某种交换。"② 这就是说，资本和劳动的交换同商品的简单交换具有本质性的区别，而这里的关键就在于，资本与劳动的交换实质上是资本价值的自我保存和增殖过程。

正因为如此，马克思总结道："资本决不是简单的关系，而是一种过程，资本在这个过程的各种不同的要素上始终是资本。"③ 如果说，从表面上看，马克思与蒲鲁东一样，在对资本的理解中都曾强调过"关系"的维度④，那么此处的总结表明，马克思不同于蒲鲁东的地方在于，他所理解的资本关系是同一定的、具体的、历史的生产过程联系在一起的。因此，在马克思的视域中，资本不是价值本身的简单的再生产，而是价值的自我保存和增殖过程。借此反观蒲鲁东错误的资本观，马克思立即对此作了进一步的批判和清算。如前所述，在《无息信贷》中，蒲鲁东认为，产品之所以转变为资本，是由于"价值观念"的中介，换言之，是由于产品进入简单的流通，买卖双方通过对其进行估价，使之获得一个合法的确定的价值而实现的。对此，马克思一针见血地指出，蒲鲁东的资本观并没有包含什么高深的见解，蒲鲁东的意思无非是说，资本是价值，除

---

① 《马克思恩格斯全集》第 30 卷，人民出版社 1995 年版，第 232 页。
② 《马克思恩格斯全集》第 30 卷，人民出版社 1995 年版，第 233 页。
③ 《马克思恩格斯全集》第 30 卷，人民出版社 1995 年版，第 214 页。
④ "资本章"中，在批判把资本仅仅理解为物的观点时，马克思指出，"资本被理解为物，而没有被理解为关系"。《马克思恩格斯全集》第 30 卷，人民出版社 1995 年版，第 214 页。

此之外，他再也没有提供有关资本的更多内容了，因而，这就"等于说价值是价值"①。也由此，当蒲鲁东说资本是价值时，他其实也就抹杀了一切历史差别，从而将劳资交换同简单商品交换等而视之。这样，在与巴师夏的辩论中，蒲鲁东便同巴师夏一起从具有历史特殊性的劳资交换退回到简单的商品交换。所不同的是，巴师夏是直接将现实的劳资交换等同于简单的商品交换，从而为资本主义社会的"经济的和谐"提供辩护；蒲鲁东虽没有直接抹杀现实的劳资交换同简单的商品交换的差别，但将简单的商品交换视为劳资交换的应然状态。不难发现，蒲鲁东的此种见解，既无法帮助我们准确理解资本这一现代社会制度中占统治地位的生产关系，也无法为社会主义运动本身提供一个科学的方向指引。

以此来看，批判和清算蒲鲁东错误的资本观是马克思"资本章"中的必然之举；在这一过程中，蒲鲁东资本观的隐性唯心史观特质，则会使马克思更加详尽地研究和阐发资本这一生产关系的社会历史性内涵。因此，在"资本章"中，马克思有关货币必然发展为资本的分析既体现了逻辑性，也反映了历史性，是逻辑与历史的辩证统一。

四 剩余价值理论的阐发：对蒲鲁东"生产过剩"观的批判

诚如马克思所言，"要在理论上从资本价值的自我保存过渡到它的倍增，就是说，把这种倍增建立在它的基本规定上，而不只是看作偶然现象或只是看作结果"②，是极端困难的。当蒲鲁东将资本和产品的区别仅仅看作个人的主观产物时，也就意味着，他必然无法对资本价值的倍增，或者说，资本主义社会中客观存在的"价值余额"，提供一个科学的说明。

首先，简单来说，在与巴师夏的辩论中，蒲鲁东对"价值余额"的解释不过是他在《什么是所有权》一书中既有观点的延续。在

---

① 《马克思恩格斯全集》第 30 卷，人民出版社 1995 年版，第 269 页。
② 《马克思恩格斯全集》第 30 卷，人民出版社 1995 年版，第 228 页。

《什么是所有权》中，蒲鲁东指出，为了使生产者能够维持生活，"就必须使他的工资能够买回他的产品"①，然而，现实的情况是，工人的雇主为了能够在工人的薪金之外多获得一些收益，便刻意"不让这些东西按照工人有能力支付的成本价格出售"②，这样，工人的工资就无法买回自己的产品，社会也将因此而自趋灭亡。当然，蒲鲁东的主要目的在于借此论证所有权的不可能性，但由此暴露出来的问题是，他对"价值余额"的理解不过是重商主义的"让渡利润"而已。在《无息信贷》中，蒲鲁东也是沿着这一思路解读资本利息的。从流通层面的表面现象入手，蒲鲁东将贷放和出售视为全然不同的东西。蒲鲁东指出，货币资本的贷放从来不出让所售物品的所有权，因此通过这种交换，货币资本便能够为货币资本家源源不断地带来利息③；相反，商品出售，比如制帽业主的帽子一经出售，帽子本身的所有权便不再属于制帽业主，因此这种交换只能为制帽业主带来帽子本身的价值，不多也不少④。值得一提的是，在与巴师夏的辩论中，蒲鲁东并没有全盘否定放债取息本身的存在，而是再次"卖弄"起黑格尔的辩证法，宣称放债取息确实如巴师夏所言，为借款人提供了"服务"，因而曾经是合法的、可以存在的，但随着客观环境的改善，放债取息的合法性不仅应当受到质疑，更应在实践中代之以无息信贷。⑤ 这里的论证表明，蒲鲁东从一开始便默许了巴师夏所设定的知识前提，即把全部的商品交换都归结为互相

---

① ［法］蒲鲁东：《什么是所有权》，孙署冰译，商务印书馆 2015 年版，第 224 页。

② ［法］蒲鲁东：《什么是所有权》，孙署冰译，商务印书馆 2015 年版，第 226 页。

③ Cf. Frédéric Bastiat and Pierre-Joseph Proudhon, *Gratuité du crédit. Discussion entre M. Fr. Bastiat et M. Proudhon*, Pairs：Librairie de Guillaumin et Cie, 1850, p. 154.

④ Cf. Frédéric Bastiat and Pierre-Joseph Proudhon, *Gratuité du crédit. Discussion entre M. Fr. Bastiat et M. Proudhon*, Pairs：Librairie de Guillaumin et Cie, 1850, p. 69. 中译文参见《马克思恩格斯全集》第 31 卷，人民出版社 1998 年版，第 256 页。

⑤ Cf. Frédéric Bastiat and Pierre-Joseph Proudhon, *Gratuité du crédit. Discussion entre M. Fr. Bastiat et M. Proudhon*, Pairs：Librairie de Guillaumin et Cie, 1850, pp. 210 – 211.

交换"服务"。因此，对于蒲鲁东来说，在巴师夏面前炫耀黑格尔的辩证法，并非明智之举，因为这种炫耀不仅没有使他的见解高深许多，反而还使他在与巴师夏的辩论中扮演了可怜的角色。

其次，蒲鲁东进一步指出，贷放与出售的此种区别会使"自食其力"的原则陷入矛盾之中。"因为在商业中，资本的利息加到工人的工资上，共同构成商品的价格，所以，工人要买回他自己的劳动的产品，就不可能了。自食其力的原则，在利息的支配下，包含着矛盾。"① 在蒲鲁东看来，这种矛盾正是导致生产过剩，进而引发经济危机的根源所在。不难发现，此种解读同《什么是所有权》中的思路是一脉相承的。它的问题在于，对"价值余额"的解释完全没有进入生产领域，而仅仅是停留在流通领域的表面现象。正因为如此，在与巴师夏的辩论中，蒲鲁东甚至直接言明，不同于巴师夏将财富领域中的所有社会进步归因于资本，他认为这一切都应当归因于流通（circulation）。② 这就清楚地表明，蒲鲁东的见解无非是重商主义的"流通决定论"③。当然，在蒲鲁东看来，货币交易把流通关系歪曲了，换言之，价值规律的作用（依据生产商品的劳动时间等价交换）因存在问题的货币制度而受到了破坏，因此解决生产过剩的关键就在于调整这种存在问题的货币制度。以此来看，

---

① Frédéric Bastiat and Pierre-Joseph Proudhon，*Gratuité du crédit. Discussion entre M. Fr. Bastiat et M. Proudhon*，Pairs：Librairie de Guillaumin et Cie，1850，p. 105. 中译文参见《马克思恩格斯全集》第 31 卷，人民出版社 1998 年版，第 257 页。

② Cf. Frédéric Bastiat and Pierre-Joseph Proudhon，*Gratuité du crédit. Discussion entre M. Fr. Bastiat et M. Proudhon*，Pairs：Librairie de Guillaumin et Cie，1850，p. 71.

③ 在《1857—1858 年经济学手稿》中，马克思也对之所以会产生"流通决定论"的见解作过一定的说明。马克思指出，生产过程中创造的剩余价值总是要通过流通过程才能得到真正的实现。由此就产生了一种假象，即"流通时间对于劳动时间，对于价值创造来说，成为一个决定的要素。这样一来，劳动时间的独立性被否定了，生产过程本身表现为由交换决定，于是社会联系和对这种联系的依赖性，在直接生产中不仅表现为物质要素，而且表现为经济要素，表现为形式规定"。参见《马克思恩格斯全集》第 31 卷，人民出版社 1998 年版，第 15—16 页。

"货币魔术师"① 蒲鲁东是从流通层面，从价值规律的范围之外来说明"价值余额"的存在的。

对于马克思来说，经过《伦敦笔记》的探索，他已经清楚地意识到，流通不过是对事先存在的价值余额的实现，而绝不是价值余额本身的生产。② 换言之，价值余额的生产必须到生产过程中去寻找。而在《1857—1858 年经济学手稿》中，如果说，"劳动力"商品的形成为马克思深入资本主义生产过程奠定了必要的思想基础，那么，蒲鲁东的此种错误见解则构成马克思将此前的结论具体化的重要动力之一。

第一，"只听钟声响不知钟声何处来的蒲鲁东"③ 与马克思对不变资本和可变资本的区分。马克思认为，当蒲鲁东说"工人不能买回自己的产品"时，他的意思是说，产品的价格，由于加上了利息和利润而超过了它的实际价值。这就表明，蒲鲁东既丝毫不懂价值规定，也丝毫不懂价格规定。就前一个方面来说，马克思指出，商品价值是由对象化于其中的必要劳动时间决定的，它本身决不能包含任何加价。就价格规定来说，马克思指出，价格最初不过是价值的货币表现，因而价格规定本身以价值规定为基础；价格规定的进一步发展虽会加进诸如欺诈、相互欺骗等新的要素，但这些新的要素同价值规定本身毫无关系。④ 易言之，在马克思看来，蒲鲁东的确看到了价值余额的客观存在，但他想从简单流通来说明价值的此种增加，因此他必然会将价值规定意义上的价值余额同价格规定意义上的价值余额混淆起来，这样，被价值余额在价格规定上表现出的欺诈性所迷惑的蒲鲁东，便将价值规定意义上的价值余额理解为

---

① 马克思将致力于通过对货币制度的调整来改良资本主义的理论家称作"货币魔术师"，蒲鲁东正是这些"货币魔术师"中的代表性人物。参见《马克思恩格斯全集》第 30 卷，人民出版社 1995 年版，第 393 页。

② 参见《马克思恩格斯全集》第 44 卷，人民出版社 1982 年版，第 140—141 页。

③ 《马克思恩格斯全集》第 30 卷，人民出版社 1995 年版，第 408 页。

④ 参见《马克思恩格斯全集》第 30 卷，人民出版社 1995 年版，第 418—419 页。

"纯粹名义上的、虚拟的、假定的东西"①。

　　在马克思看来，一旦意识到价值规定同价格规定的区别，也就能够发现，真正意义上的剩余价值总是超过等价物的产物，"剩余价值决不会从等价物中产生；因而也不是起源于流通；它必须从资本的生产过程本身中产生"②。正是在这里，不同于"逃到流通中去找出路"的蒲鲁东等人，马克思提供了解释剩余价值之客观存在的科学的研究路向，即从资本主义生产过程本身中去寻找。由此出发，马克思将构成资本的生产过程之结果的价值划分为三个组成部分：其一，原料的价值；其二，劳动工具在生产过程中被消耗的部分价值；其三，劳动（力）的价值。如果用对象化在结果（产品）中的劳动时间表示的话，资本的价值就表现为一个由三部分组成的总额："（a）对象化在原料中的劳动时间；（b）对象化在工具中的劳动时间；（c）对象化在劳动价格中的劳动时间。"③ 马克思分析道，由于价值是由劳动时间决定的，因此，通过生产过程，（a）和（b）的物质存在方式（使用价值）虽会发生改变，但它们的社会存在，即作为价值，始终是不变的，这就是说，它们绝不是剩余价值本身的来源。也由此，（a）和（b）便构成资本生产过程中的"不变资本"。

　　相反，我们已经知道，（c）的情况则大不相同，它代表的是："一定量对象化劳动同一定量活劳动相交换。"④ 活劳动本身则是作为创造价值的可能性而存在的。因此，在构成资本价值总额的三个组成部分中，唯有（c）才具有为资本带来价值增殖，或者说，剩余价值的可能性。那么，（c）所具有的此种可能性又是如何实现的呢？马克思接着分析道：由于流通层面上的劳资交换是依据对象化在劳动力商品中的劳动时间进行的，因此，如果维持工人整个工作日的生存，仅仅需要半个工作日，但资本家让工人工作了整个工作日，

---

①　《马克思恩格斯全集》第 30 卷，人民出版社 1995 年版，第 275 页。
②　《马克思恩格斯全集》第 30 卷，人民出版社 1995 年版，第 285 页。
③　《马克思恩格斯全集》第 30 卷，人民出版社 1995 年版，第 281 也。
④　《马克思恩格斯全集》第 30 卷，人民出版社 1995 年版，第 282 页。

这样，剩余价值便在生产过程中自然地产生出来了。对于资本家来说，工人的后半个工作日是被他们无偿占有的，"也就是说，资本没有付出任何等价物就得到一个价值。因此，价值所以能够增加，只是由于获得了也就是创造了一个超过等价物的价值"①。正因为如此，不同于资本价值总额中的另外两个组成部分，劳动力商品的使用价值在资本的生产过程中，不仅再生产了劳动力本身的价值，还生产出剩余价值，因而是一种"可变资本"。以此为基础，在《1857—1858年经济学手稿》中，马克思论证了剩余价值在价值规定上的客观存在，并且，由于此种论证是从价值规律范围内作出的，因而也就同时完成了对试图从价值规律的范围外解释这一问题的蒲鲁东的彻底批判。易言之，在与蒲鲁东的对话中，马克思越发清晰地阐发了剩余价值正是在等价交换范围内、在价值规律范围内生产出来的。

第二，蒲鲁东"生产过剩"观的非历史性与马克思对剩余价值是资本存在之前提的指认。姑且撇开蒲鲁东将价值规定同价格规定相混淆的错误，在马克思看来，他根据"工人不能买回自己的产品"直接得出生产过剩的结论也依然是抽象的。马克思指出，"在奴隶制关系下，奴隶主并没有因劳动者不是作为消费者同他们竞争而感到任何麻烦"②。换言之，在古代世界中，如果劳动者无法买回自己的产品，也不会引发生产过剩的危机。之所以如此，是由于使用价值是古代世界的生产目的。因此，当蒲鲁东在未做必要区分的前提下分析生产过剩的原因时，他必然会得出一种非历史的、含混不清的结论。这具体表现为，蒲鲁东一方面将工人无法买回自己的产品视为生产过剩的根本原因而加以批判，另一方面则将"一切劳动都应当提供一个余额"③视为社会生产的普遍的绝对真理而加以推崇。其结果就是，蒲鲁东

---

① 《马克思恩格斯全集》第30卷，人民出版社1995年版，第285页。

② 《马克思恩格斯全集》第30卷，人民出版社1995年版，第419页。

③ Frédéric Bastiat and Pierre-Joseph Proudhon, *Gratuité du crédit. Discussion entre M. Fr. Bastiat et M. Proudhon*, Pairs：Librairie de Guillaumin et Cie，1850，p. 200. 中译文参见《马克思恩格斯全集》第31卷，人民出版社1998年版，第257页。

一方面将属于资本的东西理解为"按理说不应该存在"的东西而加以否定，另一方面则将属于资本的东西归之于劳动的自然属性而加以赞扬。从这里也可以看出，蒲鲁东对于资本、价值余额以及生产过剩等问题是多么的不理解。

对于马克思来说，在制定可变资本概念与揭示剩余价值的真正来源的过程中，他同时意识到，"如果说一方面资本创造了剩余劳动，那么另一方面剩余劳动也是资本存在的前提"①。马克思分析道，如果维持工人一个工作日的生存，需要一个工作日，那么资本家让工人工作一个工作日，其实只是用一种形式的交换价值换另一种形式的交换价值。在这种情况下，资本家的资本通过此种交换绝不会实现自身价值的增殖。② 可见，单纯的对象化劳动与活劳动的交换并不必然地产生剩余价值。③ 马克思指出，连资产阶级经济学家们——包括同蒲鲁东辩论的巴师夏——也知道，如果资本投入生产不会使资本家盈利，便不会有资本家将他的货币投入生产，而是自己吃掉。正因为如此，如果对象化劳动与活劳动的交换无法生产出价值余额，那么"资本就不能作为资本增殖价值，也就不能作为资本保存自己"。马克思总结道："资本的自行保存就是它的自行增殖。"④ 在这里，价值增殖，或者说，剩余价值的生产被马克思指认为判断资本是否作为资本而存在的根本标准。由此，不同于资产阶级经济学家，也不同于蒲鲁东等人，在马克思的理解中，资本作为一种生产剩余价值的生产过程，它不同于前资本主义的生产，并因此而具有鲜明的历史特殊性。

从资本的历史特殊性出发，马克思在接下来的分析中进一步论证了剩余价值的生产与生产过剩的内在联系。在马克思看来，既然剩余价值的生产是资本作为资本的根本特征，而剩余价值的生产又是以对工人剩余劳动时间的无偿占有为前提的，那么以资本为基础的生产本

---

① 《马克思恩格斯全集》第30卷，人民出版社1995年版，第376页。
② 参见《马克思恩格斯全集》第30卷，人民出版社1995年版，第282、285页。
③ 参见《马克思恩格斯全集》第30卷，人民出版社1995年版，第458页。
④ 《马克思恩格斯全集》第30卷，人民出版社1995年版，第285页。

身就是一个"活生生的矛盾"。马克思分析道，一方面，资本的生产以剩余价值为目的，因此它必然会竭力"取消必要劳动时间"，另一方面，"剩余劳动时间只是作为对立物，只是同必要劳动时间对立地存在着，因此，资本把必要劳动时间作为它的再生产和价值增殖的必要条件"。① 这就是说，按照资本的内在趋势看，资本会不断地缩减工人的必要劳动时间以便占有更多的剩余劳动时间，而按照资本的本性来说，资本为了获得价值增殖又必须以必要劳动时间为条件。这样，资本的内在趋势便同它的本性陷入了相互冲突、相互矛盾的困境之中。由此而来的结果是，资本为了追求剩余价值必然会在一方面造成有待实现的剩余价值量的不断增大，而在另一方面造成工人工资相对性的不断缩减，从而既使工人的交换能力受到严重的限制，又使剩余价值的实现受到严重的限制。对此，马克思总结道："生产过剩的发生是同价值增殖联系在一起的。"② 从这里可以看出，马克思其实是将生产过剩置放到具体的生产关系，即资本主义生产关系中加以理解的。正因为如此，生产过剩是资本主义生产方式的必然趋势，它只能是同剩余价值的生产联系在一起的，在这个意义上，生产过剩同以资本为基础的生产方式一样，也具有鲜明的历史特殊性。以此来看，蒲鲁东从工人无法买回自己的产品直接推导出生产过剩，其结论的非历史性、抽象性也就显而易见了。

综上，马克思深入研究剩余价值之真正来源的动力与其批判蒲鲁东对价值余额和生产过剩问题的非历史性解读的目的是相互关联的。在这一过程中，马克思创立了狭义剩余价值理论，并由此推进了对资本主义生产方式的理解。

五   资本形成史的探秘：对蒲鲁东"自在所有权"理论的批判

在《导言》中，马克思曾说过，"人体解剖对于猴体解剖是一

---

① 《马克思恩格斯全集》第 30 卷，人民出版社 1995 年版，第 542—543 页。
② 《马克思恩格斯全集》第 30 卷，人民出版社 1995 年版，第 408 页。

把钥匙"①。这就是说，有关资本主义生产方式的科学见解有助于我们更加准确地理解古代世界。因此，当马克思对资本主义生产方式的理解已经取得根本性的突破时，他对资本主义生产方式之前的历史的理解也会相应地获得发展。对于马克思来说，在研究资本主义生产方式这一主题的同时，也要关注先前的历史生产方式，这一方面是因为，"历史考察之点"本身预示着"历史超越之点"②，另一方面则是因为，要想彻底批判对资本主义生产方式的非历史性解读，就必须准确地揭示出资本主义生产方式本身的历史生成过程。这样，在《贫困的哲学》中，蒲鲁东的"自在所有权"理论便再一次进入此时的马克思的研究视域之中。

蒲鲁东所谓的"自在所有权"理论，"也就是阐明所有权的起源、含义、趋势和它与其他经济范畴的关系"③。在《贫困的哲学》中，蒲鲁东将所有权安排在他所描绘的"经济矛盾链条"中的第 8 个环节，也就是第 7 个环节信用范畴之后。因此，所有权便如同在它之前的其他经济范畴一样，也经历了其自身的起源、变质和超越的发展过程。对于蒲鲁东来说，作为信用范畴之后的所有权，它的诞生只能是对信用制度所带来的弊病的克服。信用制度的弊病就在于，以"虚构的价值"替代了"真正的价值"，这样，生产也就为投机活动所湮没，人本身也就从社会和自然中解放出来了。换言之，"人们也就不再依恋土地，他们被一种隐蔽的力量悬挂在半空中"④。蒲鲁东认为，为了解决价值虚构以及人类活动逐渐陷入虚无的危险的问题，"集体理性"便遵从了"命运"的"命令"，决定建立所有权和地租

---

① 《马克思恩格斯全集》第 30 卷，人民出版社 1995 年版，第 47 页。

② 参见《马克思恩格斯全集》第 30 卷，人民出版社 1995 年版，第 452—453 页。

③ 〔法〕蒲鲁东:《贫困的哲学》下卷，余叔通、李雪华译，商务印书馆 2010 年版，第 626 页。

④ 〔法〕蒲鲁东:《贫困的哲学》下卷，余叔通、李雪华译，商务印书馆 2010 年版，第 666 页。

制，以使财产得到平等，使人类和自然更为紧密地联系起来。① 尽管蒲鲁东本人并不是在神学化的理论层面上使用诸如"集体理性""命运"等术语的，他的本意是想借助这些术语来喻指某种社会必然性或下意识的理性的社会内在力量，但由于蒲鲁东无法从现实本身来说明这种社会必然性的真实原因及其发展过程，所以，他对这些术语的使用只能导向一种神秘的结论。事实也是如此。在《贫困的哲学》中，蒲鲁东总结道："地租的起源与所有权一样，是非经济的，因为它依据的是一些与财富生产毫不相干，甚至与财富理论正相违背的心理上和道德上的考虑。"② 可见，蒲鲁东的自在所有权理论虽然较早地涉及所有权的起源问题③，但他的解读其实是一种非经济的，或者说，非历史的。

在《哲学的贫困》中，马克思对此作了两点总的评价：其一，由于蒲鲁东认为"一切所有权都是按土地所有权的范例建立起来的"④，因此，蒲鲁东表面上似乎是在讲一般的所有权，但其实不过是土地所有权；其二，蒲鲁东将地租和所有权的起源归因于心理上和道德上的考虑，其实"就是承认自己在了解租和所有权产生的经济原因上是无能的"⑤。基于此，马克思首先指出，"在每个历史时代中所有权是以各种不同的方式、在完全不同的社会关系下面发展

① 参见［法］蒲鲁东《贫困的哲学》下卷，余叔通、李雪华译，商务印书馆2010年版，第668、683页

② ［法］蒲鲁东：《贫困的哲学》下卷，余叔通、李雪华译，商务印书馆2010年版，第685—686页。译文有所改动："extra-économique"由原译文的"超经济的"改译为"非经济的"。

③ 望月清司指出，在马克思之前，蒲鲁东曾对这一问题做过回答，因此，在展开马克思本人关于"所有的历史理论"之前，他必须"给蒲鲁东的所有起源理论以致命的一击"。［日］望月清司：《马克思历史理论的研究》，韩立新译，北京师范大学出版社2009年版，第375页。由此也能看出，有关马克思与蒲鲁东的思想关系研究决不能止步于《哲学的贫困》时期。

④ ［法］蒲鲁东：《贫困的哲学》下卷，余叔通、李雪华译，商务印书馆2010年版，第668页。

⑤ 《马克思恩格斯文集》第1卷，人民出版社2009年版，第639页。

起来的"①，这其实就为所有权范畴本身的历史分析指明了方向。其次，既然蒲鲁东谈论的所有权不过是土地所有权，那么，马克思的批判其实也无须对所有权本身的历史作过多的分析，而只要从现实出发指出土地所有权总是出现在信用之前，而非之后，继而对资本主义生产方式下的土地所有权和地租作初步分析便足以证伪蒲鲁东的理论。当然，马克思此时的批判也有待进一步地推进，因为他的科学的剩余价值理论尚未建立。以此来看，在《哲学的贫困》时期，马克思其实只完成了对蒲鲁东自在所有权理论的初步批判，而更为深刻的批判正是在《1857—1858 年经济学手稿》中完成的。

具体说来，在该手稿的"资本主义生产以前的各种形式"（以下简称"各种形式"）中，针对蒲鲁东的自在所有权理论，马克思主要作了如下两点补充批判。

第一，蒲鲁东称为所有权②的起源的非经济（extra-économique）的因素，其实本身就具有经济起源的性质。在"各种形式"中，马

---

① 《马克思恩格斯文集》第 1 卷，人民出版社 2009 年版，第 638 页。

② 需要说明的是，在《贫困的哲学》（也包括《什么是所有权》）中，当蒲鲁东提到所有权问题时，他使用的是法文单词"propriété"，该词对应于德文的"Eigentum"、英文的"property"。一般说来，无论在法文语境、德文语境，还是在英文语境，该词都包含着两层含义：（1）指人对物的关系，即取所有权之意；（2）指具体的物体，即取财产之意。在《哲学的贫困》中，马克思在批判蒲鲁东"propriété"理论的时候指出，"要想把所有权作为一种独立的关系、一种特殊的范畴、一种抽象的和永恒的观念来下定义，这只能是形而上学或法学的幻想"。在这里，"关系""法学的幻想"应当理解为马克思本人对蒲鲁东是在何种意义上使用"propriété"一词的重要提示。也就是说，蒲鲁东主要讨论的不是某种具体的物体即财产，而是作为权利关系的所有权；马克思所批判的蒲鲁东"propriété"理论则应该是"所有权"理论，而非"财产"理论。以此来看，《哲学的贫困》的中译版将"propriété 的非经济起源译作所有权的经济之外的起源是比较合理的，而《1857—1858 年经济学手稿》的中译版（即《马克思恩格斯全集》第二版第 30 卷）将"propriété"的非经济起源译作财产的非经济起源是有待商榷的。基于这一判断，笔者对《1857—1858 年经济学手稿》中译版的相关翻译作了相应的改动，在此做一点说明。另外，关于法文单词"propriété"、英文单词"property"应当如何翻译才能更为贴近蒲鲁东和马克思的本意的讨论，可以参考杨洪源的专著《政治经济学形而上学：〈哲学的贫困〉与〈贫困的哲学〉比较研究》（2015）。

克思指出，蒲鲁东理解的所有权无非是土地所有权。这种所有权反映的其实是个人对劳动的客观条件，即个人对土地的关系。通过对三种所有制形式的分析，马克思已经发现，被个人当作属于他所有的无机体的自然来看待的这些自然生存条件本身具有双重的性质："其一，是主体的自然，其二，是客体的自然。"① 也就是说，生产的原始条件，无论是作为主体的人，还是作为客体的土地，实际上都不可能是生产的结果，而是表现为自然的前提。正因为如此，个人把土地看作自己的财产，或者确切地说，人与土地的最初的关系，并不是以劳动为前提的产物。马克思指出，在这种情况下，"部落共同体，即天然的共同体，并不是共同占有（暂时的）和利用土地的结果，而是其前提"②。以此来看，孤立的个人是完全不可能有土地财产的③，因而蒲鲁东理解的土地所有权其实是一种非本源的、抽象的法权关系。马克思的分析表明，所有权的本源形式，是以共同体为中介的土地所有权。如果对这一关系作进一步的具体化，就必须考虑到"部落的自然性质""部落现在实际上在怎样的经济条件下以所有者的身分对待土地"④ 等因素的影响。这样，以共同体为中介的土地所有权在具体的、历史的、现实的层面上又会表现出种种不同的形式。亚细亚的、古典古代的以及日耳曼的所有制形式的区别正是由此产生的。从这里也可以看出，马克思是从历史与现实的维度来把握所有权的，而这种思路对于将所有权抽象地理解为永恒观念的蒲鲁东来说，显然是无法理解的。

从历史与现实的维度出发，针对蒲鲁东的所有权的非经济起源的观点，马克思在"各种形式"中作了进一步的批判。马克思指出，从单个人的角度看，共同体的中介、从而法律的保证，虽是产生土地被个人看作属于自己的财产的关系的条件，但千万不要因此而认

① 《马克思恩格斯全集》第 30 卷，人民出版社 1995 年版，第 482 页。
② 《马克思恩格斯全集》第 30 卷，人民出版社 1995 年版，第 466 页。
③ 参见《马克思恩格斯全集》第 30 卷，人民出版社 1995 年版，第 477 页。
④ 《马克思恩格斯全集》第 30 卷，人民出版社 1995 年版，第 478 页。

为"实际的占有"仅仅是发生在对这些条件的"想象的关系"中。换言之，最初的所有权绝不是基于心理上和道德上的考虑而建立起来的。马克思分析道：由于"生产者的存在表现为一种在属于他所有的客观条件中的存在，那么，财产就只是通过生产本身才实现的。实际的占有……是发生在对这些条件的能动的、现实的关系中，也就是这些条件实际上成为的主体活动的条件"①。易言之，人本身的存在，还有人对劳动之前以"前提"的方式存在的自然的改造关系，才是所有权的起源（或者如蒲鲁东所喜欢说的"土地所有权"的起源）。② 在马克思看来，正是这种"能动的、现实的关系"决定了所有权不是飘浮在蒲鲁东的无人身的理性的怀抱之中，而是处于具体的、历史的现实之中，因而总是无法摆脱一定的生产力的制约。这样，不同于蒲鲁东对所有权的法权意义上的理解，以共同体为基础的所有权一方面表现为劳动主体的生产力发展到一定阶段的产物，因而是与特定的生产力相适应的生产关系；另一方面，作为生产关系的所有权的一定形式则会随同生产力本身的发展而相应地改变着。③ 可见，"人们的生活自古以来就建立在生产上面，建立在这种或那种社会生产上面"④，而这种社会生产的关系其实就是蒲鲁东所不理解的经济关系。

第二，蒲鲁东理解的所有权的非经济起源，其实是资产阶级经济的历史起源，亦即资本的原始积累过程。马克思指出，既然蒲鲁东认为一切所有权都是以土地所有权为范例建立起来的，那么，作为资产阶级所有权形式的资本和雇佣劳动也必然会被他"扣上"非经济起源的"罪名"。尽管这种见解不过是蒲鲁东本人不了解资产阶级所有权形式产生的经济原因的一个直接反映，但由此暴露出来的

---

① 《马克思恩格斯全集》第 30 卷，人民出版社 1995 年版，第 486 页。
② 参见［日］望月清司《马克思历史理论的研究》，韩立新译，北京师范大学出版社 2009 年版，第 377 页。
③ 参见《马克思恩格斯全集》第 30 卷，人民出版社 1995 年版，第 488 页。
④ 《马克思恩格斯全集》第 30 卷，人民出版社 1995 年版，第 481 页。

问题是马克思本人在其研究中应当加以认真对待的。蒲鲁东的问题在于无法说明资产阶级所有权形式的真实的发生史，因此，在与蒲鲁东的"隔空"对话中，马克思必然会围绕这一问题展开批判，并且在这一过程中阐发他本人有关资本形成史的相关见解。以此来看，当马克思说："所有权的非经济起源，无非就是资产阶级经济的历史起源，即在政治经济学各种范畴中得到理论或观念表现的那些生产形式的历史起源。"① 他其实已经明确地告诉我们，正是由蒲鲁东暴露出来的问题促使他开启了对"资本原始积累过程"的考察和诠释，而"各种形式"的前一部分有关所有权的本源形式的探讨实际上是通向该文本的后一部分即将展开讨论的"资本原始积累过程"的理论铺垫。②

正因为如此，在"各种形式"中，当马克思完成了对所有权的三种本源形式的分析之后，他便将视线转移到所有者本身从事劳动的各种不同形式是如何历史地发展为劳动对资本的关系这一问题上。简单来说，马克思的分析表明，资本的原始积累是一个"解体"后的重新"结合"的过程。所谓的解体，指的是劳动者对于原料、对于工具、对于劳动过程中所必需的生活资料的关系，从最初地把这一切当作所有物来发生关系转变为把这一切当作非所有物来发生关系。在"各种形式"中，马克思列举并分析了解体的四种情况③，而这四种情况又可以概括为："一方面是活劳动的比较低级形式的解体，另一方面［对直接生产者来说］是比较幸福的关系的解体。"④

---

① 《马克思恩格斯全集》第 30 卷，人民出版社 1995 年版，第 481 页。译文有所改动。

② 根据望月清司的解读，"各种形式"的前一部分与后一部分的划分以第 V 册笔记本第 8 页，即以［V—8］为界限。其中，前一部分马克思主要探讨的是共同体的劳动主体失去所有物以及共同体的解体等问题；后一部分主要是从资本和劳动的关系层面对"解体"的问题作进一步的探讨。参见［日］望月清司《马克思历史理论的研究》，韩立新译，北京师范大学出版社 2009 年版，第 382—383 页。

③ 参见《马克思恩格斯全集》第 30 卷，人民出版社 1995 年版，第 490—492 页。

④ 《马克思恩格斯全集》第 30 卷，人民出版社 1995 年版，第 457 页。

马克思指出，通过此种解体过程，劳动同劳动的客观条件便处于一种否定的关系中："一方面，是自由的工人（可能性上的），另一方面，是资本（可能性上的）。"① 在马克思看来，正是劳动同劳动的客观条件的这种否定性的关系，为货币向资本的转化提供了可能。

所谓的重新结合，指的是变成"自由的客观生活条件"与变成"自由的但已是一贫如洗的活劳动力"以货币财富为中介所形成的新的关系。马克思指出，"作为货币财富而存在的价值，由于旧的生产方式解体的历史过程，一方面能买到劳动的客观条件，另一方面也能用货币从已经自由的工人那里换到活劳动本身"②，如此，在货币财富的中介下，自由工人与资本也就由可能性上的存在转变为现实的存在。基于此，马克思以"不点名"的方式清算了蒲鲁东的理论中可以发现的两种错误见解。第一种错误见解是，把资本的这种原始形成理解为似乎是资本事先积累了并创造了生产的客观条件。马克思指出，从表面上考察货币向资本的最初转化，自然会得出资产阶级经济学家们——蒲鲁东在这一问题上只知道跟在资产阶级经济学家背后亦步亦趋——所津津乐道的简单结论，即"作为资本而出现的一方，必定拥有原料、劳动工具以及使工人在生产期间直到生产完成以前能够维持生活的生活资料"③。然而，只要从社会历史过程的角度出发，就不难发现，前述提及的旧的生产关系的解体并不是先前的劳动的客观条件以及生活资料的消失，而是使它们从与这些个人的先前的联系中"游离"出来，从而以一种新的方式存在。以此来看，资本的原始形成绝不是资本本身积累了生活资料、劳动工具和原料等，而是由于货币财富找到了大量的人手和大量的工具，从而使它们在资本的统治之下重新结合起来。正是在这个意义上，资本的原始积累才表现为一个劳动同劳动的客观条件重新结合的

---

① 《马克思恩格斯全集》第 30 卷，人民出版社 1995 年版，第 498 页。
② 《马克思恩格斯全集》第 30 卷，人民出版社 1995 年版，第 501 页。
③ 《马克思恩格斯全集》第 30 卷，人民出版社 1995 年版，第 498 页。

过程。

第二种错误见解是，人与土地（自然）的统一将是历史过程的结果。如前所述，蒲鲁东特地将（土地）所有权范畴安排在信用范畴之后，就是为了使因信用制度的弊病而从土地（自然）中"解放"出来的人重新回到同土地（自然）的紧密联系中。仅此而言，蒲鲁东其实是将自由的小土地所有制视为未来社会的发展趋势的。这种见解自然会使蒲鲁东被轻而易举地贴上小资产阶级社会主义者的标签，但不可否认的是，此种见解恰恰是同法国当时较为落后的社会结构相契合的。① 由此，蒲鲁东关于未来社会的理论展望才会在一定时期内深刻影响着法国及部分欧洲大陆国家的大众。然而，通过对资本原始积累过程的分析，马克思越加清楚地意识到此种见解的幼稚与危害。马克思指出，"资本一旦产生出来并发展下去，其结果就是使全部生产服从自己，并到处发展和实现劳动与财产之间，劳动与劳动的客观条件之间的分离"②。随后，马克思作了如下预告：以后的叙述将使我们更为清楚地看到，资本的发展将如何消灭手工业劳动、从事劳动的小土地所有制等。显然，蒲鲁东对自由的小土地所有制的向往正是马克思此处所要论说的对象。马克思想要告诉蒲鲁东的是，资本的原始积累以及资本本身的展开过程，不仅将会，而且正在不断地摧毁着蒲鲁东的幻想，即试图使社会生产"回归"到自由的小土地所有制上。因为，资本由其"形成史"向其"现代史"的发展，只能是劳动者与劳动的客观条件相分离的关系的生产与再生产，而绝不会是蒲鲁东所设想的人与土地（自然）的重新统一。以此来看，劳动者与劳动的客观条件虽在资本的原始积累过程中得到了重新的结合，但这种结合由于是处于资本的统治之下，因而其实是两者的"完全分离"③。

---

① 参见杨洪源《〈哲学的贫困〉再研究：思想论战与新世界观的呈现》，社会科学文献出版社 2021 年版，第 86—87 页。

② 《马克思恩格斯全集》第 30 卷，人民出版社 1995 年版，第 507 页。

③ 《马克思恩格斯全集》第 30 卷，人民出版社 1995 年版，第 450 页。

总之，在与蒲鲁东的自在所有权理论的对话中，马克思深入研究了所有权的本源形式及其同资本原始积累的秘密，从而也揭示了资本的形成史与资本的现代史在逻辑上与历史上的联系。概言之，在马克思看来，资产阶级社会本身表现为"正在扬弃自身，从而正在为新社会制度创造历史前提的生产条件"①。正因为如此，废除资本，或者说，废除以交换价值为基础的生产方式，才既是社会历史发展的必然趋势，又是无产阶级及其社会主义运动的真正的历史使命。

六 资产阶级自由平等观的祛魅：对蒲鲁东法权观念的政治经济学剖析

对于马克思来说，关于资本原始积累的研究，能够为他进一步论证资本主义生产方式的剥削本质提供有力的支撑，所以，资本主义生产方式下劳资之间的等价交换的欺骗性质也就更为清晰地呈现在他的面前。因此，在接近"各种形式"的结尾处，马克思明确指出，这种以资本为基础的交换制度，必然会表现为一种与资本无关的独立的制度，并必然形成一种交换平等的"假象"。然而，这种假象是蒲鲁东等资产阶级社会批评家的理论所无法穿透的。在这里，马克思提示说，有关这一问题的分析在"论货币"的那一章中已经有所涉及。② 所以，接下来的分析，我们将跟随马克思的提示再次回到《1857—1858 年经济学手稿》中"货币章"的结尾与"资本章"的开篇部分。

如前所述，在"货币章"中，通过对蒲鲁东主义者错误的"劳动货币"观的批判，马克思制定了其科学的价值理论与货币理论。在这一过程中，马克思越发清晰地辨识出作为货币的货币与作为资本的货币的根本区别。因此，在"货币章"的结尾处，以商品流通

---

① 《马克思恩格斯全集》第 30 卷，人民出版社 1995 年版，第 453 页。
② 参见《马克思恩格斯全集》第 30 卷，人民出版社 1995 年版，第 504—505 页。

为例，马克思总结道，在货币作为货币的简单流通中，"所有权还只是表现为通过劳动占有劳动产品，以及通过自己的劳动占有他人劳动的产品"，因而在这种简单的关系中，确实如资产阶级经济学家所言，是自由和平等的。不过，随着交换价值本身的发展，或者说，随着货币发展为资本，简单流通以及与此相适应的自由和平等的关系也会相应地发生变化。马克思指出，这种变化正是："对自己劳动产品的私人所有权也就是劳动和所有权的分离；而这样一来，劳动＝创造他人的所有权，所有权将支配他人的劳动。"① 这就是说，在货币作为资本的流通中，与简单商品流通相适应的所有权规律将会转变为它的对立面，即与资本的流通相适应的占有规律。这样，自由和平等便不过是一种假象，而且是一种必然的假象。

然而，在马克思看来，这种"必然的假象"在一方面支撑了作为意识形态的资产阶级自由平等观，另一方面阻碍了蒲鲁东等资产阶级社会批评家对现实的批判深度与对社会主义的未来定向。因此，在"资本章"的开篇部分，马克思不是直接展开对作为资本的货币的分析，而是首先对作为资产阶级意识形态的自由平等观进行祛魅。应该说，他的目的既在于为理解资本这一特殊的生产关系扫清障碍，也在于剖析蒲鲁东等资产阶级社会批评家的理论弊病之根源。

在"资本章"的开篇部分，马克思指出，在与古代世界的对照中，资产阶级意义上的自由平等观立即表现出它的鲜明的历史性。"这种意义上的平等和自由恰好是古代的自由和平等的反面。"② 确切地说，它是同以交换价值为基础的交换相适应的观念。概言之，正是在以交换价值为基础的交换中，交换主体的自由和平等才现实地存在着。就交换主体的平等身份来说，由于交换的目的在于交换价值，因此交换主体在其他方面的个人差别也就无关紧要了。所以，在以交换价值为基础的交换中，"一个购买面包的工人和一个购买面

---

① 《马克思恩格斯全集》第 30 卷，人民出版社 1995 年版，第 192 页。
② 《马克思恩格斯全集》第 30 卷，人民出版社 1995 年版，第 199 页。

包的百万富翁，在这一行为中都只是单纯的买者，而零售商对他们来说只是卖者。其他一切规定在这里都消失了"①。就交换主体的自由身份来说，由于个体需要的满足不是通过暴力的方式，而是通过商品等价交换的方式来实现的，因此交换主体之间不仅是相互平等的，也已经相互承认对方是各自商品的所有者了。

基于此，马克思总结道："平等和自由不仅在以交换价值为基础的交换中受到尊重，而且交换价值的交换是一切平等和自由的生产的、现实的基础。"② 以此来看，交换主体的自由和平等绝非人之为人的自然规定性，而是从商品交换关系中必然生发出来的。也由此，建立在交换价值的交换之基础上的资本主义生产方式，必然会产生自由平等的观念，并且在交换价值的交换之基础上产生的货币制度，也必然是自由和平等制度的实现。

分析推进到这里，需要追问的是，难道马克思本人也由此认同了资产阶级经济学家对现存的经济关系是自由平等的判断吗？答案显然是否定的。在接下来的分析中，马克思进一步指出，资产阶级辩护论者和社会主义者（特别是以蒲鲁东为代表的法国社会主义者），实际上都忘记了交换价值本身所具有的丰富的社会历史性内涵。

第一，对个人的强制从一开始就包含在以交换价值为基础的生产制度当中。首先，在这种生产制度中，个人的产品只有通过社会过程的中介才成为个人自己的产品；其次，一定的分工是交换价值及其交换活动得以存在的前提，因而这种交换绝不是"个人的意志"或"个人的直接自然"的产物，而只能是"历史"的产物。第二，不发达的、简单的交换价值必然会发展为发达的、复杂的交换价值，而在交换价值的后一种形式中，商品交换除了存在形式上的（价值量）差别，还存在着不可忽视的内容上（使用价值）的差别。最

① 《马克思恩格斯全集》第30卷，人民出版社1995年版，第206—207页。

② 《马克思恩格斯全集》第30卷，人民出版社1995年版，第199页。

后，"在交换价值和货币的简单规定中已经潜在地包含着工资和资本的对立"① 等问题了。因此，资产阶级的自由平等观作为纯粹的观念，它不过是交换价值的交换的"理想化的表现"。仅此而言，交换价值本身的发展决不会使自由平等由一种"理想化的表现"转变为现实，相反，交换价值的此种发展反倒会使这一现实基础同自由平等的矛盾愈加严重。在交换价值及其交换实现高度发展的资本主义社会中，作为"观念的形态"的自由平等与其"现实的形态"之间的矛盾恰恰是明显且剧烈的。也正是在这个意义上，自由平等观才被指认为资产阶级的意识形态。

在马克思看来，对于交换价值及其交换所具有的此种丰富的社会历史性内涵的"无知"，使得无论是资产阶级辩护论者对现存的经济关系的辩护，还是法国社会主义者对现存的经济关系的批判，实际上都未能超越简单的商品交换关系的狭隘视界。如果说资产阶级辩护论者停留在简单的商品交换关系层面，是为了论证"经济的和谐"以维持其所需要的阶级统治地位的一种主动选择，那么此种"选择"倒还体现了他们的"聪明才智"。反之，如果说法国社会主义者（蒲鲁东当然是这里最直接的批判对象）在觉察到现存的经济关系所包含的矛盾的情况下，却仍旧以简单的商品交换关系为前提对现实进行批判，那么这种批判就必然是浅薄的。因为，此种批判无非表明，他们甚至无法超越资产阶级经济学家所设定的知识前提。换言之，以蒲鲁东为代表的法国社会主义者，从一开始便陷入资产阶级理论家所编织的意识形态陷阱当中。他们"对社会现象的考察不是使现实衍生的概念符合实际对象的发展，而是迫使现实对象跟在概念后面亦步亦趋"②。所以，他们既不理解交换价值必然发展为资本，也不理解资产阶级社会的"现实的形态"和"观念的形态"

---

① 《马克思恩格斯全集》第 30 卷，人民出版社 1995 年版，第 203 页。

② 杜利娜、刘同舫：《马克思对西方传统正义观的辩证批判》，《福建师范大学学报》（哲学社会科学版）2021 年第 1 期。

之间必然存在的差别。这样，他们关于资产阶级社会的批判不仅无法切中问题的要害，而他们对于社会主义运动之历史使命的认知也会相应地降格到法国革命所宣告的资产阶级社会理想的实现。然而，对于社会主义运动本身来说，把提取自简单商品关系的法权观念的实现当作这一运动的历史使命，不得不说是一种极端的讽刺！

正因为如此，在马克思看来，蒲鲁东等人对资产阶级社会的批判是"愚蠢"的，他们关于未来社会的构想则是一种"虔诚而愚蠢的愿望"①。不同于法国社会主义者，马克思指出，"在现存的资产阶级社会的总体上，商品表现为价格以及商品的流通等等，只是表面的过程，而在这一过程的背后，在深处，进行的完全是不同的另一些过程，在这些过程中个人之间这种表面上的平等和自由就消失了"②。在这里，马克思不仅点出了以蒲鲁东为代表的法国社会主义者的批判理论之局限性，即始终未能摆脱止步于简单流通关系层面的狭隘的资产阶级视界，也指出了准确理解资本主义生产方式下商品交换关系的关键之所在，即必须由简单流通关系层面的现象界沉降到生产关系层面的本质界。在马克思看来，唯有如此，社会主义才能避免如同"蒲鲁东一样的在反对资产阶级社会的口号中实现'资产阶级社会的理想'的命运"③。手稿接下来的章节中，马克思关于资本、剩余价值等问题的研究也正是沿着这一方向推进的。仅此而言，在正式过渡到对资本本身的研究之前，剖析蒲鲁东理论弊病之根源，既为马克思准确理解资本这一特殊的生产关系扫清障碍，也为马克思后续的研究提供了重要的反面参照。

总体而言，通过对《1857—1858年经济学手稿》的文本分析，能够发现，马克思的确是在批判蒲鲁东错误的"劳动货币"观、资本观、生产过剩观、自在所有权理论以及剖析蒲鲁东理论弊病之根

①　参见《马克思恩格斯全集》第30卷，人民出版社1995年版，第203—204页。
②　《马克思恩格斯全集》第30卷，人民出版社1995年版，第202页。
③　韩蒙：《马克思思想变迁的社会主义线索》，江苏人民出版社2021年版，第18页。

源的过程中，相继阐发了其关于价值、货币、资本、剩余价值、生产过剩、所有权的历史形式以及资产阶级意识形态等问题的新的科学见解。从表面上看来，马克思对蒲鲁东的诸多批判显得琐碎且繁杂，但只要将此种批判所涉及的具体问题联系起来，那么，这些看似琐碎且繁杂的批判议题，恰恰构成了我们全面把握现代资产阶级社会之形成过程、本质及其再生产过程的"枢纽"。以此来看，自马克思创立历史唯物主义"新哲学"之后，不理解现代资产阶级社会的蒲鲁东恰恰是一个不可或缺的反面"教员"。他的作用就在于，以其自身的理论失误，刺激着马克思将其"新哲学"不断地落实为对资本主义生产方式的政治经济学批判，从而使社会主义真正由空想转变为科学。在这个意义上，《1857—1858 年经济学手稿》是对《哲学的贫困》的重要推进。但是，考虑到无论是研究的整体思路的确定还是关键范畴的科学内涵的具体定义，相较于稍后的经济学手稿以及公开出版的《资本论》，《1857—1858 年经济学手稿》还是逊色不少，因而马克思对蒲鲁东的批判也仍然存在着进一步推进的空间。

第三节　《政治经济学批判》第一分册中对蒲鲁东主义的"连根铲除"

在完成《1857—1858 年经济学手稿》之后，马克思便着手在此基础之上进一步加工整理，然后以分册的形式正式出版他的经济学著作。1858 年 3 月，马克思与柏林的出版商弗兰茨·敦克尔签订出版合同。此后不久，马克思先是在 1858 年 6 月写下了作为付印稿之提纲的《七个笔记本的索引（第一部分）》（这个"索引"由两份未完成的草稿组成）。以此为基础，马克思接着在 1858 年 8 月至 10 月期间写成了《政治经济学批判》第一分册的初稿。1858 年 11 月至 1859 年 1 月，在对初稿的内容和形式进行广泛加工的基础上，马克思最终写成了第一分册的付印稿，此即《政治经济学批判》第一分册（以下简称《第一分册》）。

可见，对于这部公开出版的政治经济学著作，马克思付出了极大的代价和十足的心力。之所以如此，一方面是因为《第一分册》作为对马克思从 19 世纪 40 年代开始所从事的经济学研究，尤其是对《1857—1858 年经济学手稿》理论推进的重要总结，它承载着向世人首次展现马克思所制定的崭新的经济学学说的理论使命；另一方面则是因为当时在法国流行的蒲鲁东主义使社会主义降格为根本不了解现实经济关系的理论体系，所以，出版《第一分册》同时承载着"为我们的党赢得科学上的胜利"① 的政治使命。以此来看，从根本上打击蒲鲁东主义恰恰是把握《第一分册》的写作思路及其理论进展所不可忽视的一条线索。

一 起始范畴：从价值到商品

事实上，在《第一分册》中有关蒲鲁东的论述不过 3 处，其中 2 处还是在脚注中。然而，正是在对《第一分册》的自我评价中，马克思不止一次地谈道：这一论著中有关商品和货币的两章从根本上打击了当时在法国流行的蒲鲁东社会主义。② 以此来看，在《第一分册》中，蒲鲁东虽然很少被直接提及，但他是马克思在其理论逻辑的推进过程中所要直接对话的重点对象之一。这一点，尤其表现在作为《第一分册》起始范畴的"商品"概念的确定上。

众所周知，在《1857—1858 年经济学手稿》的结尾处，马克思拟定的起始范畴其实是价值，而非商品。尽管写有《第一分册》初稿第一章内容的笔记本 C 没有保留下来，但依据现有的资料可以确定的是，马克思的这一思路至少延续到了《七个笔记本的索引（第一部分）》中。在那里，价值依然是第一章的标题。这就是说，"价值"范畴才是《资本论》手稿最初计划的起始范畴。不过，在公开

---

① 《马克思恩格斯全集》第 50 卷，人民出版社 2021 年版，第 461 页。

② 参见《马克思恩格斯全集》第 50 卷，人民出版社 2021 年版，第 461、578 页。

出版的《第一分册》中，马克思最终还是放弃了这一原初计划，以"商品"替代"价值"作为第一章的正式标题。那么，马克思为何作出此种调整呢？概言之，此种调整必然是同马克思本人对资本主义经济过程之最基础性内容的重新认识相关联的，而此种新的认识又是在他批判性反思作为资产阶级经济学基石性范畴的价值概念之局限、审视蒲鲁东在理解资产阶级经济学价值概念上的理论失误的过程中逐渐获得的。

就作为资产阶级经济学基石性范畴的价值概念而言，从斯密开始，这一概念便被广泛地理解为使用价值和交换价值的统一体。历史地看，斯密的此种见解由于对使用价值和交换价值作了最初的区分，因而在政治经济学史上具有不可磨灭的功绩。遗憾的是，斯密显然无法理解二者的真实关系。事实上，一旦把使用价值纳入价值的概念中，也就意味着，此种见解必然忽视并混淆使用价值和价值的本质区别。进言之，斯密对价值的理解从根本上缺失了社会形式的维度。较之于斯密，李嘉图向前发展的一点是：他试图把使用价值从价值的概念中排除出去。在李嘉图看来，"价值，根本与富不同。价值不定于丰饶，但基于生产的难易……一般经济学家，因误认富之增加为价值之增加，因未认清什么是价值的标准尺度，真不知发出了多少错误"[①]。然而，即使如此，李嘉图也没能对二者的真实关系作出科学的解读。因为，在李嘉图那里，"也是把雇佣劳动和资本理解为生产作为使用价值的财富的自然形式，而不是历史上一定的社会形式"[②]。这就是说，李嘉图关于使用价值和价值的理解同样缺失了对交换本身所具有的特定的经济形式的考察。正因为如此，李嘉图虽然没有将价值理解为使用价值和交换价值的统一体，但他同斯密一样，沉迷于价值量的研究。以此来看，在对价值概念的理

---

①　[英] 大卫·李嘉图：《政治经济学及赋税原理》，郭大力、王亚南译，译林出版社 2014 年版，第 156—157 页。

②　《马克思恩格斯全集》第 30 卷，人民出版社 1995 年版，第 292 页。

解上缺失社会形式的维度，必然会把价值同交换价值相混淆。其后果是，流通层面上的价值量的"现象"分析便会替代生产过程中具体的历史的经济关系的"本质"分析。这正是资产阶级经济学价值概念之局限性所在。

就蒲鲁东在理解资产阶级经济学价值概念上的理论失误来说，首先，在斯密的影响下，蒲鲁东也将价值理解为使用价值和交换价值的统一体。在《贫困的哲学》中，蒲鲁东一改将所有权视作政治经济学的基础的观点，开始跟随资产阶级经济学家，将价值指认为"经济学大厦的基石"，并明确指出："价值生就两副面孔：一副是经济学家称之为使用价值，或曰固有价值；另一副称为交换价值，或曰议定价值。"① 可见，在对价值概念的理解上，蒲鲁东从根本上遵循了斯密的解读思路。然而，已如前述，一旦将使用价值纳入价值的概念中，那么对于价值的理解必定会缺失社会形式的维度。蒲鲁东虽然正确地指出"经济学家并没有仔细阐明价值观念产生的经过"②，但直接采用斯密关于价值的定义，注定了他本人也无法对此作出科学的解答，把"建议交换"视作价值观念的原因便是最好的证明。其次，由于对价值概念的理解从根本上缺失了社会形式的维度，因此，同斯密和李嘉图等资产阶级经济学家一样，他也必然会将价值同交换价值相混淆，进而只能从价值量的单一角度来理解资本主义生产方式下的商品交换关系。这样一来，要想批判资产阶级社会现实，蒲鲁东便只能牢牢抓住李嘉图的"交换价值公式"，即价值量决定于劳动时间的原理，以此责备资产阶级社会现实中商品交换在价值量上的非等价交换同这一公式相矛盾，并要求资产阶级社会在实践中贯彻它的理论原则。③ 从表面上看，对资产阶级社会的批

① ［法］蒲鲁东：《贫困的哲学》上卷，余叔通、王雪华译，商务印书馆 2010 年版，第 73 页。

② ［法］蒲鲁东：《贫困的哲学》上卷，余叔通、王雪华译，商务印书馆 2010 年版，第 74 页。

③ 参见《马克思恩格斯全集》第 31 卷，人民出版社 1998 年版，第 456 页。

判似乎把蒲鲁东推向资产阶级经济学家的对立面，但从深层逻辑上看，蒲鲁东恰恰是站在与他所批判的对象的理论思路相一致的线索上来进行理论批判活动的，即从单一的价值量的角度来展开他的理论批判活动的。然而，一旦无批判地接受资产阶级经济学关于价值概念的理解，仅从价值量的维度来把握资本主义生产方式下的商品交换关系，那么有关资本主义社会的批判也就必然会止步于流通层面的表面现象，而始终无法深入流通背后的经济关系的内在本质。应该说，这才是资产阶级经济学中最为深刻的意识形态陷阱。蒲鲁东关于价值概念的理解，充分体现了这一意识形态陷阱对蒲鲁东理论的深刻影响。

客观地说，在《1857—1858 年经济学手稿》的"货币章"中，斯密关于价值的认识依然影响着马克思。他指出："价值的第一个形式是使用价值，是反映个人对自然的关系的日常用品；价值的第二个形式是与使用价值并存的交换价值，是个人支配他人的使用价值的权力，是个人的社会关系：最初它本身又是节日使用的、超出直接需要之外而使用的价值。"① 从这里能够看出，此时的马克思关于价值的理解，在一定的意义上，同斯密是一致的。可想而知，当马克思同斯密一样，把价值依然理解为使用价值和交换价值的统一体时，那么他对资本主义生产方式下商品交换关系的解读，也难免会被单一的价值量的分析视角所束缚，因而较之于蒲鲁东，他也谈不上实现对资产阶级经济学之意识形态的真正超越。事实也是如此。在起始范畴尚未由价值概念推进到商品概念之前，马克思往往也是在交换价值的意义上理解价值概念的②；与此相关联的是，手稿的"货币章"其实只涉及对资本主义社会的物化批判，它离《资本论》中具有更为丰富的内涵的拜物教批判理论还有一段距离③。

---

① 《马克思恩格斯全集》第 30 卷，人民出版社 1995 年版，第 127 页。
② 参见《马克思恩格斯全集》第 30 卷，人民出版社 1995 年版，第 89 页。
③ 参见唐正东《马克思拜物教批判理论的辩证特性及其当代启示》，《哲学研究》2010 年第 7 期。

　　不过，随着研究本身的推进，在《1857—1858 年经济学手稿》的"资本章"中，马克思开始对斯密的这一见解产生怀疑并反问道："是否应把价值理解为使用价值和交换价值的统一？价值本身是同使用价值和交换价值这些价值的特殊形式相对立的一般东西吗？这在经济学上有意义吗？"① 正是通过对这一系列的问题的思考，马克思才逐渐意识到，斯密关于价值的理解并不科学。这是因为，"交换价值表示价值的社会形式，而使用价值根本不表示价值的经济形式，它只表示产品为人本身而存在"②。也就是说，使用价值是一种自然属性，而交换价值（价值）则是一种社会属性。它们各自的属性特征决定了，前者是无法被纳入后者的概念中的。更进一步，马克思发现，使用价值和交换价值（价值）其实是商品的二重存在。在这个意义上，作为两者之矛盾统一体的其实是商品，而非价值。也由此，在手稿的结尾，即"Ⅰ.价值"章中，马克思第一次明确地指出："表现资产阶级财富的第一个范畴是商品的范畴。商品本身表现为两种规定的统一。"③

　　值得一提的是，虽然此时的马克思依然将第一章的标题拟定为"价值"，但他显然已经隐约地意识到，商品而非价值才是资产阶级经济过程中最为基础性的范畴。这是因为，对于马克思来说，一旦认识到商品而非价值才是使用价值和交换价值的矛盾统一体，或者说，商品之二重存在的本质差异，那么问题的关键，就在于探究单纯的使用价值是在何种情况下取得交换价值的社会属性的，而不在于研究商品交换的数量比例关系。这就是说，单一维度的价值量的现象分析必须让位于使用价值之物质形式与交换价值之社会形式的双重维度的内在本质分析。以此来看，在手稿的结尾处，当马克思说商品是使用价值和交换价值的统一时，物质形式与社会形式之双

---

　　① 《马克思恩格斯全集》第 30 卷，人民出版社 1995 年版，第 224 页。
　　② 《马克思恩格斯全集》第 31 卷，人民出版社 1998 年版，第 284 页。
　　③ 《马克思恩格斯全集》第 31 卷，人民出版社 1998 年版，第 293 页。

重维度的分析思路显然已经成为他把握商品概念的核心思路。分析思路的此种转变表明，马克思此时已经克服了资产阶级经济学中最为深刻的意识形态陷阱，即单一的价值量分析视角的束缚，因而一场关涉政治经济学基石性范畴的革命也正在酝酿之中，这就是从"价值"过渡到"商品"。正因为如此，在以"价值"为标题的"价值"章中，才会出现商品而非价值被马克思指认为表现资产阶级财富的"第一个范畴"的这种看似相互矛盾的情况。

　　如果说，在手稿的结尾处，马克思之所以对是否应该以商品替代价值作为第一章的标题而犹豫不决，是因为他还主要是从使用价值和交换价值统一于商品的角度来理解商品概念的，那么，在《第一分册》中，对商品中使用价值和交换价值相互矛盾的关系的研究，可以说是马克思最终将商品确定为政治经济学的起始范畴的关键原因。在《第一分册》中，马克思指出：商品交换关系"既应该是商品和商品作为质上相同而只在量上不同的量和量之间的关系，是它们作为一般劳动时间的化身而相等的关系，同时又应该是商品和商品作为质上不同的物、作为满足特殊需要的各种特殊使用价值之间的关系，简言之，作为各种实际使用价值而相异的关系。但是这种相等和相异是相互排斥的"①。应该说，马克思的解读只有深入这一层面，他才能进入真正的商品关系解读视域之中，从而发现商品关系才是资产阶级经济过程中最为基础的、最为抽象的内容。也正是在这个意义上，马克思将商品正式确定为政治经济学的起始范畴，并作为他用以"上升"到资本主义生产方式之具体总体的科学抽象之前提。以此来看，把商品概念确定为起始范畴，才充分体现了马克思在《导言》中所制定的从抽象上升到具体的政治经济学方法同古典政治经济学方法的根本区别。前者用以上升到具体总体的抽象之前提是具有内在矛盾性的科学抽象，后者则是缺乏内在矛盾的单

---

①　《马克思恩格斯全集》第 31 卷，人民出版社 1998 年版，第 437 页。

一维度的经验抽象。① 正因为如此，在马克思的商品关系解读视域中，商品关系才会存在一个由不发达状态向发达状态的发展过程；在资产阶级经济学家的理解中，却只有简单的商品关系这一永恒的状态。

从上述理论推进出发，马克思在《第一分册》中再次审视以李嘉图为代表的资产阶级经济学家时，便很自然地指出，较之于包括斯密在内的其他古典政治经济学家，李嘉图对交换价值决定于劳动时间作了最为透彻的表述和发挥，因而是古典政治经济学的完成者，但李嘉图的问题在于"研究只限于价值量"②。从马克思对李嘉图的这一辩证评价可以看出，他此时才真正清楚地认识到，资产阶级经济学的理论缺陷，或者说，资产阶级经济学最为深刻的意识形态陷阱，其实是以价值量的研究遮蔽了对于具体的历史的经济关系的研究。以此反观英国的李嘉图派社会主义和海峡彼岸的法国的蒲鲁东社会主义，马克思同时清楚地认识到，这些社会主义者的根本问题正在于，无批判地接受了李嘉图的交换价值公式。假定这个公式在理论上是正确的，因而无论是对资产阶级社会的现实批判还是对社会主义的未来定向，始终都无法摆脱单一维度的价值量分析视角，或者说，流通层面上的现象分析视角。然而，较之于英国的李嘉图派社会主义者的"真诚"，蒲鲁东的"自吹自擂"显然令马克思颇为厌烦。正因为如此，在随后的分析中，马克思不无讽刺地评价道："英国的社会主义者至少就是用这种方式把李嘉图的交换价值公式倒转过来反对政治经济学。留给蒲鲁东先生去做的，就是不仅把旧社会的基本原则宣布为新社会的基本原则，而且宣称自己是李嘉图概括英国古典经济学全部成果的那个公式的发明者。事实证明，当蒲鲁东先生在海峡彼岸'发现'这个公式的时候，在英国，甚至对李

---

① 唐正东：《〈资本论〉及其手稿中的"抽象"概念》，《贵州师范大学学报》（社会科学版）2016 年第 3 期。

② 《马克思恩格斯全集》第 31 卷，人民出版社 1998 年版，第 454 页。

嘉图公式的乌托邦式的解释早已被人遗忘了。"① 应该说，这一评价虽显严厉，但无疑又是精当的。它和马克思此时在起始范畴上由价值过渡到商品的理论推进是一致的。

二　逻辑推进：从商品发展到货币

在《1857—1858 年经济学手稿》中，相对于在起始范畴问题上的不确定性来说，此时的马克思关于货币的认识却是足够成熟的。因此，就货币问题来说，《第一分册》在某种意义上是对《1857—1858 年经济学手稿》中既有观点的全面总结。这在文本上表现为，马克思对货币的经济本质、起源及其相关职能所作的更为系统的阐释，因而针对蒲鲁东"劳动货币"观的批判虽很少被直接提及，但由蒲鲁东"劳动货币"观所暴露出来的问题也得到了更为系统的清算。

第一，货币是商品内在矛盾的必然产物，金银担任货币职能则是与其固有的自然属性相关联的。在《贫困的哲学》中，蒲鲁东曾指出："习惯赋予贵金属充当交换手段的特殊职能，纯粹是约定的职能。任何别的商品，虽然可能不如贵金属那样方便，但是，也同样可以有效地履行这种职能；经济学家都承认这一点，并且还举出了不少的例子。那么，是什么原因使贵金属被公众选定为货币的呢？怎样解释货币的这种在政治经济学中绝无仅有的特殊职能呢？"② 对此，在《哲学的贫困》中，马克思也曾一语破的地指出："蒲鲁东先生这样提出问题，那就已经预先假定了货币的存在。"③ 这就是说，蒲鲁东其实是把货币本身的存在视作无须赘言的当然前提，因而他的货币理论必然会在一方面忽视对货币起源的历史性考察，而在另一方面将属于次要的问题误认为主要的问题来加以研究，即将

---

① 《马克思恩格斯全集》第 31 卷，人民出版社 1998 年版，第 456 页。

② ［法］蒲鲁东：《贫困的哲学》上卷，余叔通、王雪华译，商务印书馆 2010 年版，第 106 页。

③ 《马克思恩格斯全集》第 4 卷，人民出版社 1958 年版，第 119 页。

贵金属为何成为货币当作主要的问题而加以探讨。显然，在《哲学的贫困》中，马克思已经精准地捕捉到蒲鲁东货币理论的缺陷之所在，但要对此作出系统的回应是存在一定难度的。因为，此时的马克思的商品二重性学说、劳动二重性学说都尚未建立。

《1857—1858 年经济学手稿》中的理论探索，则为马克思在《第一分册》中对此作出系统回应提供了必要的理论基础。马克思在《第一分册》中指出："只要理解了货币的起源在于商品本身，货币分析上的主要困难就克服了。"① 这就是说，系统批判蒲鲁东的货币理论必须首先揭示商品同货币的内在联系，或者说，揭示货币的历史起源。马克思分析道："生产交换价值的劳动是抽象一般的和相同的劳动，而生产使用价值的劳动是具体的和特殊的劳动，它按照形式和材料分为无限多的不同的劳动方式。"② 一方面，使用价值存在根本差别的不同商品之所以可以交换，正是因为它们作为交换价值总是以一定的数量彼此相等，因而实际上代表着同一个"统一物"。以此来看，处于交换过程中的每一个商品都是这样一个商品："它应当像这样通过自己特殊使用价值的转让而表现为一般劳动时间的直接化身。但是另一方面，在交换过程中彼此对立着的只是特殊商品，只是体现在特殊使用价值中的私人劳动。"③ 可见，商品交换其实存在着从私人劳动时间向一般劳动时间转化、从使用价值向交换价值转化的问题。正因为如此，马克思总结道："商品在交换过程中必须使它的存在二重化。另一方面，它的作为交换价值的第二存在本身也只能是另一种商品，因为在交换过程中对立着的只是商品。"④ 也就是说，商品本性中的固有矛盾必然会在商品的交换过程中发展起来，并最终从商品中分离出一个专门代表交换价值的独立形式，即货币。在这个意义上，商品必然会发展为货币。

---

① 《马克思恩格斯全集》第 31 卷，人民出版社 1998 年版，第 458 页。
② 《马克思恩格斯全集》第 31 卷，人民出版社 1998 年版，第 428 页。
③ 《马克思恩格斯全集》第 31 卷，人民出版社 1998 年版，第 438 页。
④ 《马克思恩格斯全集》第 31 卷，人民出版社 1998 年版，第 439 页。

在马克思看来，一旦把握住商品同货币的内在联系，那么资产阶级经济学家关于货币起源的解释也就站不住脚了。这是因为，资产阶级经济学家将货币视作"思考或协商的产物"①，其实是"从扩展了的物物交换所遇到的外部困难中去寻求货币的起源"②的必然结论，在归根结底的意义上，这是对商品和货币之内在联系的抹杀和无知。以此来看，尽管资产阶级经济学家的理论探讨的确触及货币起源的问题，但他们无法对此作出科学的解答。当蒲鲁东"把贬黜货币和把商品捧上天当作社会主义的核心而认真说教"③时，恰恰表明资产阶级经济学家对商品和货币之内在联系的抹杀和无知，正是蒲鲁东货币理论的直接起点。也就是说，蒲鲁东必然会把理应作为主要问题的货币起源问题视作当然的前提而不予研究，相反，却把属于次要的问题，即贵金属为何转变为货币当作主要的问题而加以认真探讨。针对此，马克思指出，贵金属之所以成为货币，恰恰不是由蒲鲁东理解的"经济原因"决定的，而是由贵金属的物理属性中的可分割性、耐久性决定的。仅此而言，蒲鲁东的货币理论由于无批判地接受了资产阶级经济学的理论缺陷，因此他关于货币的研究从一开始便犯了主次颠倒的问题。

第二，贵金属作为货币的绝对的可通约性在于商品内含的一般劳动时间，而非直接的劳动时间。蒲鲁东货币理论暴露出的第二个问题在于，他对由资产阶级经济学所提炼的交换价值由劳动时间决定的原理作了歪曲的解读和发挥。在《贫困的哲学》中，蒲鲁东指出，劳动要为人类福利和平等提供保证，就必须使每一个人的产品都和产品的总量成比例。究其缘由，正是"因为劳动所交换或购买到的价值始终只能等于它本身所包含的价值"④。这就是说，在蒲鲁

① 《马克思恩格斯全集》第 31 卷，人民出版社 1998 年版，第 442 页。
② 《马克思恩格斯全集》第 31 卷，人民出版社 1998 年版，第 444 页。
③ 《马克思恩格斯全集》第 31 卷，人民出版社 1998 年版，第 480 页。
④ ［法］蒲鲁东：《贫困的哲学》上卷，余叔通、王雪华译，商务印书馆 2010 年版，第 109 页。

东的理解中，商品包含的直接劳动时间应当成为商品交换的依据。
更进一步，蒲鲁东认为，"当人类理解到所有的劳动产品都应该服从
一种能够使各种产品都同样可以转换的比例尺度，他便着手把这种
绝对可换性只赋给一种特殊的产品，使这种特殊产品成为人类其他
一切产品的范本和保证"①。贵金属货币正是人类对劳动是构成交换
价值的基础之原理的最初运用的产物。也正是在这个意义上，蒲鲁
东将贵金属货币视作价值达到构成状态的第一种商品。

对于《哲学的贫困》时期的马克思来说，要想看出蒲鲁东此种
见解中存在的问题并不困难，但要想彻底清算这种错误认识必须依
托于劳动二重性学说的建立。这一点，正是《哲学的贫困》中所欠
缺的理论基础。在《第一分册》中，基于劳动二重性学说，马克思
对此作出了系统的回应。马克思指出，要准确理解交换价值规律必
须把握以下几个要点。首先，只有把生产商品所耗费的私人劳动时
间本身化为质上相同因而只有量的差别的劳动，才能够使商品的交
换得以进行。② 其次，作为质上相同的劳动是一种不同于私人劳动的
一般劳动，这种劳动是在当时一般生产条件下生产另一个同样商品
所需要的劳动时间，因而是一种具有"特有的社会性"的社会必要
劳动。③ 最后，生产交换价值因生产商品的劳动所具有的"社会规
定"，一方面决定了这种劳动是以交换价值为结果的劳动。另一方面
决定了商品所包含的劳动量并不是恒定的，它同社会生产力的发展
成反比例关系。④ 正因为如此，劳动时间作为商品和贵金属货币之间
的"真正尺度"，它不是生产商品的直接劳动时间，而是基于特定的
生产关系的社会必要劳动时间。以此来看，对于这一问题的理解，
蒲鲁东甚至没有达到资产阶级经济学家的理论水平；他试图由此推

---

① ［法］蒲鲁东:《贫困的哲学》上卷，余叔通、王雪华译，商务印书馆 2010 年
版，第 110 页。
② 参见《马克思恩格斯全集》第 31 卷，人民出版社 1998 年版，第 423 页。
③ 参见《马克思恩格斯全集》第 31 卷，人民出版社 1998 年版，第 424—426 页。
④ 参见《马克思恩格斯全集》第 31 卷，人民出版社 1998 年版，第 430 页。

导出商品应当依据生产商品的直接劳动时间进行交换，使一切商品的价值都达到构成状态，消除货币独有特权的想法，也暴露出他对商品和货币之间真实关系的一无所知。

　　第三，交换价值和价格的差别不是名义的，而是实际的，并且潜在地包含着由于产品是商品而产生的全部矛盾。当蒲鲁东将贵金属货币视作价值达到构成状态的第一种商品，并妄图通过以"劳动小时券"替代货币来实现商品按照它们在生产中所消耗的劳动量直接进行交换时，也就进一步暴露出他的货币理论的第三个问题，即混淆了交换价值和价格的差别。在此前的经济学手稿中，从劳动生产率不断提高的现实出发，马克思已经指认了交换价值和价格实际上的、必然的差别；在《第一分册》中，马克思则从商品同货币的内在联系出发，进一步系统地阐发了交换价值和价格的关系问题。

　　就上述两者之间的关系问题来说，蒲鲁东其实同英国空想社会主义者约翰·格雷等人一样，始终没有触及应该解决的问题。在《第一分册》中，马克思指出，这里的问题是："既然劳动时间是价值的内在尺度，为什么除了劳动时间之外还有另一种外在尺度呢？为什么交换价值发展成为价格呢？为什么一切商品都用一种分离出来的商品来估计自己的价值，因而使这一商品变成交换价值的最适当的存在，变成货币呢？"[①] 企图让商品能够直接作为社会劳动产品而相互发生关系的蒲鲁东和格雷等人，正是因为没有解决上述问题，才无法理解商品同货币的内在联系，从而产生不切实际的幻想。相反，马克思正是在对这一问题的研究中揭示了交换价值和价格的真实关系。马克思分析道，首先，仅仅是因为"一切商品都用它（金——引者注）来估计自己的交换价值"[②]，就可以使金成为除劳动时间之外的另一种外在的尺度，但作为一种外在的尺度，金之所以能够衡量一切商品之交换价值，则是因为它们两者之间的真正尺

[①]　《马克思恩格斯全集》第 31 卷，人民出版社 1998 年版，第 479 页。
[②]　《马克思恩格斯全集》第 31 卷，人民出版社 1998 年版，第 460 页。

度，即劳动时间本身。正因为如此，在看不见的价值尺度中，才会潜伏着坚硬的货币。其次，尽管劳动时间始终是商品交换价值的内在尺度，但金一旦直接变成一般劳动时间的化身，商品便不再作为用劳动时间来计量的交换价值，而是"作为用金来计量的同名量相互发生关系"，这时"金就从价值尺度转化为价格标准"①。然而，金本身必须是一个潜在可变的量，"因为它只有作为劳动时间的化身才能变成其他商品的等价物，而同一劳动时间又随着实在劳动的生产力的变动而实现在同一些使用价值的不同量上"②；作为价格标准的金，则是不变的，"因为它被确定为不变的重量单位"③。因此，金本身存在着两种完全不同的形式规定，即价值尺度和价格标准。在马克思看来，如果混淆两者的差别，也就必然会产生蒲鲁东等人那样荒谬的理论，即由作为价格标准的金的不变性，得出金是价值达到构成状态的第一种商品的荒谬的想法。

对于马克思来说，交换价值和价格的差别是实际上的、必然的。这是因为，价格虽是商品的交换价值在观念上的反映，但在现实中，商品所预先标明的价格能否变成它的内在的交换价值，只有在流通中才能得到证实，而它能否得到这种表现，看来却是偶然的事情。正因为如此，在马克思看来，交换价值和价格的差别，其实已经潜在地包含着由于产品是商品而产生的全部矛盾。可见，"实际流通过程中威胁着商品的一切风暴正是集中在这个差别上"④。也由此，准确理解交换价值和价格之间的真实关系，既是清算蒲鲁东等人抹杀两者差别的必然之举，也是从商品同货币的内在联系出发揭示资本主义生产方式必然灭亡之发展趋势的应有之义。

---

① 《马克思恩格斯全集》第 31 卷，人民出版社 1998 年版，第 464 页。
② 《马克思恩格斯全集》第 31 卷，人民出版社 1998 年版，第 461 页。
③ 《马克思恩格斯全集》第 31 卷，人民出版社 1998 年版，第 465 页。
④ 《马克思恩格斯全集》第 31 卷，人民出版社 1998 年版，第 463 页。

三　蒲鲁东主义仍有进一步批判的空间

我们已经知道，在 1859 年 1 月《第一分册》书稿完成之后，马克思曾分别致信魏德迈和恩格斯，并指出，《第一分册》的两章从根本上打击了当时在法国流行的蒲鲁东社会主义。① 基于这一论断，要真正把握马克思在《第一分册》中的理论逻辑推进，就必须将在文本表面很少直接呈现出来的对蒲鲁东社会主义的批判纳入解读过程之中。前文的分析，正是沿着这一线索展开的。此外，这一论断也提醒我们思考如下问题：马克思关于商品和货币的分析在何种意义上实现了对蒲鲁东社会主义的连根铲除？同时，如果马克思的批判的确使蒲鲁东社会主义被连根铲除了，那么这是否也意味着此种批判本身的终结？

就第一个问题来说，蒲鲁东的理论活动其实是同资产阶级政治经济学的知识前提复杂地纠缠在一起的，这些知识前提包括：从数量关系的维度把握商品交换关系、从二元对立的角度把握商品和货币的关系。正因为如此，蒲鲁东理论的全部"智慧"就在于，一方面从数量关系的维度出发，把对现代资产阶级社会的批判降格为对商品的非等价交换的批判；另一方面则从商品和货币的二元对立的角度出发，把社会主义的核心任务降格为保留商品生产和贬黜货币特权。对于马克思来说，如果要想从根本上打击蒲鲁东社会主义，首要的是精准定位蒲鲁东理论的症结之所在。自《哲学的贫困》以来，尤其是经过《1857—1858 年经济学手稿》的理论中介，马克思对蒲鲁东理论缺陷的认识越发深刻，而这种推进充分体现在《第一分册》中一个颇具讽刺意味的简短评价中。马克思指出："那些只要商品不要货币、只要以私人交换为基础的生产而不要这种生产的必要条件的空想主义者是做得彻底的，他们不等货币以可感觉的形式

---

① 　参见《马克思恩格斯全集》第 50 卷，人民出版社 2021 年版，第 461、578 页。

出现，就在它作为价值尺度的朦胧的、想象的形式上把它'消灭'。"① 在这里，蒲鲁东虽并未被马克思直接提及，但要商品而不要货币的"空想主义者"显然指的正是蒲鲁东等人。这就表明，此时的马克思已经清楚地意识到，无法从社会历史过程的角度把握商品和货币之间的必然联系，才是蒲鲁东社会主义的最大症结。相应地，从根本上打击蒲鲁东社会主义就必须科学地揭示商品和货币的真实关系。因为，如果社会历史过程的展开必然会使货币从商品关系中应运而生，那么试图贬黜货币而保留商品生产的想法之空想本质也就昭然若揭了。以此来看，在《第一分册》中，当商品和货币之间的必然联系已经得到科学的揭示之后，马克思的确有理由说，蒲鲁东社会主义被连根铲除了。

就第二个问题来说，从根本上打击蒲鲁东社会主义与是否继续批判这一对象其实是两回事。如前所述，一旦商品和货币之间的必然联系得到科学地揭示之后，以商品和货币之二元对立为理论前提的蒲鲁东社会主义也自然会被证伪。仅此而言，从根本上打击蒲鲁东社会主义在某种意义上只是一个学理逻辑上的问题。也就是说，只要马克思本人能够从学理层面上证伪蒲鲁东社会主义就足够了。然而，是否继续批判蒲鲁东社会主义既是一个理论问题，更是关涉社会主义政党能否最终取得科学上的胜利的政治问题。作为一个理论问题，虽然蒲鲁东理论的最大症结在于对商品和货币之间的关系作了二元对立的解读，但蒲鲁东本人毕竟是一个密切关注社会现实的理论家，因此，他的理论触角也必然会随同社会现实本身的发展而延展到对除商品和货币之外的资本、利润、利息以及所有权等关涉现代资产阶级社会问题的讨论。这一点，在《资本论》的第一手稿里马克思针对蒲鲁东的批判中已经得到了充分的体现。以此来看，以商品和货币为主体内容的《第一分册》虽说已经完成了对蒲鲁东社会主义的连根铲除，但谈不上对蒲鲁东理论的全面清算。正因为

---

① 《马克思恩格斯全集》第 31 卷，人民出版社 1998 年版，第 464 页。

如此，在为《政治经济学批判》第二分册而作的准备的三篇手稿①中，批判蒲鲁东依然是马克思计划之内的众多理论任务之一。当然，正如霍布斯鲍姆所言，"在蒲鲁东理论的缺陷比它的优点给马克思留下更强烈的印象之前，马克思的经济学研究不会取得多大进步"②。因此，在《第一分册》之后，马克思对蒲鲁东的继续批判既是对这一批判对象更为彻底的清算，也是马克思本人推进其理论的过程和方式。

作为一个政治问题，尽管蒲鲁东的理论已经在学理层面上被彻底打垮了，但只要蒲鲁东的理论"武库"仍然能够持续输送出麻痹工人的空洞词句，或者说，蒲鲁东派的那套娓娓动听的空话依然能够在广大工人中间引起反响，那么也就意味着，社会主义政党在科学上的较量中，马克思所代表的科学社会主义依然需要面对并继续同蒲鲁东所代表的空想主义作斗争。也正是在这个意义上，是否需要继续批判蒲鲁东社会主义是一个更为复杂的政治问题，它应当始终以蒲鲁东派在现实的社会主义运动中的实际影响为依据。历史地看，即使在巴黎公社失败之后，蒲鲁东派依然影响着西欧各国的工人。因此，不管是在理论层面上，还是在政治实践层面上，《第一分册》之后，进一步批判和清算蒲鲁东社会主义，依然是此时的马克思较为迫切的任务之一。

第四节 《1861—1863 年经济学手稿》中对蒲鲁东的深入批判

在《第一分册》出版之后，根据同出版商弗·敦克尔达成的协

---

① 这三篇手稿分别是：《资本章计划草稿》《引文笔记索引》《我自己的笔记本提要》。

② ［英］埃里克·霍布斯鲍姆：《如何改变世界：马克思和马克思主义的传奇》，吕增奎译，中央编译出版社 2014 年版，第 34 页。

议，马克思应当接着出《政治经济学批判》的第二分册。于是，在
《第一分册》书稿完成之后不久，马克思便于同年 2 月 28 日开始为
第二分册作准备。不过，因党内事务和写作《福格特先生》，马克思
的经济学写作被迫中断了较长的时间，直到 1861 年 8 月才得以恢
复。正像马克思在为《第一分册》作准备时写作了《七个笔记本的索
引（第一部分）》一样，在正式写作第二分册之前，他也制订了相应
的计划草稿。1861 年 8 月，马克思根据事先拟订的计划开始正式写作
第二分册，但在写作过程中，他逐渐溢出了原定的计划，使内容不断
扩大。因此，当马克思于 1863 年 7 月结束写作时，他最终形成的手稿
即《1861—1863 年经济学手稿》，也就有了 23 册笔记本之多。

客观地说，仅就为写作第二分册而事先拟定的三篇预备材料来
说，在"资本一般"的研究计划中，针对蒲鲁东及其学派的批判只
是马克思第二分册写作计划中的众多理论任务之一，并且，马克思
最初的计划草稿其实主要涉及的是《1857—1858 年经济学手稿》第
Ⅱ—Ⅶ笔记本中所论述的问题。这就是说，在马克思的原初计划中，
第二分册中关涉蒲鲁东及其学派的批判其实是对《1857—1858 年经
济学手稿》第Ⅱ—Ⅶ笔记本中既有成果的再加工和再阐发。然而，
马克思在写作《1861—1863 年经济学手稿》过程中出现的逐渐溢出
原定计划的事实表明，在这一期间，相较于《1857—1858 年经济学
手稿》时期和《第一分册》时期，此时的马克思又取得了新的理论
发现和科学的研究成果。正因为如此，针对蒲鲁东及其蒲鲁东学派
的批判虽不是此时的马克思最为主要且直接的任务，却是我们借以
把握此时的马克思的新的理论进展的重要参照。

一　资本生产过程的剖析：对《无息信贷》中蒲鲁东错误的资本观的再批判

作为《第一分册》的续篇，《1861—1863 年经济学手稿》的研究
对象直接就是"资本一般"。虽说根据《资本章计划草稿》可以推知，
1861 年 8 月，当马克思开始正式写作时，他的原初计划是将《1857—

1858年经济学手稿》中所论述的问题以系统化分篇的方式进行再阐释，但是，实际的写作过程表明，马克思的理论水平在加工整理既有的材料的过程中，已经有了新的提升。以马克思对蒲鲁东的批判为视点，这种提升首先表现在他对资本的生产过程的理解上。

我们知道，在《1857—1858年经济学手稿》的"劳动过程和价值增殖过程"一节中，马克思已经对资本的生产过程有过初步的分析。值得注意的是，在正式讨论资本的生产过程之前，他其实已经花了一定的篇幅对《无息信贷》中蒲鲁东的资本观作了概要性的批判。在这个意义上，蒲鲁东的资本观构成了马克思在这一文本中剖析资本生产过程的理论背景之一。根据此时的马克思的理解，蒲鲁东的资本观无非是说，资本是价值，这实际上等于说，价值是价值。换言之，蒲鲁东的资本观不过是一些并无高深见解的同义反复的判断，而这些判断在片面强调资本是价值的时候，恰恰忽视了资本作为资本的最为本质的特性，即价值的自行增殖特性。正因为如此，当马克思从驳斥蒲鲁东的此种错误资本观之理论诉求出发，转入对资本的生产过程的剖析时，他必然会特别强调资本所具有的价值的自我增殖特性。当然，强调资本具有自我增殖的特性并没有问题。因为，即使在《1861—1863年经济学手稿》中，马克思也是这样来定义资本的。他指出，资本是"自行增殖的价值，是产生剩余价值的价值"[1]。以此来看，问题的关键在于，如何理解资本的此种自我增殖特性。

具体到《1857—1858年经济学手稿》的"劳动过程和价值增殖过程"一节，我们可以发现，马克思的分析是从内容规定和形式规定的角度，将资本的生产过程清楚地区分为一般的物质生产过程和价值增殖过程，并据此分别对这两者进行考察。尽管马克思的分析看似涵盖了关于这一问题所应讨论的全部内容，但由于把资本的生产过程所包含的这两个方面分开来进行考察，也就决定了

---

① 《马克思恩格斯全集》第32卷，人民出版社1998年版，第19页。

此时的马克思对资本的生产过程之本质的认识，其实还没有达到最为成熟的阶段。① 这是因为，一旦将一般的物质生产过程和价值增殖过程分开来阐述，那么，对于资本的生产过程本身的把握，也就必然会趋向一种单一的价值增殖的解读路径。事实的确如此。在"劳动过程和价值增殖过程"一节中，当分别考察了一般的物质生产过程和价值增殖过程之后，马克思便否定了迄今为止的从物质方面来把握资本的生产过程的全部观点，然后明确指出，这一过程"从形式规定性方面来看，是价值自行增殖过程"②。这就表明，在此时的马克思的理解中，资本的生产过程在本质上仅仅是价值的自行增殖过程。应该说，着重强调资本的此种自我增殖特性，的确能够驳斥在"资本是价值"的观点中"兜圈子"的蒲鲁东等人，但无助于马克思深化他本人对资本的生产过程之本质的认识。

从根本上说，在《1857—1858 年经济学手稿》中，马克思对资本生产过程的理解之所以会存在前述提及的不足之处，是因为他此时对于商品这一基石性范畴本身的认识还不够成熟。事实上，只是在写作"资本章"的过程中，马克思才逐渐对斯密所作的划分——把价值理解为使用价值和交换价值的统一——产生怀疑③，并且此种质疑也只是在《1857—1858 年经济学手稿》的结尾处才得到一个较为明确的解答，即商品本身表现为使用价值和交换价值的统一。客观地说，相比于斯密，把使用价值和交换价值的规定性统一于商品而非价值，已经是一个巨大的理论进步了。不过，千万不能因此而过分拔高此时的马克思关于商品概念本身的认识。因为，正是在给商品下定义的同一段落中，马克思同时强调道："事实上，商品的使用价值是既定的前提，是某种特定的经济关系借以表现的物质基

---

① 参见唐正东《马克思的两种商品概念及其哲学启示》，《哲学研究》2017 年第 4 期。

② 《马克思恩格斯全集》第 30 卷，人民出版社 1995 年版，第 270 页。

③ 参见《马克思恩格斯全集》第 30 卷，人民出版社 1995 年版，第 224 页。

础。"① 这就表明，此时的马克思其实还没有将使用价值的线索真正融进商品的内在要素之中，所以使用价值才会仅仅被理解为既定的物质前提。以此来看，在《1857—1858 年经济学手稿》中，马克思关于商品概念的认识总体上仍是不够成熟的。应该说，正是这种不成熟性导致此时的马克思，一方面，在对商品概念的理解上较为片面地强调交换价值的线索，而或多或少地忽视了使用价值的线索，另一方面，在对资本生产过程的理解上则较为片面地强调了价值的自行增殖的线索，而有意否弃了一般的物质生产过程的线索。对于马克思来说，这种单一维度的解读思路，实际上阻碍了他从一种更为辩证的角度来阐释作为资本的商品之本质内涵。

相反，在《1861—1863 年经济学手稿》中，当马克思再次面对《无息信贷》中蒲鲁东的资本观时，尽管他依然强调，"蒲鲁东只看到劳动过程，而没有看到价值增殖过程"②，但价值增殖过程已经不再是此时的马克思把握资本生产过程的单一的解读线索了。马克思指出，在理解资本生产过程的问题上，蒲鲁东等人的确只看到了一般的物质生产过程，因而也由此产生了"似乎资本只转化为产品，因而只有当产品被出售，成为商品时，它才重新成为资本"的荒谬观念。但是，此时的马克思更为深刻的见解在于，他同时指出，蒲鲁东等人产生荒谬观念的根本问题其实在于：他们"忘记了劳动过程同时是价值增殖过程，因而这个过程的结果不仅是使用价值（产品），而且同时是交换价值，是使用价值和交换价值的统一，即商品"③；反过来说，在此时的马克思看来，资本的生产过程，正如商品是使用价值和交换价值的统一体一样，也就会在一方面表现为使用价值的生产，即一般的物质生产过程，而在另一方面表现为交换价值的生产（严格说来是剩余价值的生

---

① 《马克思恩格斯全集》第 31 卷，人民出版社 1998 年版，第 293 页。
② 《马克思恩格斯全集》第 32 卷，人民出版社 1998 年版，第 175 页。
③ 《马克思恩格斯全集》第 32 卷，人民出版社 1998 年版，第 174 页。

产），即价值的自行增殖过程，"并且这两个过程必须只表现为同一过程的两种不同的形式"①。可见，不同于《1857—1858 年经济学手稿》的解读路径，此时的马克思已经将一般的物质生产过程作为资本的生产过程之内在维度，同价值的自行增殖维度辩证统一起来加以看待了。这样一来，他才有可能在对资本生产过程的理解中打开一条内在矛盾的分析思路，同时，也只有从这种内在矛盾的分析思路出发，马克思关于资本主义生产与再生产过程的认识才能得到更为全面的推进。

显然，在《1861—1863 年经济学手稿》中，马克思对资本生产过程之认识的深化，正是以《第一分册》中他在商品概念上的理论推进为基础的，也是以他对从抽象上升到具体之政治经济方法的贯彻为条件的。在这一过程中，蒲鲁东的错误资本观虽不是促成此时的马克思实现这一理论进展的直接动因，但针对蒲鲁东的批判，却构成我们审理马克思此时的理论进展的一个重要参照。在这个意义上，《1861—1863 年经济学手稿》中马克思对蒲鲁东的深入批判，除了已经谈到的对他本人关于资本生产过程的认识之深化的反映外，还包括接下来所要讨论的对他本人的广义再生产理论、资本拜物教批判理论之推进的反映。

二　"G—W—G"的发现：对《无息信贷》中蒲鲁东"贷放货币的资本家"的批判

按照《第一分册》的体例，每一理论部分之后都会有一个理论史附论。这样，当马克思依次讨论了"货币转化为资本""绝对剩余价值""相对剩余价值"等理论议题之后，按照此前的体例，《1861—1863 年经济学手稿》接下来的任务便应当是写作关于剩余价值的理论史附论。由于资产阶级经济学家始终把剩余价值与其特殊表现形式混为一谈，所以马克思在写作过程中不得不对资产阶级

---

① 《马克思恩格斯全集》第 32 卷，人民出版社 1998 年版，第 74—75 页。

经济学家的利润、地租、利息等概念和理论进行分析、批判。也正是在这一过程中，马克思的写作开始溢出他的原初计划，从而使他关于剩余价值理论史的讨论演变为关于现代政治经济学史的梳理，其理论产物便是占有该手稿过半篇幅且具有重要理论地位的《剩余价值理论》手稿。① 总体来说，《剩余价值理论》手稿标志着马克思主要经济学理论著作写作过程中的一个"新"时期。如果以马克思对蒲鲁东的批判为视点，那么这种"新"首先体现在他对资本主义社会总体的再生产问题的理解上。

事实上，《伦敦笔记》中对斯密关于两种贸易的区分的批判，即对把贸易活动区分为实业家和实业家之间的贸易、实业家和消费者之间的贸易之观点的批判，已经使马克思初步涉及并搭建起他本人关于社会总资本的再生产理论，即广义再生产理论。同时，如果仔细分析《伦敦笔记》的《反思》手稿，那么我们可以发现，在批判斯密的过程中，马克思还指出蒲鲁东等人对斯密观点的简化其实是愚蠢的。② 这一评价虽轻描淡写，但含蓄地表明，在《伦敦笔记》中，马克思广义再生产理论的初步形成不但同批判斯密相关联，而且，或多或少也同批判蒲鲁东等人相关联。历史地看，这也是马克思再生产理论的建构与批判蒲鲁东理论的最初联系。

然而，从马克思思想发展史的角度看，广义再生产理论的彻底成熟需要以马克思科学的剩余价值理论为前提，这就决定了《伦敦笔记》中的广义再生产理论只是马克思这一理论的最初级形态。同时，也决定了在马克思本人科学的剩余价值理论尚未形成之前，他对再生产问题的理解，其实很难摆脱个别资本循环的解读模式，从而真正跃升到社会总资本再生产的总体性研究视域层面上。正因为如此，相比于《剩余价值理论》，在此之前的主要经济学著作中，马

---

① 《剩余价值理论》手稿的篇幅达到 110 个印张，占《1861—1863 年经济学手稿》总篇幅 200 个印张的一半以上。

② 参见《马克思恩格斯全集》第 10 卷，人民出版社 1998 年版，第 639 页。

克思对再生产问题的研究才会存在以下两个方面的不足。

其一，较少涉及对社会总资本的流通及其扩大再生产问题，而侧重于揭示剩余价值的源泉和性质。应该看到，《资本论》第一手稿中马克思就《无息信贷》中蒲鲁东对"贷放货币的资本家"的批判所作的相关评论——从产业资本家将利息纳入直接生产费用的计算这一行为出发，马克思指认了蒲鲁东无法理解这一客观事实所提示的，利息其实是作为剩余价值的一种形式从资本的生产过程中产生出来的奥秘——恰恰表明，此时马克思的核心旨趣正在于揭示剩余价值的源泉和性质，因而他实际上还无法将蒲鲁东的这一错误认识同社会总资本的再生产过程中的货币回流问题联系起来加以考察。

其二，在对货币回流运动（G—W—G）的理解上，只承认 G—W—G′流通形式的意义。如果用《剩余价值理论》中的观点来看《第一分册》中马克思对货币回流运动的解读，那么这种不足也就显而易见了。在《第一分册》中，通过对 W—G—W 与 G—W—G 这两种流通形式的比较分析，马克思指出，不同于 W—G—W 的流通形式，作为 G—W—G 这一流通形式两极的是质上相同的 G，因此，如果不把以 W 为中介的 G—G 的交换理解为资产阶级生产的占统治的形式，那么这种交换就是荒谬的。换言之，G—W—G 的流通形式要有意义，就只能是 G—W—G′。① 这里，第二个 G′是比第一个 G 大的货币额，因而 G 是自行增殖的价值，即资本。这种将 G—W—G 的流通形式仅仅理解为资产阶级生产的占统治地位的形式的观点，实际上忽视了 G—W—G 这种货币回流运动在社会总资本的再生产过程中的客观存在及其重要意义。这一点，正是此时的马克思尚不能理解的。

在《剩余价值理论》中，当马克思再次回顾《第一分册》中的这一观点时，他对其中存在的不足之处自我批评道："我在第一部分（《第一分册》——引者注）中说 G—W—G 的形式必定是 G—W—

---

① 参见《马克思恩格斯全集》第 31 卷，人民出版社 1998 年版，第 516—517 页。

G'，是不对的。"① 这就表明，此时的马克思已经发现，货币回流运动不仅包含 $G—W—G'$ 的流通形式，而且也包含 $G—W—G$ 流通形式，后者同前者一样，都是社会总资本的再生产过程中的客观存在，并具有重要意义。简单来说，《剩余价值理论》中的此种理论进展，主要是同马克思对魁奈《经济表》的考察相关联的。在此时的马克思看来，魁奈的《经济表》"是一种尝试：把资本的整个生产过程表现为再生产过程，把流通表现为仅仅是这个再生产过程的形式；把货币流通表现为仅仅是资本流通的一个要素；同时，把收入的起源、资本和收入之间的交换、再生产消费对最终消费的关系都包括到这个再生产过程中，把消费者和生产者之间（实际上是资本和收入之间）的流通包括到资本流通中；最后，把生产劳动的两大部门——原料生产和工业——之间的流通表现为这个再生产过程的要素，而且把这一切总结在一张《表》上，这张表实际上只有 5 条线，连结着 6 个出发点或归宿点"②。对于马克思来说，正是魁奈的这种尝试使他真正发现，社会总资本的再生产之完整过程不仅包括商品流通、资本流通，也包括 $G—W—G$ 的货币回流运动。③

　　在此基础之上，马克思立即意识到，蒲鲁东对"贷放货币的资本家"的批判所暴露出来的问题，无法用蒲鲁东对资本的无知来笼统地概括。蒲鲁东关于"贷放货币的资本家"的认识集中体现在《无息信贷》的第 9 封信当中。在那里，蒲鲁东指出，"货币资本从交换到交换，通过利息的积累，不断流回到它的起点，由此可以得出结论，不断由同一个人反复进行的贷放，会不断为同一个人带回利润"④。借用

---

① 《马克思恩格斯全集》第 33 卷，人民出版社 2004 年版，第 392 页。

② 《马克思恩格斯全集》第 33 卷，人民出版社 2004 年版，第 414—415 页。

③ 参见孙乐强《马克思再生产理论及其哲学效应研究》，江苏人民出版社 2016 年版，第 141 页。

④ Frédéric Bastiat and Pierre-Joseph Proudhon, *Gratuité du crédit. Discussion entre M. Fr. Bastiat et M. Proudhon*, Pairs：Librairie de Guillaumin et Cie, 1850, p. 154. 中译文参见《马克思恩格斯全集》第 33 卷，人民出版社 2004 年版，第 416 页。

马克思的方式，蒲鲁东的这一见解可以用一个更加直观的公式来表示，即 G—G′。这就是说，在蒲鲁东的理解中，货币的回流运动是无须任何中介的价值的自行增殖过程。在此前的手稿中，马克思曾据此指认蒲鲁东对资本的无知。不过，在此时的马克思看来，蒲鲁东的这一见解，同时包含着对社会总资本的再生产过程中的货币回流运动的错误解释。①

　　具体来说，把货币回流理解为 G—G′，首先表明蒲鲁东并不理解 G—W—G′ 的流通形式。马克思指出，从形式上考察贷放货币的资本家同产业资本家之间的关系，贷放货币的资本家的货币就必然会表现为不存在任何中介过程的、可以自行增殖的价值。然而，实际的过程是：资本先是作为货币从贷放货币的资本家手里转到产业资本家手里；只有在产业资本家手里，货币才成为资本，并且作为资本经过一定的循环以后，才带着利息流回贷放货币的资本家手里。在这里，蒲鲁东被借贷和购买之间的区别弄糊涂了，他看不见货币作为资本的实际的生产过程。正因为如此，余额（剩余价值）对于蒲鲁东来说也就成为一种不可理解的"加价"②。其次，把货币回流理解为 G—G′，还表明蒲鲁东把作为流通手段的货币同作为资本的货币混淆起来。对社会总资本的再生产过程的研究表明，只要在买者又成为卖者的地方，货币便只是充当流通手段的货币，而不是作为资本的货币。换言之，货币回流运动并非必定是 G—W—G′（当然绝不是蒲鲁东所认为的 G—G′）。比如，贷放货币的资本家获得的利息收入，其实是产业资本家开出的货币形式的凭证。一旦贷放货币的资本家把这些货币付兑，产业资本家又用自己的商品予以承兑，货币便流回产业资本家的手里。在这里，货币的回流只是表示："原

---

　　① 需要指出的是，《剩余价值理论》中，在马克思看来，除了蒲鲁东的见解之外，德斯杜特·德·特拉西和约·布雷的见解中也包含着对货币回流运动的错误解释。对于另外两位理论家的观点，马克思也在《剩余价值理论》中作了分析、批判。参见《马克思恩格斯全集》第 33 卷，人民出版社 2004 年版，第 393 页。

　　② 参见《马克思恩格斯全集》第 35 卷，人民出版社 2013 年版，第 390—391 页。

来为换得商品而把货币付出即投入流通的人，由于卖出他投入流通的另一种商品，又把货币从流通中抽回来。"① 以此来看，此种货币回流其实是以个人消费为中介的货币回流，它"本身不包含价值的增加或者价值的补偿"②。因此，当蒲鲁东把 G—G′ 理解为货币回流运动的唯一形式，并据此得出货币资本即现金具有生息且不断流回出发点的特殊属性时③，也就表明，他不仅忽视了体现资本的再生产过程的货币回流运动之中介，即以雇佣劳动为基础的资本的实际的生产过程，也忽视了本身作为资本再生产过程之中介的货币回流运动，即以个人消费为中介的 G—W—G 的货币回流。

综上观之，在《剩余价值理论》中，马克思对蒲鲁东"贷放货币的资本家"的认识的批判，显然要比《1857—1858 年经济学手稿》细致且深入得多。如果说，马克思对蒲鲁东"贷放货币的资本家"的见解中所暴露出来的问题的理解到达什么程度，他对资本主义社会总体的认识的把握能力也就发展到什么程度，那么，当马克思不但能够从剩余价值的源泉和性质的层面，而且能够从社会总资本的再生产层面对蒲鲁东的这一见解进行批判时，也就标志着他本人的广义再生产理论的正式建立。

三　拜物教批判理论的成熟：从蒲鲁东不理解"生息资本"的理论失误谈起

如前所述，蒲鲁东关于"贷放货币的资本家"的认识可以用更为直观的公式转译为 G—G′，这当然是他对货币回流运动的错误解释，但也是资本（生息资本）同"普通观念"最接近的形态。因此，如果进一步深究蒲鲁东为何会作出此种错误解释，那么便会很自然地引申出另外一个话题，即主体性维度上的主观认知同客体性

① 《马克思恩格斯全集》第 33 卷，人民出版社 2004 年版，第 394 页。
② 《马克思恩格斯全集》第 33 卷，人民出版社 2004 年版，第 392 页。
③ 参见《马克思恩格斯全集》第 35 卷，人民出版社 2013 年版，第 393 页。

维度上的现实基础之间的辩证关系问题。事实上，在《剩余价值理论》中，马克思不仅从社会总资本的再生产层面驳斥了蒲鲁东关于货币回流的错误解释，也通过对生息资本的分析揭示了产生蒲鲁东此种庸俗观点的现实根源。如果说，前一个方面反映了马克思广义再生产理论的相关进展，那么，后一个方面则反映了他的拜物教批判理论的相关进展。

应该看到，在《1857—1858 年经济学手稿》中，尽管马克思也提到人与人之间的社会关系转化为物与物之间关系，但他实际上还没有真正涉及资本主义生产过程中的当事人在观念上对此种物化现实的接受问题。后一个方面不能说不重要。在这一手稿中，当马克思谈及资本主义社会物化现实语境下的工人观念问题时，他指出："由于工人以货币形式，以一般财富形式得到了等价物，他在这个交换中就是作为平等者与资本家相对立，像任何其他交换者一样；至少从外表上看是如此……但是，这种外表却作为工人方面的错觉存在着，而且在对方也一定程度上存在着，从而使工人的关系在本质上发生变形，而不同于其他社会生产方式中劳动者的关系。"① 在这里，把工人的这种认识仅仅理解为一种"错觉"，恰恰表明，此时的马克思尚不能将主体性维度上的观念问题同客体性维度上的资本主义生产方式的分析辩证统一起来。应该说，正是这一不足，导致此时的马克思的资本主义批判理论更多地停留在物象化和物化的层面上。② 以此来看，《1857—1858 年经济学手稿》中的"拜物教"批判理论的确是有待进一步推进的，而它的真正成熟是在《1861—

① 《马克思恩格斯全集》第 30 卷，人民出版社 1995 年版，第 243 页。

② 关于物象化（Versachlichung）、物化（Verdinglichung）以及拜物教的区别，南京大学孙乐强教授作了较为详细的梳理。概言之，物象化指的是人与人之间的社会关系颠倒为事物与事物之间的关系；物化是把事物之间的关系进一步颠倒为物的自然属性。因此，物象化是最初级的层次，物化则是对前者颠倒的进一步颠倒；拜物教则是这二者的合一。参见孙乐强《马克思再生产理论及其哲学效应研究》，江苏人民出版社 2016 年版，第 279—282 页。

1863 年经济学手稿》（尤其是在该手稿的《剩余价值理论》部分）和《资本论》中完成的。

具体到《剩余价值理论》的"各种收入及其源泉"一节的开篇部分，马克思指出："现实的颠倒借以表现的歪曲形式，自然会在这种生产方式的当事人的观念中再现出来。这是一种没有想象力的虚构方式，是庸人的宗教。"① 不同于《1857—1858 年经济学手稿》，这一论述清楚地反映了此时的马克思在拜物教理论上的重要进展，即他已经将资本主义生产过程中的生产当事人的主观认知同以"颠倒"为基础的资本主义生产方式本身联系起来加以辩证地考察了。事实的确如此。马克思接下来关于蒲鲁东所不理解的"生息资本"的分析，便充分体现了拜物教化现实同拜物教化观念的辩证统一。

首先，马克思指出，生息资本是"最完善的物神"。在马克思看来，"土地—地租""劳动—工资""资本—利润"这个"三位一体"的公式，其实并不是资本主义生产关系的最富有拜物教性质的表现形式。因为，在这三种形式中，被当作结果的地租、工资、利润，或多或少还能同土地、劳动、资本构成表面上的因果联系性。相反，在生息资本上，我们看到资本的最初起点是货币，紧接着，直接就是作为终点的比起点更多的货币。这就是说，在生息资本的场合，一方面，G—W—G′的公式被缩减为不存在任何中介过程的 G—G′；另一方面，与前一个方面相关联的是，作为终点的 G′鬼魅般地比作为起点的 G 具有更多的价值。正因为如此，马克思认为，在生息资本上，"利息表现为由资本真正创造出来的收入"②，由此，资本也就达到了它自身同普通观念最接近的形态，这是一种奇特的现象。

其次，马克思揭示了资本在生息资本上所达到的物神的最完善形态同资本的所有权的双重维度的关联性。在马克思看来，贷放货

---

① 《马克思恩格斯全集》第 35 卷，人民出版社 2013 年版，第 302 页。
② 《马克思恩格斯全集》第 35 卷，人民出版社 2013 年版，第 312 页。

币的资本家同产业资本家的区分，实际上，标志着资本家是以双重身份存在的：法律上的和经济上的。与此相关联的是，由贷放货币的资本家贷给产业资本家的货币资本的回流运动便具有了双重的维度：其一，在再生产过程中，货币资本流回到经济上的资本家手里，即执行资本职能的产业资本手里；其二，货币资本作为贷放货币的资本家的所有物，它的回流再进行一次，也就回到法律上的资本家手里，即偿还给它的真正的所有者，它的法律上的起点。马克思分析道，在资本回流运动的第一重维度上，货币资本的每一次换位都表示再生产的一个要素："或者是货币转化为劳动，或者是完成的商品转化为货币（生产行为的结束），或者是货币再转化为商品（生产过程的更新，再生产的重新开始）"。相反，在资本回流运动的第二重维度上，它的每一次换位不过是表示同一货币从一个人手里转到另一个人手里。"所有权留在贷出者手中，而占有［权］则转到产业资本家手中。"① 由此可见，只有在资本回流运动的第一重维度上才存在着劳动同劳动的客观条件的对立关系，亦即作为资本执行价值增殖职能的过程；在资本回流运动的第二重维度上，对立关系仅存在于贷放货币的资本家同产业资本家之间。正因为如此，马克思认为，经济上的资本的回流运动才是资本的"现实运动"，因而货币资本也只有在它从贷放货币的资本家手里转到产业资本家手中时，才实际地转化为资本。

　　然而，一方面，从贷放货币的资本家的角度看，货币从一开始便是作为资本贷出的，因而，它的使用价值从一开始便是创造交换价值，确切些说，是创造一个比它本身所包含的交换价值更大的交换价值。这样一来，尽管贷放货币的资本家贷出的货币只是在产业资本家手中才实际地转化为资本，但这已经是在贷放货币的资本家和产业资本家之间发生的行为之外的行为了。正因为如此，货币资本向贷放货币的资本家的回流也就自然地表现为，买者和卖者之间

---

① 《马克思恩格斯全集》第 35 卷，人民出版社 2013 年版，第 307 页。

的特殊的法律上的交易的结果，而不再表现为一系列经济过程的归宿和结果。也由此，对于贷放货币的资本家来说，他的货币资本究竟是贷给产业资本家、浪费者或交不起房租的工人，其实都不影响它在法律上具有的带回更大的交换价值的权利。另一方面，就生息资本的回流时间看，它的回流时间好像仅仅取决于贷出者同借入者之间的契约或协议。因此，尽管贷出者同借入者之间的交易事实上是由资本的实际的回流运动决定的，但这一点并不会在此种交易中表现出来。相反，就这种交易本身来看，生息资本的回流表现为不再取决于资本的实际生产过程，而是表现为资本似乎一刻也没有丧失货币的形式。正因为如此，马克思总结道：尽管利息不过是利润中固定在特殊名称下的部分，但它不同于利润，"表现为由单纯的资本所有权所产生，因而是资本所固有的独特的剩余价值的创造"①。也正是在这个意义上，生息资本的回流运动取得了一个完全表面的、同它的现实运动相分离的形态：G—G′。

最后，马克思总结了拜物教化的现实同生产当事人的主观认知之间的关系。如前所述，在 G—G′ 中，一切中介都消失了。因此，在马克思看来，一方面，在客体性维度上，资本主义生产关系被最高度地颠倒和物化了，资本成了没有概念的形式，另一方面，在主体性维度上，资本主义生产过程中的生产当事人根本无法穿透此种物化现实捕捉到作为结果的利息同资本主义生产关系的内在联系，所以他们会把资本看成价值和价值创造的独立源泉也是很自然的。正因为如此，在此时的马克思看来，资本主义生产过程中，生产当事人的主观认知正是以拜物教化现实为基础的，并同这一物化现实相适应的现实的观念存在。可见，同把生产当事人的认识仅仅当成一种错觉的见解相比，马克思此处对生产当事人的主观认知的理解显然要深刻得多。同时，借此反观蒲鲁东将一般资本的具有特征的运动——货币流回到资本家手中，资本流回到它的起点——看成生

---

① 《马克思恩格斯全集》第 35 卷，人民出版社 2013 年版，第 311 页。

息资本的特有运动之见解，与其说是他个人的主观臆想，不如说是同以"颠倒"为基础的资本主义生产方式相适应的一种现实的观念存在。仅此而言，蒲鲁东的理论失误倒是可以理解的；相应地，蒲鲁东能够在很长一段时期内收获大批拥趸，原因也在于大多数人无法摆脱此种拜物教化现实。

然而，如果进一步考察庸俗经济学和"肤浅的批判"同生产当事人的拜物教观念之间的关系，那么就会发现，尽管两者在价值立场上看似对立，但事实上都发挥着使生产当事人愈加无法摆脱观念拜物教的统治之作用。就前者来说，马克思指出，不同于渴望理解资本主义生产过程之内在联系的古典政治经济学家，庸俗经济学家只想为现存的社会作辩护，所以，面对 G—G′ 的形式，生产当事人所必然产生的庸俗观念恰恰是他们求之不得的。因为，这种把资本看成价值和价值创造的独立源泉的庸俗观念，恰恰为他们输出资产阶级意识形态，替资本主义社会作辩护提供了最基本的依据。也正是在这个意义上，庸俗经济学家对生产当事人所必然产生的此种庸俗观念的偏狭的和学理主义的表述，作为资产阶级的意识形态，才会同生产当事人的庸俗观念辩证地统一起来，成为一种客观存在的日常观念，从而使生产当事人进一步陷入观念拜物教的统治之境地。①

就后者来说，在马克思看来，蒲鲁东对贷放货币的资本家的批判正是"肤浅的批判"的典型代表。蒲鲁东的批判之所以是肤浅的，是因为他所抓住并集中力量突破的"攻击点"其实也是庸俗经济学家借以为资本主义社会作辩护的"基本形式"，即 G—G′。② 也就是说，G—G′的形式恰恰是两者各自理论活动的当然前提。因此，正如庸俗经济学家会借此得出掩盖利息同资本的生产过程之内在联系、

① 参见唐正东《马克思拜物教批判理论的辩证特性及其当代启示》，《哲学研究》2010 年第 7 期。

② 参见《马克思恩格斯全集》第 35 卷，人民出版社 2013 年版，第 317—318 页。

抹杀劳动同资本之对立的辩护论，由此出发的蒲鲁东也必然只能提供一种毫不触动现实的资本主义生产，而只是攻击这种生产的一个结果（利息）的肤浅的批判。仅此而言，尽管蒲鲁东本人"自诩"为"社会主义"者，但从根本上说，他所提供的批判不过是从资本主义生产的立场出发对于生息资本的反驳。可想而知，这样的批判不仅无法切中问题的要害，反而还会不自觉地趋向于对资本主义生产关系的辩护，进而同庸俗经济学一道进一步巩固着生产当事人的拜物教化观念，而这恰恰是同此种批判的"社会主义"立场相抵牾的。因此，在《剩余价值理论》中，马克思进一步将蒲鲁东定性为"庸俗社会主义者"，同庸俗经济学家相并列。

也正是在这个意义上，蒲鲁东不理解"生息资本"的理论失误从个人的角度看，虽是可以理解的，但从社会主义运动的历史趋向看，这种理论失误由于其具有使社会主义庸俗化的潜在可能性，因而恰恰又是使社会主义摆脱庸俗化、走向科学化所必须扫清的主要障碍之一。应该说，《剩余价值理论》中，在对蒲鲁东的理论失误之根源有了更为深刻且科学的认识之后，马克思对蒲鲁东的"肤浅的批判"所做的批判之所以仍不乏严厉之辞，只能从这一角度来理解。换言之，马克思对蒲鲁东的严厉批判与所谓的马克思本人的善妒、易怒品性无关，而只同马克思本人为之奋斗终身的科学社会主义事业相关。

总体而言，通过分析《1861—1863年经济学手稿》中马克思对蒲鲁东的批判，能够发现，马克思正是通过此种批判，不断完善他本人关于资本主义生产过程的认识、广义再生产理论、拜物教批判理论的。客观地说，在《1861—1863年经济学手稿》中，马克思所实现的此种理论进展，并非或主要或直接地归结为对蒲鲁东的批判，但针对蒲鲁东的批判，是我们把握马克思这一时期思想演化路径之整全性所不可忽视的重要线索。

第五节 《1863—1865 年经济学手稿》 中对蒲鲁东的持续批判

马克思在写作《1861—1863 年经济学手稿》的过程中，逐渐萌生了先把"资本一般"部分的内容写成独立著作出版的想法。与此同时，马克思作出了以"资本论"为《第一分册》的续篇之标题，而将"政治经济学批判"调整为副标题的决定。① 于是，在完成这一手稿的写作之后，马克思便迅速投入三册《资本论》手稿的写作中。由于整个写作从 1863 年夏持续到 1865 年年底，所以，这三册《资本论》手稿一般也被概括地称为《1863—1865 年经济学手稿》。② 相比于《1861—1863 年经济学手稿》，作为《资本论》的第三手稿，《1863—1865 年经济学手稿》标志着马克思的经济学研究又到达了一个新阶段。因此，对马克思在写作三册《资本论》手稿时对蒲鲁东进行的批判的文本解读，既有助于我们更加全面地把握马克思这一时期的思想演化过程，也有助于我们更好地确定蒲鲁东理论在《资本论》的理论结构中所处的地位。

一 商品概念的完善：对《无息信贷》中蒲鲁东"商品价格"观点的批判

需要提前指出的是，在解读《1863—1865 年经济学手稿》，特

---

① 参见《马克思恩格斯文集》第 10 卷，人民出版社 2009 年版，第 196 页。

② 当然，也有观点认为，在《1861—1863 年经济学手稿》之后，马克思从事的研究工作应该是从 1863 年一直延续到 1867 年，因此，不能把这一时期的手稿命名为《1863—1865 年经济学手稿》，而应命名为《1863—1867 年手稿》。但是，无论如何，学界普遍认为 1863—1865 年期间的三册《资本论》手稿是一个相对独立的成果，因而把这一时期的三册《资本论》手稿概括为《1863—1865 年经济学手稿》也是合理的（参见张钟朴《〈1863—1865 年经济学手稿〉——〈资本论〉创作史研究之四》，《马克思主义与现实》2015 年第 1 期），本书也正是在这个意义上使用"《1863—1865 年经济学手稿》"这一范畴的。

别是其中的第一册手稿中马克思对蒲鲁东的批判时，必然会遭遇的问题是：流传至今的手稿的不完整性；而这势必会对解读本身的整全性产生一定的影响。不过，通过对保存下来的部分手稿进行分析，还是可以作出如下判断：其一，三册《资本论》手稿已经较为接近公开出版的三卷《资本论》，尤其是第三册手稿，作为《资本论》第三卷的唯一全卷手稿，它是恩格斯编辑《资本论》第三卷的基础；其二，在这一手稿中，蒲鲁东依然是马克思批判的对象之一，但所占篇幅不大；其三，除个别观点上的推进之外，这一手稿中涉及蒲鲁东的批判大多数是此前研究结果的呈现。[①] 因此，把《1863—1865 年经济学手稿》中对蒲鲁东的持续批判这一问题置放到马克思本人的思想演化进程这一主线上，解读本身所要呈现的内容也就清晰了，即着重阐述这一时期马克思对蒲鲁东的批判及其相关理论进展，而这一点最直接地体现在马克思本人对商品概念的完善与他对《无息信贷》中蒲鲁东"商品价格"观点的批判上。

　　在《1863—1865 年经济学手稿》的"直接生产过程的结果"章中，马克思所批判的蒲鲁东的"商品价格"观点实际上主要体现在《无息信贷》的第 7 封信中。在那里，蒲鲁东指出，"因为在商业中，资本的利息加到工人的工资上，共同构成商品的价格，所以工人要买回他自己的劳动的产品，就不可能了。靠劳动生活的原则，在利息的支配下，包含着矛盾"[②]。事实上，马克思在此前的手稿中就已经摘录并评价过蒲鲁东的这一论断。不同的是，对于写作《1857—

---

　　① 根据既有的研究表明，《1863—1865 年经济学手稿》中未能保存下来的部分，即"资本的生产过程"部分大概率是被马克思以剪贴等方式合并到《资本论》第一卷的付排稿中去了。如果事实如此，那么从已经出版的《资本论》第一卷进行反推，可以得出的结论是：未能保存下来的部分手稿中即使涉及马克思对蒲鲁东的批判，大概率也是对此前的研究结果的呈现。仅此而言，这一部分内容的缺失并不会对解读《1863—1865 年经济学手稿》中马克思对蒲鲁东的批判产生实质性影响。

　　② Frédéric Bastiat and Pierre-Joseph Proudhon, *Gratuité du crédit. Discussion entre M. Fr. Bastiat et M. Proudhon*, Pairs：Librairie de Guillaumin et Cie, 1850, p. 105. 中译文参见《马克思恩格斯全集》第 38 卷，人民出版社 2019 年版，第 54 页。

1858 年经济学手稿》时的马克思来说，这一论断充分体现了蒲鲁东只听钟声（剩余价值）响不知钟声（剩余价值）何处来的问题。当然，指出蒲鲁东的这一见解存在上述问题并没有什么不对的地方。因为，即使在《1863—1865 年经济手稿》中，马克思也依然强调，蒲鲁东的论点更为糟糕的地方就在于，它包含着下述假定："商品的真正价格等于包含在商品中的工资，等于包含在商品中的有酬劳动量，而剩余价值、利息等等则只是超过商品的这个真正价格的任意附加。"① 因此，这里的问题是，马克思能否从蒲鲁东的同一见解中看出更多的理论缺陷。从马克思自身思想发展史的角度看，多维度多视角地审视蒲鲁东的理论既是他磨炼自己观点的方式，也是他呈现自身理论的具体进展的参照系。仅此而言，当马克思在《1863—1865 年经济学手稿》中对《无息信贷》中蒲鲁东的同一见解从不同的层面予以批判性分析时，恰恰意味着他此时的理论研究又取得了进一步的发展。

在"直接生产过程的结果"章中，马克思虽然也强调蒲鲁东的论点是对剩余价值之性质的无知，但他此时批判的切入点是蒲鲁东的"商品价格"观点。② 客观地说，当蒲鲁东说"在利息的支配下"工人要靠劳动生活是"包含着矛盾"的时候，他是有充分理由的。因为，从表面上看来，现实中的商品价格的确可以在一定意义上分解为成本价格和利息。换言之，商品的价格 = 工人的工资 + 利息。

---

① 《马克思恩格斯全集》第 38 卷，人民出版社 2019 年版，第 55 页。

② 需要指出的，通过对文本的分析能够发现，事实上，在《1861—1863 年经济学手稿》中马克思便有意识地要对蒲鲁东的"商品价格"观点进行批判了，只不过当时的马克思只完成了对批判蒲鲁东观点的欧仁·福尔卡德之见解的批判，而手稿本身在即将展开的针对蒲鲁东的批判部分戛然而止了。参见《马克思恩格斯全集》第 32 卷，人民出版社 1998 年版，第 393—394 页。以此来看，在《1861—1863 年经济学手稿》中，马克思已经提出了这一问题，但这一问题的解决是在《1863—1865 年经济学手稿》中完成的。而之所以如此，或许正是因为，相比于《1861—1863 年经济学手稿》，《1863—1865 年经济学手稿》在作为资本产物的商品的理解上的推进，使马克思针对蒲鲁东"商品价格"观点的批判计划得以最终落实。

因此，由工人的工资和利息加在一起形成的商品价格总和，怎么能够用只等于工资的收入去购买呢？这是蒲鲁东对"商品价格"提出的问题，而他的答案是：在这种前提下，工人要买回自己的产品是不可能的。

然而，马克思认为，蒲鲁东的论点其实仅具有表面上的合理性。这里的问题固然有如庸俗经济学家福尔卡德所正确指出的，蒲鲁东对商品价格的理解还忽视了原料等因素的存在（简单地说就是，不变资本的价格要素）①，但在马克思看来，蒲鲁东的见解其实是以混乱的、肤浅的与诡辩的形式再现着资本主义生产本身的矛盾。在这个意义上，蒲鲁东的见解虽然存在着诸多的问题，但相比于庸俗经济学家福尔卡德，他至少提出了反映资本主义生产本身之矛盾的问题。也由此，对于蒲鲁东的批判，不应像福尔卡德那样，以空洞的词句（资本会增长）来回避由蒲鲁东提出的问题，而应在蒲鲁东提出的这个问题的范围内解决这个问题。由此出发，马克思指出，蒲鲁东的根本问题在于，他的理论出发点是单个的孤立的商品，而非作为资本产物的商品。

第一，蒲鲁东不理解这种商品必然地包含着剩余价值。马克思分析道，尽管作为资本前提的商品也是一定量的社会必要劳动的对象化，但是，这种商品中所内含的对象化劳动究竟来自谁，是无法确定的；相反，"作为资本的产物的商品包含一部分有酬劳动，一部分无酬劳动"②。这就是说，作为资本产物的商品除了包含不变资本外，还包含可变资本和资本家无偿占有的剩余价值，而蒲鲁东所说的利息也许只是构成这个剩余价值的一个相对来说较小的比例部分。蒲鲁东由于不理解作为资本产物的商品的这一特点，因而误把利息

----

① 不难发现，蒲鲁东对商品价格的理解由于忽视了不变资本的存在，因而带有鲜明的"斯密教条"的印记。福尔卡德正是抓住这一漏洞展开对蒲鲁东的批判的，而马克思也是在这个意义上部分地肯定了福尔卡德对蒲鲁东的批判。参见《马克思恩格斯全集》第38卷，人民出版社2019年版，第55页。

② 《马克思恩格斯全集》第38卷，人民出版社2019年版，第34页。

当作一种超过商品真实价格的任意附加；这也就表明他对剩余价值之性质的无知。

第二，蒲鲁东没有考察资本的总产品及其各个相应的价格在概念上划分的比例。马克思分析道，作为资本产物的商品，具有两种看似相互矛盾的表现方式。一种是，资本产品的价值部分（不变资本价值、可变资本价值和剩余价值）以自己的各个比例部分，表现在作为生产出来的总使用价值的可除部分和作为生产出来的总价值的可除部分而存在的每一单个商品中。然而，一旦把这种商品转化为它的货币形式，商品价格（价值）的另一种表现方式也就显而易见了，即总的商品量同样可以分为生产的使用价值即物品的一定份数，其中一部分只代表不变资本价值，另一部分只代表可变资本价值，最后一部分只代表剩余价值。马克思指出，这两种看似矛盾的表现方式，在事实上却是相同的。① 蒲鲁东由于无法解决这一矛盾，所以陷入了一种混乱，断言工人无法买回自己的产品。在马克思看来，如果蒲鲁东不是独立地考察商品，而是把商品看作资本的产物，那么他也就能够理解，虽然商品的价格包含了超过工人工资的元素，即不变资本和剩余价值，但由于总产品可以划分为一部分只代表不变资本，另一部分只代表可变资本，最后一部分只代表剩余价值，因而工人不是不能买回自己的产品，而是只能买回代表可变资本的那一部分商品量。

第三，蒲鲁东的"商品价格"观点，其实是对资本主义生产本身的矛盾的混乱的表述。在马克思看来，从单个的孤立的商品出发的蒲鲁东，虽然无法理解前述提及的作为资本产物的商品在表现方式上的矛盾，但同庸俗经济学家相比，他那"带着诡辩的自负"的论点，公开地道出了资本主义社会经济现象的混乱，或者说，指认了资本主义再生产矛盾及其危机。这是蒲鲁东所说的工人不能买回自己的产品之见解的"好的方面"。也就是说，从蒲鲁东对"商品

---

① 参见《马克思恩格斯全集》第 38 卷，人民出版社 2019 年版，第 50—51 页。

价格"的认识中，能够进一步引申出资本主义再生产的问题。蒲鲁东只是模糊地感知到这种矛盾的存在，马克思也正是在这个意义上，驳斥庸俗经济学家福尔卡德和肯定蒲鲁东的。不过，蒲鲁东本人无法对这一问题予以科学的解答。对于这一问题，马克思特别强调，要准确理解蒲鲁东所说的工人不能买回自己的产品的观点，必须以把不变资本和可变资本区分开来为依据。① 因为，只有在这个基础上，资本主义再生产的矛盾及其危机才能得到准确的说明，而蒲鲁东所提出的这一问题也才能得到科学的解答。

由上述针对蒲鲁东"商品价格"观点的批判性分析可以看出，如果说，蒲鲁东的理论的出发点是单个的孤立的商品，那么马克思的批判性分析所立足的正是前者的反面，即作为资本产物的商品。在这里，马克思自觉地、有意识地从作为资本产物的商品出发展开对蒲鲁东的批判，恰恰表明，他此时对商品概念之认识的推进。基于此，马克思对资本主义生产与再生产过程之本质的认识也获得了相应的推进。②

二　劳动从属于资本的再阐发：对蒲鲁东"凡劳动必有剩余"观点的再批判

除了前述提及的内容外，在《1863—1865 年经济学手稿》中，马克思对蒲鲁东的批判与其自身的理论进展之关联，还体现在他对劳动从属于资本的系统阐发与他对蒲鲁东"凡劳动必有剩余"之观点的再批判上。

就蒲鲁东的"凡劳动必有剩余"这一观点来说，它最早在《贫困的哲学》一书中得到较为详尽的阐发。蒲鲁东认为，"凡劳动必有剩余"是得到经济学家公认，但无法得到他们证实的普遍的、绝对

---

① 参见《马克思恩格斯全集》第 38 卷，人民出版社 2019 年版，第 400 页。
② 参见唐正东《马克思的两种商品概念及其哲学启示》，《哲学研究》2017 年第 4 期。

的真理，而唯有他本人才能既从理论的又从事实的层面证实这一原理。然而，从内在的理论逻辑上看，蒲鲁东在《贫困的哲学》中对这一定理的论证其实是以他在《什么是所有权》一书中便已提出的"集体力量理论"为依据的。在《什么是所有权》中，蒲鲁东试图通过"集体力量理论"来说明，"剩余"之所以存在，是由于资本家没有偿付劳动者因团结协调和群策群力而产生的庞大的力量。① 沿着这一思路，在《贫困的哲学》中，蒲鲁东明确指出，"任何劳动必有剩余……的原理……最能证明集体的人的现实性……这个原则对于个人也是真实的，因为它是来自社会，而社会也因此使得个人得以受益于它自身的规律"②。也就是说，蒲鲁东认为，正是集体的人（社会）这一不具有实物形式的存在创造了劳动的剩余，并由此使它自身的存在得以显现并具有现实性；同时，这一原则因使处于社会之中的个人受益，而对个人也具有真实性。不过，在蒲鲁东看来，相比于集体的人（社会），这一原则之于个人的真实性还远没有得到实现。因为，在事实层面上，集体生产的进步并没有使所有人的生活都日益富裕起来；相反，社会上却分化出两种等级的人，一种从中获利，一种则因此变穷。③ 可见，"凡劳动必有剩余"是蒲鲁东理解和批判资本主义社会现实的重要依据。也由此，马克思针对这一观点的批判，其实也不止于《哲学的贫困》这一文本。

　　事实上，在《哲学的贫困》中，马克思只是针对这一观点作了初步的批判。在那里，马克思首先借助经济学家萨德勒的论述指出，蒲鲁东所谓的"集体的人"证实了"凡劳动必有剩余"之定理的说辞，其实不过是联合劳动（协作）创造相对于个人来说更多的剩余

---

　　① 参见［法］蒲鲁东《什么是所有权》，孙署冰译，商务印书馆 2015 年版，第150 页。

　　② ［法］蒲鲁东：《贫困的哲学》上卷，余叔通、王雪华译，商务印书馆 2010 年版，第 112 页。

　　③ 参见［法］蒲鲁东《贫困的哲学》上卷，余叔通、王雪华译，商务印书馆2010 年版，第 116 页。

的神秘主义（普罗米修斯的比喻）的表述。其次，马克思认为，"要获得这种生产力的发展和这种劳动剩余，就必需有阶级存在，其中一些阶级日益富裕，另一些则死于贫困"①。换言之，在此时的马克思看来，剩余的存在是以阶级对抗、阶级矛盾的存在为条件的。如果用《1863—1865年经济学手稿》中的观点来看《哲学的贫困》中马克思针对蒲鲁东这一观点的批判，那么不难发现，他在《哲学的贫困》中针对这一观点的批判尽管抓住了两个极为关键的理论质点，即协作和剩余价值，但不管是对协作本身的历史地位，还是对剩余（价值）本身产生的真实过程，他的理解其实都是有待推进和深化的。

　　这种情况在《1857—1858年经济学手稿》中马克思第二次批判这一观点时得到一定的改善。简单来说，得益于科学剩余价值理论的建构，在《1857—1858年经济学手稿》中，马克思已经知道，剩余价值其实是资本的生产过程中资本家不经交换、不付给等价物而占有的他人的劳动。因此，事实绝非如表面上看来的那样，即好像提供剩余产品是人类劳动的一种天生的性质。事实是，剩余（价值）是资本这一特定的历史的生产关系的产物。借此反观蒲鲁东的"凡劳动必有剩余"之观点及其论证过程，马克思指出，蒲鲁东的问题恰恰在于，他把属于资本的东西，变成了劳动的自然属性。② 从马克思此时的这一评价也可以看出，在《贫困的哲学》中，当蒲鲁东从"集体的人（社会）"直接跳到"个人"时，他的论证其实已经出现了不能自洽的逻辑跳跃的问题。这是因为，前者或多或少还体现着关系的维度，后者则完全剥离了一切社会的属性，所以，在这种情况下，断言个人的劳动必然带来剩余，必然会将提供剩余产品看作劳动的自然属性。应该说，明确指出这一点正是《1857—1858年经济学手稿》相对于《哲学的贫困》的理论推进。然而，除此之外，

---

① 《马克思恩格斯全集》第4卷，人民出版社1958年版，第135页。
② 参见《马克思恩格斯全集》第30卷，人民出版社1995年版，第616—617页。

此时的马克思对"协作"本身之历史地位的理解仍是不够准确的。这具体表现为，此时的马克思还没有将"协作"同资本主义生产方式联系起来加以考察。换言之，在此时的马克思的理解中，与资本主义生产方式相适应的只包括工场手工业或机器大工业。这一不足，不仅限制了马克思此时对资本主义生产方式的科学认识，也限制了马克思此时对蒲鲁东这一见解的批判深度。

在《资本论》第一卷问世之前，针对蒲鲁东的这一见解，马克思在《1863—1865 年经济学手稿》中作了第三次批判性评注。从表面上看来，不同于前述两个文本，在《1863—1865 年经济学手稿》中，马克思对蒲鲁东这一观点的批判着墨极少。确切些说，这里的批判只是出现在一个脚注中，并且，马克思在脚注中对《哲学的贫困》的引用，似乎直接肯定了该文本中针对蒲鲁东这一见解的批判之科学性。马克思的原话是：我在《哲学的贫困》中"曾证明，蒲鲁东先生一点也不懂得，这个'劳动的剩余'就是代表工人的剩余劳动或无酬劳动的剩余产品"①。不得不说，这的确是一个含糊且容易引起误会的论断，因而也是解读本身必须面对的问题之一。

严格说来，脚注中，马克思的原话应当拆分为两个部分来理解。其一，蒲鲁东不理解"劳动的剩余"的问题在《哲学的贫困》中已经得到证明；其二，"劳动的剩余"，究其实，代表的是工人的无酬劳动的剩余产品。这是因为，在《哲学的贫困》中，相比于剥离了"劳动的剩余"的社会历史性条件的蒲鲁东，将原因归之于阶级对立、阶级对抗的马克思，的确有理由说证明了前者对"劳动的剩余"的无知。然而，对于马克思来说，科学的剩余价值理论才是他准确辨识"劳动的剩余"之本质的理论依据。仅此而言，要在《哲学的贫困》中批判蒲鲁东的这一见解时，如此清晰地指认"劳动的剩余"正是工人的剩余劳动或无酬劳动的剩余产品之代表，显然又是不可能的。正因为如此，合理的解释是：在脚注中，马克思的原话

---

① 《马克思恩格斯全集》第 38 卷，人民出版社 2019 年版，第 97 页。

是浓缩了他本人自 19 世纪 50 年代以来所取得的理论进展对《哲学的贫困》的思想史定位和对"劳动的剩余"之科学内涵的重新阐释。由此可见，马克思虽然引用了《哲学的贫困》，但此时的他对蒲鲁东同一观点的理解和批判之深度都必然远胜于《哲学的贫困》时期。

事实的确如此，《1857—1858 年经济学手稿》，特别是《1861—1863 年经济学手稿》的理论探索，为马克思形成对资本主义生产方式的科学认识，从而在《1863—1865 年经济学手稿》中更为系统地解剖资本主义生产方式奠定了思想基础。因此，对于此时的马克思来说，劳动对资本的实际上的从属，才是资本主义生产方式最为根本标志。"劳动对资本的实际上的从属，即本来意义上的资本主义生产方式。"① 反过来说，劳动对资本的形式上的从属，就绝不是这一生产方式的根本标志。马克思指出，这种形式上的从属指的是："资本已经在一定的从属的职能中存在，但还没有在它的占统治地位的、决定一般社会形式的职能中存在，还不是劳动的直接购买者和生产过程的直接占有者。"② 相反，劳动对资本的实际上的从属，在最直接的意义上，指的是资本，从而剩余价值的生产已经在社会生产中占统治地位，因而，工人在与资本的关系中，丧失自身的独立性，并成为资本不断剥夺剩余价值的对象。

一旦对资本主义生产方式有了此种科学的认识之后，马克思对劳动实际上从属于资本的社会形式之认识也获得了相应的发展。这具体表现为，此时的马克思已经清楚地意识到，协作同工场手工业、机器大工业一样，作为劳动的社会形式都是与相对剩余价值的生产相适应的"资本的发展形式"③。马克思指出，劳动对资本的实际上的从属尽管意味着生产方式本身的变革，但实际生产过程中的实际

---

① 《马克思恩格斯全集》第 38 卷，人民出版社 2019 年版，第 112 页。
② 《马克思恩格斯全集》第 38 卷，人民出版社 2019 年版，第 107 页。
③ 《马克思恩格斯全集》第 38 卷，人民出版社 2019 年版，第 141 页。

方法与方式绝不会一开始就随这种变化而发生本质的变化。这就是说，"当劳动过程开始从属于资本时……资本是使已有的、现存的劳动过程，就是说，例如，使手工业劳动，与独立的小农经济相适应的农业方式，从属于自己"①，而协作这一劳动的社会形式正是在这个意义上构成劳动对资本的实质从属的第一个阶段。这样，马克思也就超越了《哲学的贫困》《1857—1858 年经济学手稿》，真正将协作同特殊的资本主义生产方式联系起来加以考察。

以此为基础，当马克思在《1863—1865 年经济学手稿》中的那个简短的脚注中指出，"因为蒲鲁东先生在资本主义生产中实际上看到，任何劳动都留下这样的'剩余'，所以他就力图用劳动的某种神秘的自然属性来解释这个事实"② 时，他没有直接言明的是以下两点。第一，蒲鲁东用以证明"凡劳动必有剩余"的"集体力量理论"，其实是对作为特殊资本主义生产方式的劳动的社会形式之"协作"的肤浅认识。也就是说，在马克思看来，蒲鲁东确实通过"协作"这种劳动的社会形式感知到剩余和剥削的存在，但他始终无法将"协作"同特殊的资本主义生产方式联系起来加以考察，这就决定了他必然只能感知到剩余和剥削的存在，但无法对此作出科学的解释。第二，与第一点相关联的是，由于蒲鲁东无法说明协作同特殊资本主义生产方式及其剩余价值的生产之间的关系，所以，他从"集体的人"直接跳到"个人"的劳动上，就必然会使剩余产品的生产变成劳动的神秘的自然属性。这样一来，蒲鲁东对于"劳动的剩余"的解释，便脱离了具体的、历史的、特殊的资本主义生产方式。

由此可见，尽管此时的马克思对蒲鲁东的批判性评注是极为简短的，但在这一简短的评注背后，其实浓缩了马克思艰苦卓绝的经济学研究历程及其重要理论成果。因此，对于这一简短的评注的解

---

① 《马克思恩格斯全集》第 38 卷，人民出版社 2019 年版，第 105 页。
② 《马克思恩格斯全集》第 38 卷，人民出版社 2019 年版，第 97 页。

读，必须更为自觉地同马克思这一阶段的理论进展相结合。事实上，如果将《1861—1863 年经济学手稿》与《1863—1865 年经济学手稿》中马克思涉及劳动从属于资本的两种形式的探讨进行比较，那么不难发现，在后一个文本中，针对蒲鲁东这一见解的批判，恰恰是在马克思即将结束对资本生产过程是劳动过程和价值增殖过程的统一的讨论时，或者说，是在马克思即将进入对劳动从属于资本的两种形式的探讨前出现的，而在前一个文本中，在阐述劳动从属资本的两种形式时没有此种逻辑上的关联性。[①] 这种区别或许已经提示了，针对蒲鲁东这一见解的批判，必须被置放到这一新的理论地平上加以解读。在这个意义上，蒲鲁东"凡劳动必有剩余"之观点也可以视作马克思开启劳动从属于资本的两种形式的探讨的问题导引之一，而通过对这一问题的回应，马克思进一步推进了他对特殊的资本主义生产方式的科学认识。应该说，将这一生产方式及其内在矛盾阐释清楚，是马克思对蒲鲁东的持续批判，以及最终将其驳倒的关键所在。

三　从《1863—1865 年经济学手稿》看《资本论》对蒲鲁东理论的批判

从总体上看，《1863—1865 年经济学手稿》，马克思在批判蒲鲁东的过程中所呈现的新的具体的理论进展主要体现在上述谈及的两个方面，即对商品概念的完善上和对特殊的资本主义生产方式更为科学的认识上。除此之外，这一时期马克思对蒲鲁东的批判更多地表现为，把自《1857—1858 年经济学手稿》以来对蒲鲁东的诸多批判融入他此时所建构的三册《资本论》理论体系当中。

需要指出的是，这一举动看似只是对既有的批判及其理论成果的简单再现，实则不然。正如马克思在 1866 年 2 月 20 日致恩格斯的信中所指出的，"在像我这样的著作中细节上的缺点是难免的。但

---

① 参见《马克思恩格斯全集》第 37 卷，人民出版社 2019 年版，第 282 页。

是结构，即整个的内部联系是德国科学的辉煌成就，这是单个的德国人完全可以承认的，因为这决不是他的功绩，而是全民族的功绩"①。可见，对于马克思来说，叙述的"结构"的重要性并不亚于某些具体的理论观点。因为，正是在科学的"结构"当中，这些具体的理论观点之内部联系才能得到清楚的呈现。在这个意义上，"结构"的形成本身就是一个重要的理论成果。因此，将既有的对蒲鲁东的诸多批判融入马克思此时所建构的三册《资本论》理论体系之中，就绝不是"批判"本身的简单再现。

如果说，马克思在《1863—1865 年经济学手稿》中所形成的三册《资本论》结构体系是其从抽象上升到具体之政治经济学方法的运用及其显现，那么，将既有的对蒲鲁东的批判融入这三册《资本论》结构体系当中，也必然会贯彻此种方法。换言之，相比于此前的手稿，《1863—1865 年经济学手稿》中针对蒲鲁东的"批判"本身必然会具有更强的内部联系性。当然，这种内部联系性也只有同三册《资本论》的整体结构相结合才能够加以把握。遗憾的是，第一册手稿，即《资本的生产过程》留存下来的只有"直接生产过程的结果"这一章；第二册手稿，即《资本的流通过程》作为《资本论》第二卷的第Ⅰ稿，在恩格斯编辑《资本论》第二卷时不仅没有得到采用，而且该手稿只是在一处谈到不变资本和可变资本的区分问题时，才顺带提到蒲鲁东。② 因此，要根据既有的《1863—1865 年经济学手稿》，完整地揭示马克思如何将针对蒲鲁东的既有批判融入他此时所建构的三册《资本论》结构体系当中，恰恰又是存在困难的。

不过，由苏联学者伊·鲍尔迪列夫和维戈茨基等人推进的文献学考证，使如下结论的真实性变得愈加可靠，即第一册手稿中所谓的遗失部分并不是真的遗失了，而是作为《资本论》第一卷的付排

---

① 《马克思恩格斯文集》第 10 卷，人民出版社 2009 年版，第 236 页。

② 参见《马克思恩格斯全集》第 38 卷，人民出版社 2019 年版，第 400 页。

稿交给了出版社。① 这就意味着，1867 年出版的《资本论》第一卷德文第一版，恰恰可以作为我们反推未能保存下来的第一册手稿中马克思对蒲鲁东的批判之基本样貌的一个重要参照。这样，将《资本论》第一卷德文第一版同得以保存下来的第三册手稿，即《总过程的各种形态》结合起来考察，实际上就为我们厘清这一问题提供了可能。

第一，借助《资本论》第一卷德文第一版，我们不难猜想，第一册手稿融入的针对蒲鲁东的批判主要应该是他的一些基本理论和基本构想。具体说来，针对蒲鲁东的基本理论的批判主要包括以下三方面的内容：其一，以科学的货币理论来清算蒲鲁东的构成价值论；其二，以科学的剩余价值理论清算蒲鲁东的"凡劳动必有剩余"之见解；其三，以科学的工资理论驳斥蒲鲁东将"劳动的价值"理解为一种修辞的说法。② 针对蒲鲁东的基本构想的批判主要是：从资本主义生产与商品生产之内在联系的角度，驳斥了蒲鲁东试图通过保留商品生产而消灭资本主义所有制的妄想。③ 不难发现，这些批判所涉及的其实都是马克思在此前的手稿中已经详细论述过的内容。透过《资本论》第一卷德文第一版进行反推，不同的地方或许只在于，第一册手稿中针对蒲鲁东的批判可能是简短且被全部安排在脚注中。应该说，这种形式上的转变是同《资本论》作为马克思阐发自己的经济学理论的定位相一致的。因为，同样的情况也出现在他的另外一本公开出版的经济学著作即 1859 年的《第一分册》中。然而，正如第一册手稿的主旨是在剥离掉资本流通等更为表层的环节的前提下对具有更为本质性的资本的生产过程的研究一样，被融入第一册手稿中的关于蒲鲁东的这些批判，也表现为剥离了蒲鲁东理

① 参见张钟朴《〈1863—1865 年经济学手稿〉——〈资本论〉创作史研究之四》,《马克思主义与现实》2015 年第 1 期。

② 参见《马克思恩格斯全集》第 42 卷，人民出版社 2016 年版，第 51、529、551 页。

③ 参见《马克思恩格斯全集》第 42 卷，人民出版社 2016 年版，第 66、600 页。

论形成之现实基础的具体观点的碰撞。

第二，不同于需要借助《资本论》第一卷德文第一版反推的第一册手稿，第三册手稿本身的完整性为我们从第三册手稿看《资本论》第三卷中马克思对蒲鲁东的批判提供了现实的可能性。

首先，就内容来说，第三册手稿中针对蒲鲁东的批判主要是围绕他不理解"生息资本"这一主要线索展开的。① 客观地说，关于生息资本的认识，当然也是蒲鲁东本人的基本观点之一，但由于这种批判是被置放在第三册《总过程的各种形态》这一主题之下加以讨论的，因此，这种批判显然又不止于蒲鲁东的具体结论层面。事实上，随着马克思在第三册手稿中越来越接近资产阶级社会的表面现象时，他对蒲鲁东的批判也就越来越深入产生其理论失误的现实基础层面。这一点，也是第三册手稿中针对蒲鲁东的批判不同于第一册手稿的关键所在。

其次，通过比较第三册手稿和《资本论》第三卷中所涉及的关于蒲鲁东的批判，不难发现，第三册手稿，在理论的成熟性和结构的完备性上都已经极为出色了。这最直接的表现为，第三册手稿针对蒲鲁东的批判在具体论述上同公开出版的《资本论》第三卷的具体论述基本一致。② 这也能够进一步印证第三册手稿作为《资本论》第三卷唯一的全卷手稿的理论史地位。

总体而言，从三册《资本论》手稿的整体架构上看，被融入其中的既有的对蒲鲁东的诸多批判，的确也体现了从抽象上升到具体的方法。概言之，沿着此种逻辑推进，在第一册手稿中，马克思针对蒲鲁东的批判表现为两者观点上的直接碰撞，而在第三册手稿中，

---

① Karl Marx, *Marx-Engels-Gesamtausgabe*（*MEGA*）, Abteilung Ⅱ, Band 4, Berlin: Dietz Verlag, 1992, S. 419.

② 参见《马克思恩格斯全集》第 46 卷，人民出版社 2003 年版，第 386—388、687、704、955—956 页。第三册手稿德文原文参见 Karl Marx, *Marx-Engels-Gesamtausgabe*（*MEGA*）, Abteilung Ⅱ, Band4, Berlin: Dietz Verlag, 1992, S. 418—419; 662—663; 676; 864.

马克思针对蒲鲁东的批判不仅是两者观点的直接碰撞，更为重要的，是对产生后者理论及其理论失误之现实根源的剖析。在这个意义上，从第一册手稿到第三册手稿，马克思运用从抽象上升到具体的方法，不仅深化了他对特殊的资本主义生产方式的科学认识，也相应地深化了他对蒲鲁东理论的批判深度。《1863—1865 年经济学手稿》中对既有的针对蒲鲁东的批判的重新整合思路，已经为公开出版的《资本论》三卷本中对蒲鲁东的总结性批判奠定了基础。这一点，最充分地体现在第三册手稿与《资本论》第三卷的一致性上。

第六节　《论蒲鲁东》中马克思
　　对蒲鲁东的"盖棺定论"

诚如马克思所言，1847 年发表的《哲学的贫困》因其严厉的批评而使他和蒲鲁东的友谊"永远结束"了。因此，自 1847 年之后，尽管在马克思的资本主义探索过程中，蒲鲁东的理论依然是一个重要且长期的理论参照，但两者之间已经鲜有公开且直接的对话了。1865 年 1 月 19 日，蒲鲁东因病去世。《社会民主党人报》(*Der So-cial-Demokrat. Organ des Allgemeinen Deutschen Arbeitervereins*)[①] 编辑约·巴·施韦泽借此邀请马克思对刚刚逝世的蒲鲁东作一个详细的评价。1 月 24 日，马克思应邀撰写了《论蒲鲁东》一文。施韦泽最终将该文刊登在 1865 年 2 月 1、3、5 日第 16—18 号报纸的副刊上，因而该文也成为《哲学的贫困》和《蒲鲁东反对梯也尔的演说》之后，马克思又一次公开评价蒲鲁东的文本。这一次，马克思对蒲鲁

---

①　需要指出的是，该报是拉萨尔派的"全德工人联合机关报"，而由格·福尔马尔、爱·伯恩斯坦于 1879—1890 年主编的报刊虽与此同名，但其全称是："*Der Sozialde-mokrat. Organ der Sozialdemokratie deutscher Zunge*"（《社会民主党人报。德语区社会民主党的机关报》）。两者在报刊的价值立场和出版时间上都是存在区别的。参见《马克思恩格斯文集》第 3 卷，人民出版社 2009 年版，第 792—793 页。

东其人的"盖棺定论"是全面且另有所指的。

一 蒲鲁东是"活生生的矛盾"

在《论蒲鲁东》中，马克思对蒲鲁东的总的定位是："一个地地道道的小资产者。"他是由"一方面"和"另一方面"构成的，所以是"活生生的矛盾。"① 概言之，马克思的结论是通过对蒲鲁东的阶级立场、方法论基础、理论观点和社会改革方案的考察得出的。

就蒲鲁东的阶级立场来说，在《论蒲鲁东》中，首先，马克思并不是从一开始便将他直接定义为"小资产者"的。事实上，在马克思看来，蒲鲁东的第一部著作《什么是所有权》，其实是从法国小农的立场和眼光出发来批判社会现实的。② 如果结合蒲鲁东的农民出身和成长经历来看，那么马克思的这一判断显然是可以得到证实的。③ 马克思认为，蒲鲁东在《贫困的哲学》中通过"掺假"的，或者说，"诡辩"的黑格尔主义站到了资产阶级经济学的立场上，从而成了一个小资产者，而在1860年应洛桑政府征求而撰写的《税收理论，沃州政务会议为1860年征文比赛提出的问题》（*Théorie de l'impôt, question mise au concours par le conseil d'état du canton de Vaud en 1860*）一文中，蒲鲁东天才的最后一点儿痕迹也消失殆尽了，并成了一个"地地道道的小资产者"。可见，对于马克思来说，蒲鲁东的小资产阶级立场不是历来就有的，而是从其法国小农立场逐渐演化而来的。这种评价充分表明，马克思的结论是以蒲鲁东本人的现实情况为依据的。其次，蒲鲁东由法国小农立场向小资产阶级立场的转变，还同时表明，这两种立场恰恰是密切关联着的。

就蒲鲁东的方法论基础来说，马克思指出，蒲鲁东最早接触的德国哲学家是康德，因而，在他的早期著作《什么是所有权》中，

① 参见《马克思恩格斯全集》第21卷，人民出版社2003年版，第61—62页。
② 参见《马克思恩格斯全集》第21卷，人民出版社2003年版，第56页。
③ 参见《论革命中和教会中的公平》（*De la justice dans la Révolution et dans l'église*），载《马列著作编译资料》第9辑，人民出版社1980年版，第39—54页。

模仿二律背反的痕迹是明显的。也由此，在《什么是所有权》中，像康德一样，蒲鲁东也无法解决他自己提出的二律背反，因为"解决二律背反是人类悟性'彼岸'的事情，即他自己的悟性所不清楚的事情"①。同时，马克思还指出，受他本人和不懂德国哲学的卡尔·格律恩的"部分"影响，不懂德文的蒲鲁东最终放弃了康德的二律背反，并感染上了"掺假"的，或者说，"诡辩"的黑格尔主义。这一点，集中反映在《什么是所有权》之后的《贫困的哲学》一书中。马克思认为，由于蒲鲁东"从来也不懂得真正科学的辩证法，所以他陷入了诡辩的泥坑"②。在《贫困的哲学》中，这具体表现为，蒲鲁东所运用的辩证法（系列辩证法）不是指引着他深入对现实的历史运动的剖析中，而是使他沉迷于追逐所谓科学的公式，并最终迂回到资产阶级经济学的立场上去。在马克思看来，蒲鲁东在哲学方法论上的问题，是同他逐渐形成的小资产阶级立场相联系的。因此，在这种诡辩的辩证法和逐渐形成的小资产阶级立场的交互作用下，蒲鲁东最终成了一个"地地道道的小资产者"，而此种诡辩的辩证法，成为他此后展开自己理论的坚实的方法论基础。

就蒲鲁东的理论观点来说，如果说，蒲鲁东的阶级立场是逐渐确立起来的小资产阶级立场，而方法论基础是一种诡辩的辩证法，那么在他的经济学著作、政治和哲学著作中，便必然会暴露出他的理论观点的矛盾的、双重的性质。在《论蒲鲁东》中，马克思主要是以《什么是所有权》③ 和《贫困的哲学》这两本代表性经济学著作为例进行说明的。马克思指出，在《什么是所有权》一书中已经可以看到一个矛盾："蒲鲁东一方面以法国小农的（后来是小资产者

---

① 《马克思恩格斯全集》第 21 卷，人民出版社 2003 年版，第 56 页。
② 《马克思恩格斯全集》第 21 卷，人民出版社 2003 年版，第 62 页。
③ 事实上，马克思认为，蒲鲁东的《什么是所有权》一书，"在严格科学的政治经济学史中，这本书几乎是不值得一提的"。《马克思恩格斯全集》第 21 卷，人民出版社 2003 年版，第 55 页。

的）立场和眼光来批判社会，另一方面他又用他从社会主义者那里借来的尺度来衡量社会。"① 在《贫困的哲学》中，蒲鲁东理论的矛盾的、双重的性质就更为清晰地呈现出来了。马克思借用《哲学的贫困》中的"判决"指出，蒲鲁东把每一种经济关系都区分出好的一面和坏的一面，然后便在好的一面和坏的一面、在资本和劳动之间摇来摆去。正因为如此，马克思认为，《贫困的哲学》充分地展示了蒲鲁东小资产阶级的理论观点，并由此而应当被称为"小资产者社会主义的法典"②。马克思指出，蒲鲁东其他的关于政治的、哲学的著作同样暴露了这种矛盾的特质，并且，在某些政治著作中，甚至还暴露了小资产阶级的卑鄙，即政治上的投机。譬如，"他那本关于《政变》的著作，在其中他向路易·波拿巴献媚，实际上是竭力把他弄成适合法国工人口味的人物，还有他那篇反对波兰的最后的著作，在其中他为了迎合沙皇而表现了愚蠢的厚颜无耻"③。从这里也可以看出，在蒲鲁东的理论观点中，不仅暴露了矛盾的、双重的性质，还不时夹杂着小资产阶级的卑鄙。正因为如此，蒲鲁东的理论观点对于工人群众、对于社会主义运动来说，才具有不可忽视的危害性。也由此，在谈及这一问题时，马克思对蒲鲁东的批判就显得严格得多了。

就蒲鲁东的社会改革方案来说，马克思指出，蒲鲁东在经济学上的最后的"业绩"，是发明了所谓的"无息信贷"。马克思认为，这种观点只能证明蒲鲁东甚至无法准确认识他所批判的对象，即"政治经济学"。马克思分析道，蒲鲁东的这种观点其实是建立在对商品和货币关系的误解上，更进一步，是建立在把生息资本看作资

---

① 《马克思恩格斯全集》第 21 卷，人民出版社 2003 年版，第 56 页。

② 《马克思恩格斯全集》第 21 卷，人民出版社 2003 年版，第 59 页。

③ 《马克思恩格斯全集》第 21 卷，人民出版社 2003 年版，第 62 页。马克思此处提到的蒲鲁东的两本著作分别是：《从十二月二日政变看社会革命》《1815 年的条约已不存在了吗？未来的代表大会决议书》（*Si les traités de* 1815 *ont cessé d'exister ? Acts du future congrès*）。

本的主要形式的错误见解上。正因为如此，蒲鲁东一方面把保留商品生产和贬黜货币当作社会主义的核心而认真说教；另一方面试图通过人民银行的构想实现利息的废除。马克思指出，蒲鲁东的这种想法，其实早就由英国的格雷等人发挥过了。不过，在马克思看来，与后者相比，蒲鲁东的那种自矜自夸、自吹自擂、大言不惭的论调，就显得极为笨拙和令人讨厌了。

总而言之，在马克思看来，蒲鲁东就是一个活生生的矛盾，并且，正是由于此种矛盾的、双重的特性，使他的小资产阶级本质"一开始就被别人和他自己所误解"①。正因为如此，马克思认为，批判蒲鲁东"背叛"社会主义革命恰恰是毫无根据的，而拿他同卢梭和伏尔泰相比又是言过其实的。可见，理解蒲鲁东、把握蒲鲁东的思想原貌，本身就是一个难题。

二 蒲鲁东其人的社会历史意义

毫无疑问，对于马克思来说，小资产者蒲鲁东的矛盾与傲慢，的确显得笨拙而又令人讨厌，但这并没有使马克思一味地否定蒲鲁东。事实上，在《论蒲鲁东》中，马克思并不否定蒲鲁东其人所具有的社会历史意义。

首先，蒲鲁东的理论在圣西门和傅立叶以后起到了划时代的作用。以《什么是所有权》为例，马克思指出，这部在严格的政治经济学史上几乎不值得一提的著作，恰恰由于其风格方面"强健的肌肉"而独具优势。马克思分析道，事实上，在蒲鲁东所知道的法国社会主义者和共产主义者的著作中，关于"所有权"的批判并不是什么新颖的内容。不过，由于蒲鲁东"向经济学中'最神圣的东西'进攻的挑战勇气，嘲笑庸俗的资产阶级悟性时使用的机智反论，致命的评论，辛辣的讽刺，对现存制度的丑恶不时流露出来的深刻而真实的激愤，革命的真诚"等等，使这部著作一经出版便造成了

---

① 《马克思恩格斯全集》第 21 卷，人民出版社 2003 年版，第 59 页。

很大的冲击。在《论蒲鲁东》中，马克思以费尔巴哈同黑格尔的关系类比蒲鲁东同法国社会主义者圣西门和傅立叶的关系，来对此种冲击进行形象的说明。马克思指出："和黑格尔比起来，费尔巴哈是极其贫乏的。但是，他在黑格尔以后起了划时代的作用，因为他强调了为基督教意识所厌恶而对于批判的进步却很重要的某几个论点，而这些论点是被黑格尔留置在神秘的朦胧状态中的。"① 马克思的意思是，尽管圣西门和傅立叶等法国社会主义者的著作中也存在着关于"所有权"的批判，但只有当蒲鲁东以此种新的和大胆的风格直截了当地喊出"所有权就是盗窃"时，针对资产阶级经济学之当然前提的"所有权"的批判才第一次得到如此清晰的强调，并由此成为社会主义者开展对资本主义批判的核心议题。在马克思看来，相对贫乏的蒲鲁东及其《什么是所有权》一书所具有的划时代的作用正在于此。

其次，蒲鲁东在六月起义后的政治活动具有良好的结果。尽管蒲鲁东在其晚年的著作中尽显小资产阶级的卑鄙和厚颜无耻，但在马克思看来，1848 年六月起义后，蒲鲁东在国民议会上的行动却是勇敢且值得"极力称赞"的。这是因为，一方面，在资产阶级和无产阶级爆发大规模战斗的背景下，蒲鲁东能够在国民议会上公开指责资产阶级对巴黎起义者的镇压是一种暴力和专政，恰恰是一个"非常勇敢的行动"②，另一方面，蒲鲁东在国民议会上反对梯也尔的演说，在将梯也尔引入论战的同时，也使法国资产阶级的整个精神支柱之幼稚的一面充分暴露在世人面前。

最后，蒲鲁东在法国的反宗教问题上具有独特的地方性价值。马克思认为，蒲鲁东其人所具有的社会历史意义，除了上述两点之外，还包含了某些地方性的价值，即限于法国的价值。马克思指出，法国社会主义者大多信仰宗教，并以此为傲，他们认为"信仰宗教是他们优越于 18 世纪的资产阶级伏尔泰主义和 19 世纪的德国无神

---

① 《马克思恩格斯全集》第 21 卷，人民出版社 2003 年版，第 55—56 页。

② 《马克思恩格斯全集》第 21 卷，人民出版社 2003 年版，第 60 页。

论的地方"①。蒲鲁东不同于大多数法国社会主义者的地方，正在于他对宗教、教会等发起了猛烈的攻击。对于当时的法国来说，这种鲜有的指向宗教、教会的批判，是蒲鲁东的一个巨大的功绩。

由此可见，对于蒲鲁东其人所具有的社会历史意义，马克思并不吝赞美之词。因此，在这里必须指出三点。

第一，以蒲鲁东为中心介入青年马克思对前者具有何种影响之争论的学者，在解读《论蒲鲁东》这一文本时，往往只是抓住马克思是否应对蒲鲁东感染上黑格尔主义负责这一枝节性问题予以研究。譬如，聚焦于马克思的如下论述："在长时间的、往往是整夜的争论中，我使他（蒲鲁东——引者注）感染了黑格尔主义，这对他是非常有害的，因为他不懂德文，不能认真地研究黑格尔主义。我被逐出巴黎之后，卡尔·格律恩先生继续了由我开始的事情。"② 法国神学家亨利·德·卢柏西提出了以下两点质疑：其一，根据格律恩本人的记录，格律恩向蒲鲁东介绍过费尔巴哈，而非黑格尔；其二，蒲鲁东在其 1839 年的信件中便已有关于黑格尔的讨论。③ 在卢柏西看来，这些"铁证"无疑指向这样一个事实：马克思并非蒲鲁东学习黑格尔主义的引路人。这样，在《论蒲鲁东》中，马克思的相关论述便是缺乏事实依据的。如果进一步结合马克思在《神圣家族》中和 1847 年后对待蒲鲁东的两种截然不同的态度进行考察，卢柏西认为，这便充分证明了，马克思对蒲鲁东的疯狂批判，完全是其"个人主义到了疯狂的程度"（巴枯宁语）的表现。从卢柏西的此种观点可以发现，抓住《论蒲鲁东》中的这一枝节性问题予以研究的学者之真实意图，其实并不在于探讨谁应对蒲鲁东感染上黑格尔主义负责的问题，而在于借此将马克思打扮成一个嫉妒心强的极权主义者，从而被马克思疯狂批判的蒲鲁东倒成了

---

① 《马克思恩格斯全集》第 21 卷，人民出版社 2003 年版，第 62 页。
② 《马克思恩格斯全集》第 21 卷，人民出版社 2003 年版，第 57 页。
③ Cf. Henri de Lubac, *The Un-Marxian Socialist：A Study of Proudhon*, trans. Canon R. E. Scantlebury, London：Sheed and Ward Ltd., 1948, pp. 129 – 139.

他此种人格缺陷的"受害者"。不难发现，上述见解的问题是：在马克思的这一文本中，其实就存在着他对蒲鲁东其人应有的社会历史贡献的客观的、公正的评价。然而，他们有意地回避了这一点，其用心便可见一斑了。

第二，即使就马克思是否应对蒲鲁东感染黑格尔主义负责这一问题本身来说，以卢柏西为代表的从蒲鲁东的视角出发的学者提供的证据，其实也不足以证伪马克思在《论蒲鲁东》中的说法。事实上，马克思的原话是："1844 年我居住在巴黎的时候，曾经和蒲鲁东有过私人的交往。我在这里提起这件事，是因为我对他的 'Sophistication'（英国人这样称呼伪造商品的行为）在某种程度上也有一部分责任。"① 在这里，"某种程度上""部分"的特设说明，已经清楚地表明，马克思本人从一开始就没有将蒲鲁东感染上黑格尔主义的责任全部归之于己。以此来看，加拿大无政府主义研究者乔治·伍德科克秉着抹黑马克思的意图所提供的证据，即巴枯宁也曾与蒲鲁东就黑格尔问题有过彻夜长谈的情况②，反倒成了证明马克思此处说法的重要史料。

第三，还有一种说法认为，马克思与蒲鲁东之间不可能存在相互影响的情况。比如，美国学者罗伯特·霍夫曼认为，马克思与蒲鲁东之间，不但在对辩证法的理解上，而且在对物质条件的基础性地位的认识上，都不可能存在相互影响的情况。在他看来，目前所提供的诸多证据，其实都是一些零星的例子，它们还不足以从整体上证实两者之间的关联性。简言之，霍夫曼认为，"蒲鲁东和马克思之间，以及他们各自的意识形态之间，存在着过大的鸿沟，以至于他们无法逾越这一鸿沟而产生相互作用"③。尽管霍夫曼对于两者关

---

① 《马克思恩格斯全集》第 21 卷，人民出版社 2003 年版，第 57 页。

② Cf. George Woodcock, *Pierre-Joseph Proudhon: A Biography*, Montréal: Black Rose Books, 1987, p. 89.

③ Robert Hoffman, "Marx and Proudhon: A Reappraisal of Their Relationship", *The Historian*, Vol. 29, No. 3, May 1967, pp. 409 – 430.

系的梳理无意于褒扬或贬抑其中任意一方，但他作出的最终结论显然过分强调了两者之间的差异，而忽视了两者之间的联系。事实上，在《论蒲鲁东》中，当马克思说蒲鲁东的《什么是所有权》一书在圣西门和傅立叶以后起了划时代的作用时，他已经含蓄地承认，在其青年时期转向市民社会研究和所有权批判的过程中，蒲鲁东的理论具有不可忽视的先期影响。以此来看，从两者之间存在的理论"鸿沟"并不能直接推导出两者之间不可能存在着相互作用的关系。至少，从马克思对蒲鲁东的持续批判来看，与马克思相对立的蒲鲁东恰恰是他不断打磨、发展自己关于现代资本主义社会之科学认识，从而不断深化其对哲学、政治经济学以及科学社会主义之总体性认识的反面参照，而这也是通过本研究所清晰呈现的两者之间复杂的思想关系。

三　转向"阿基里斯"的批判

从上述分析不难看出，马克思对蒲鲁东的评价其实是辩证的、全面的。但是，对于马克思来说，之所以应施韦泽之邀在蒲鲁东刚刚逝世之际便为他盖棺定论，实际上还有更为深刻的理论意图。在写完《论蒲鲁东》一文的次日，即 1865 年 1 月 25 日，马克思立即致信恩格斯指出，"我昨天给他（施韦泽——引者注）寄去了一篇论蒲鲁东的文章。在那里你会看到，某些十分无情的打击看来是为蒲鲁东预备的，实际上都击中我们的'阿基里斯'，并且是存心这样做的"①。马克思这里所谓的"阿基里斯"指的是拉萨尔。尽管拉萨尔本人早在蒲鲁东之前即 1864 年 8 月便已去世②，但《社会民主党人报》的编辑施韦泽是名副其实的拉萨尔派。换言之，拉萨尔主义

---

① 《马克思恩格斯全集》第 31 卷，人民出版社 1972 年版，第 46 页。

② 可以说，拉萨尔的死亡是由"他一生中许多次轻率行动中的一次"造成的，即在瑞士为追求"巴伐利亚公使的女儿"而同那个姑娘的未婚夫决斗受重伤致死。尽管马克思恩格斯并不认同拉萨尔的品性和诸多见解，但面对这个"敌人的敌人"的死亡，马克思恩格斯还是颇为痛惜的。参见《马克思恩格斯全集》第 30 卷，人民出版社 1974 年版，第 419、422 页。

并没有随着拉萨尔本人的去世而消失，相反，拉萨尔的门徒施韦泽等人仍然在德国工人中间"兜售"着拉萨尔的理论。① 对于马克思来说，为了使无产阶级运动摆脱错误思潮的干扰，批判拉萨尔派和拉萨尔主义势在必行。因此，施韦泽的邀请恰恰为马克思提供了一个契机，即以评价蒲鲁东来影射对拉萨尔派的批判。

那么，为何《论蒲鲁东》中的某些无情的打击看似是为蒲鲁东预备的，但实际上会击中拉萨尔呢？这是因为两者的理论观点和政治活动具有诸多的相似性。

第一，就两者的理论观点来说，同蒲鲁东一样，拉萨尔也热衷于用概念的演绎来说明历史的发展。作为黑格尔的信徒，拉萨尔坚信，理念是万能的，而所谓的历史正是"概念的客观的自我运动"②。也就是说，在拉萨尔看来，整个客观世界就是由概念本身的运动产生的。不难发现，拉萨尔的此种见解正是唯心史观的典型代表，它不仅"充满了老年黑格尔派的精神"③，也同蒲鲁东的唯心史观具有相似性。正因为如此，在《论蒲鲁东》中，当马克思批评蒲鲁东"不是把经济范畴看作历史的、与物质生产的一定发展阶段相适应的生产关系的理论表现"④ 时，他的潜在的对话对象正是他们的"阿基里斯"，即拉萨尔。

第二，就两者的政治活动来说，同蒲鲁东一样，拉萨尔也无法准确认识无产阶级自身的力量，惧怕阶级斗争，主张以和平合法的方式实现社会主义。由于拉萨尔不是从现实的社会政治、经济活动等客观前提出发，而是从所谓的概念的自我运动出发，所以，虽然

---

① 1863 年，拉萨尔应即将成立的"全德工人联合会"之邀撰写《给筹备全德工人代表大会的莱比锡中央委员会的公开答复》，得以将他的机会主义观点加以系统化和理论化，而这也标志着拉萨尔主义的正式形成。

② 转引自黄楠森、庄福龄、林利主编《马克思主义哲学史》（修订本）第 3 卷，北京出版社 2005 年版，第 38 页。

③ 《马克思恩格斯全集》第 50 卷，人民出版社 2021 年版，第 308 页。

④ 《马克思恩格斯全集》第 21 卷，人民出版社 2003 年版，第 58 页。

拉萨尔也批判资产阶级社会和资本家，但他把无产阶级的出路寄托在"国家"和"王权"之上。也就是说，拉萨尔一方面将资产阶级视作无产阶级的主要敌人，另一方面却将以俾斯麦为首的封建容克贵族视作无产阶级的"救世主"。对此，恩格斯总结道："拉萨尔的全部社会主义在于辱骂资本家，向普鲁士土容克献媚。"① 在这一点上，拉萨尔同俾斯麦的关系，大致就像政变后蒲鲁东同路易·波拿巴的关系一样。在马克思看来，这正是一种小资产阶级的"卑鄙"。因此，拉萨尔的实质并不是工人运动的真正领袖，而是俾斯麦反动政府在工人中的代理人。②

如果说，在《论蒲鲁东》中，批判拉萨尔派和拉萨尔主义的理论意图还依然被包裹在马克思评价蒲鲁东的"外衣"之下，那么与施韦泽及其《社会民主党人报》的彻底决裂，则驱使着马克思将这一理论意图公之于众。在《关于不再给〈社会民主党人报〉撰稿的声明》中，马克思直截了当地指出：利用施韦泽邀请他撰稿评价蒲鲁东的机会，他要在施韦泽自己的"报纸上说明，'向现存政权作任何即使是表面妥协'都违背'简单的道德感'，而蒲鲁东在政变以后向路·波拿巴的献媚是'卑鄙'"③。也就是说，在拉萨尔去世之后，施韦泽继续推行拉萨尔主义，迎合俾斯麦制度，就像政变后蒲鲁东向波拿巴的献媚一样，也是卑鄙的。

由此可见，在《论蒲鲁东》中，通过对蒲鲁东的盖棺定论，马克思的确有着更为深刻的理论意图。不过，从评价蒲鲁东影射到对拉萨尔派和拉萨尔主义的批判也可以看出，蒲鲁东主义确实如恩格斯所言，它就是"西欧的资产阶级激进派和冒牌社会主义者从中搜寻麻痹工人的空洞词句的一个巨大武库"④。换言之，蒲鲁东其后的

---

① 《马克思恩格斯全集》第21卷，人民出版社2003年版，第336—337页。
② 参见黄楠森、庄福龄、林利主编《马克思主义哲学史》（修订本）第3卷，北京出版社2005年版，第40页。
③ 《马克思恩格斯全集》第21卷，人民出版社2003年版，第130页。
④ 《马克思恩格斯全集》第29卷，人民出版社2020年版，第242页。

各种错误思潮大多同蒲鲁东主义有着千丝万缕的联系。这一点，已经充分地体现在蒲鲁东主义同拉萨尔主义的相似性上。正因为如此，在为科学社会主义扫清障碍的过程中，批判和清算蒲鲁东主义的错误也就成为马克思，也包括马克思之后的马克思主义理论工作者所应持续关注的任务之一。这也是蒲鲁东逝世之后，马克思依然在《资本论》、恩格斯依然在《论住宅问题》等文献中继续批判蒲鲁东主义的主要原因。

结　语

马克思对蒲鲁东的批判
及其时代意义

　　应法文报纸《平等报》（*L'Égalité. Organe collectiviste révolutionaire*）编辑部的请求，马克思于 1880 年 3 月底（或 4 月初）撰写了《关于〈哲学的贫困〉》一文，作为马克思《哲学的贫困》一书的"引言"发表于《平等报》。在这里，马克思对他同蒲鲁东的此次论战作了两点说明：第一，从道义（价值立场）上说，由于蒲鲁东以粗暴的方式谩骂和抨击了那些作为现代社会主义（科学社会主义）的先驱的空想社会主义者和共产主义者，所以，为了捍卫这些先驱和社会主义立场，马克思必须同蒲鲁东进行论战；第二，从理论上说，蒲鲁东虽对自身的理论没有自觉的意识，但他无疑是"唯心主义经济学的最新的体现者"，因此，"为了给只想阐明社会生产的真实历史发展的、批判的、唯物主义的社会主义扫清道路"①，马克思必须批判蒲鲁东，并同其决裂。

　　《哲学的贫困》问世 33 年后，马克思的这一简短说明，充分印证了恩格斯的如下判断，如果马克思还有许多反对者的话，"私敌恐怕连一个也没有"②。显然，马克思用其一生的表现，推翻了那些试

---

① 《马克思恩格斯全集》第 25 卷，人民出版社 2001 年版，第 425—426 页。
② 《马克思恩格斯全集》第 25 卷，人民出版社 2001 年版，第 593 页。

图将他对蒲鲁东的批判曲解为私人恩怨的一切诬蔑。更为重要的是，通过这一简短的说明，马克思其实含蓄地揭示了，批判蒲鲁东同其历史唯物主义的创立与发展的内在关联。既然蒲鲁东是"唯心主义经济学的最新的体现者"，那么，对于马克思来说，批判蒲鲁东也就合乎逻辑地包含着创立、发展和阐发历史唯物主义的经济学的要求。回顾这一思想历程，便不难发现，蒲鲁东的理论，在马克思思想发展的不同阶段发挥着不同的作用。概言之，在马克思走向历史唯物主义的过程中，蒲鲁东理论中的积极因素对于马克思的早期思想转变，具有不可忽视的先期影响。随着马克思唯物史观的创立，蒲鲁东的理论缺陷充当着马克思不断磨炼其历史唯物主义的重要参照。

一　蒲鲁东对青年马克思思想发展产生过的影响

就蒲鲁东理论中的积极因素对于马克思的早期思想转变所具有的先期影响来说，这主要可以概括为以下两个方面。

第一，蒲鲁东对所有权的大胆抨击，加剧了青年马克思对其所持有的理性主义国家观的怀疑，并影响着他转向对所有权（私有财产）和市民社会的批判性研究。正如马克思在《序言》中所指出的，1842—1843 年，当他正为物质利益难事而苦恼时，在《莱茵报》上他恰恰"可以听到法国社会主义和共产主义的带着微弱哲学色彩的回声"[①]，而这些"回声"显然包含了蒲鲁东对所有权的猛烈抨击："所有权就是盗窃！"《关于林木盗窃法的辩论》一文充分印证了马克思即使无法认同这一"回声"，但它终究对马克思产生了无法忽视的影响。在这篇文章中，面对普鲁士政府将贫民捡拾枯枝的行为纳入"盗窃林木"之范畴的荒谬之举，马克思毅然站到了贫苦大众的立场上。不过，除了这种善良的前进愿望外，马克思此时并不具备为贫苦大众作辩护的实际知识。这具体表现为，马克思此时甚至无法像蒲鲁东那样，与所有权（私有财产）作哪怕是表面上的

---

① 《马克思恩格斯全集》第 31 卷，人民出版社 1998 年版，第 411—412 页。

"彻底"决裂。他试图以先占权为贫民捡拾枯枝之行为作辩护，虽间接同蒲鲁东对所有权的批判形成了理论上的对峙，但从实际的理论效果看，马克思的辩护既无法为贫民捡拾枯枝的行为提供可靠的依据，也无法对蒲鲁东的理论构成有力的反击，相反，通过此种对峙，反倒使马克思最终陷入对他所持有的理性主义国家观的怀疑当中。正因为如此，在这篇文章中，马克思对私人利益的批判，尽管仍是从抽象理性主义的观点出发的，但他最终不得不承认，诉诸国家和法的理性，对于贫困大众的权利而言，是不会有什么结果的。在同一时期的反击奥格斯堡报的文章中，马克思也不得不以"机智"的著作来定义蒲鲁东的《什么是所有权》一书，并认为需要对其进行持续的、深入的研究之后才能加以批判。这种状况表明，在关于物质利益难事的问题上，蒲鲁东对于所有权的大胆抨击，无疑为马克思呈现了一种区别于青年黑格尔派的研究进路。它对于马克思的提示在于：要想真正解决使他苦恼的物质利益难事，就必须同他原有的观念作彻底的决裂，进而把焦点转移到对所有权（私有财产）、对市民社会的批判性研究之上。以此来看，对于青年马克思第一次重大思想转变来说，蒲鲁东具有同费尔巴哈相似的中介性作用。

第二，蒲鲁东对资产阶级经济学的批判，为马克思批判对象的转换，以及总体性研究视域的形成提供了方向上的影响。尽管在《莱茵报》实践阶段遇到的物质利益难事动摇了马克思原有的理性主义国家观，但清算黑格尔关于国家和法的理论是他在此之后的首要任务。换言之，青年马克思其实并没有因此而直接转向对所有权（私有财产）和市民社会的研究。经过《克罗茨纳赫笔记》关于国家和法的历史考察，马克思逐步形成现实决定观念、事物决定逻辑的唯物主义见解。在此之后，蒲鲁东的理论活动才开始同青年马克思产生思想上的共鸣。就此而言，马克思虽然在《莱茵报》实践阶段已经接触过蒲鲁东的理论，但蒲鲁东对于资产阶级经济学的批判，要真正同青年马克思产生思想上的共鸣，恰恰需要以马克思自身的理论进展为前提。从文本上看，蒲鲁东的理论活动，在马克思方面引发的思想共鸣，首先，"无声"地表现为《巴黎笔记》中以萨伊为起点的研读线索的形成。其次，相比于《巴黎笔记》，在与恩格斯的初次合作中，蒲鲁东对于资产阶级经济学的批判，终于得到了马克思的公开肯定和赞扬。在那里，马克思直截了当地将批判国民经济学（资产阶级经济学）指认为蒲鲁东《什么是所有权》一书的主旨，并赞扬道：蒲鲁东"对国民经济学的基础即私有财产作了批判的考察，而且是第一次具有决定意义的、无所顾忌的和科学的考察。这就是蒲鲁东在科学上实现的巨大进步，这个进步在国民经济学中引起革命，并且第一次使国民经济学有可能成为真正的科学"①，当然，在马克思看来，蒲鲁东对于资产阶级经济学的批判，仍然是对这门科学的"最初的批判"，因为它依然拘泥于资产阶级经济学本身的种种前提。所以，蒲鲁东真正令马克思大为赞叹的地方其实是，他对私有财产这一资产阶级经济学的基础的批判性考察。更进一步，把蒲鲁东对资产阶级经济学的批判置放到德国思辨哲学和资产阶级经济学的比较视域中加以把握时，马克思越发清楚地意识到，批判性地研究政治经济学，不但对于扬弃思辨哲学之抽象性，而且对于论证社会主义之现实性都具有决定性的作用。可以说，对于马克思历史唯物主义的创立和发展来说，能否意识到这一点是具有至关重要性的。历史地看，在马克思此后的理论研究中，针对政治经济学的批判，始终处在其整合哲学、政治经济学和社会主义的核心位置上。

二　批判蒲鲁东与马克思历史唯物主义的创立和发展

就蒲鲁东的理论缺陷充当着马克思不断磨炼其历史唯物主义的重要参照来说，同样可以概括为以下两个方面。

第一，蒲鲁东试图以哲学"拯救"政治经济学的荒谬之举，为马克思明确其新哲学之理论边界提供了反面参照。客观地说，青年

---

① 《马克思恩格斯文集》第 1 卷，人民出版社 2009 年版，第 256 页。

马克思曾对蒲鲁东有过不切实际的幻想，即试图将蒲鲁东争取到科学社会主义的阵营当中。在历史唯物主义的初创文本即《德意志意识形态》中，这种幻想直接表现为马克思对蒲鲁东的复杂评价。不过，以蒲鲁东拒绝作为共产主义通讯委员会驻巴黎的通信员之邀请及其《贫困的哲学》一书的出版为导因，马克思终于认清了他的小资产阶级本质；蒲鲁东以其系列辩证法所构筑的整个经济矛盾体系，则使马克思进一步意识到，任何以哲学统摄政治经济学的企图都是非法的。这一见解，在马克思关于蒲鲁东的如下评价中得到了充分的体现："蒲鲁东先生之所以给我们提供了对政治经济学的谬误批判，并不是因为他有一种可笑的哲学；而他之所以给我们提供了一种可笑的哲学，却是因为他不了解处于现代社会制度联结[engrènement]……关系中的现代社会制度。"① 这就是说，哲学本身应当植根于对现代社会制度的深刻理解之上，而脱离现代社会制度，哲学必然是可笑且无生存空间的。在蒲鲁东理论的反面示例之影响下，《哲学的贫困》之后，统一哲学与政治经济学便成为马克思后续理论研究的努力方向。卷帙浩繁的《资本论》手稿，则是此种努力的产物。

此外，蒲鲁东试图将辩证法运用到政治经济学研究中的企图，则驱使着马克思重思辩证法同政治经济学研究的关系问题。在1847年反对蒲鲁东的论著中，基于同蒲鲁东论战的诉求，马克思只是批判了蒲鲁东的那种拙劣的辩证法，指责他将黑格尔的辩证法"降低到极可怜的程度"②。这一评价固然是准确的，但忽视了通过蒲鲁东的此种拙劣的辩证法所折射出的政治经济学研究思路，即从思维上把握具体的思路。然而，由于蒲鲁东在其政治经济学研究中一再地炫耀他的那种拙劣的辩证法，这就使辩证法同政治经济学研究之关系的问题终于引起了马克思的注意。其结果便是，马克思重新肯定

---

① 《马克思恩格斯全集》第 47 卷，人民出版社 2004 年版，第 439 页。
② 《马克思恩格斯文集》第 1 卷，人民出版社 2009 年版，第 602 页。

了他在 19 世纪 40 年代所批判过的"从抽象上升到具体"的方法，并在《导言》中，通过对黑格尔（也包括蒲鲁东）的批判，使之得到真正的唯物主义的改造，成为马克思本人独有的政治经济学方法。这一方法的要义是：政治经济学研究应始终以既定的社会为前提，进而从思维上把握具体所反映的其实是既定的社会这一实在主体的自我深化、自我综合、自我运动的规律。可以说，这一方法，正是马克思历史唯物主义基本原理在政治经济学研究中的一种转型和深化，而蒲鲁东的理论缺陷是马克思实现此种转型和深化所不可忽视的支援性背景之一。

第二，蒲鲁东关于资本主义社会诸问题的错误认识，刺激着马克思不断深入对资本主义生产方式的研究当中。诚如马克思所言，他在 1847 年驳斥蒲鲁东的《哲学的贫困》一书中"采用过李嘉图的理论"①，所以，在《哲学的贫困》中，通过批判蒲鲁东的错误见解，马克思虽然对价值、货币、劳动剩余、分工和以机器的使用为基础的社会生产关系等问题都作了一定的探讨，但他并没有立即形成关于资本主义生产方式的科学认识。这就意味着，马克思虽然揭示了蒲鲁东社会经济理论之形而上学性的问题，但他此时并不具备全面批判和清算蒲鲁东错误认识的实际能力。仅此而言，在《哲学的贫困》之后，对蒲鲁东理论的批判依然会在马克思的理论研究中占据重要一席。事实的确如此。批判蒲鲁东主义者的货币理论，正是马克思《伦敦笔记》《1857—1858 年经济学手稿》研究的切入点。由此出发，马克思先是在前一文本中扬弃了李嘉图的货币数量论，然后在后一文本中制定了自己的价值理论。基于此，马克思在《第一分册》中科学地揭示出商品和货币之间的必然的内在联系，从而精准地定位到蒲鲁东社会主义的症结所在，即一方面从数量关系的维度出发，把对现代资产阶级社会的批判降格为对商品的非等价交换的批判，另一方面则从商品和货币的二元对立的角度出发，把社

① 《马克思恩格斯全集》第 50 卷，人民出版社 2021 年版，第 484 页。

会主义的核心任务降格为保留商品生产和贬黜货币特权。从理论层面上看，既然蒲鲁东社会主义的全部智慧就在于贬黜货币而保留商品生产，因而只要揭示出商品和货币之间的必然联系，蒲鲁东社会主义也就自然会被"连根铲除"。

同时，批判蒲鲁东的错误资本观和他持有的法权观念，也是马克思从货币推进资本的重要动因。具体到《1857—1858年经济学手稿》，这种关联性表现为，一方面，在马克思正式讨论资本的生产过程之前，他其实已经花了一定的篇幅对《无息信贷》中蒲鲁东的错误资本观作了概要性的批判；另一方面，在"资本章"的开头部分，马克思的首要任务是对作为资产阶级意识形态的自由平等观进行祛魅。针对前一方面的批判，在《1857—1858年经济学手稿》中，使马克思特别地强调了资本的自我增殖特性，随着马克思本人对商品概念之认识的深化，当他在《1861—1863年经济学手稿》中面对蒲鲁东的错误资本观时，除指认资本的自我增殖特性之外，他还特别强调，资本的生产过程是劳动过程和价值增殖过程的统一。从这种内在矛盾分析的解读思路出发把握资本的生产过程，马克思才真正实现了对蒲鲁东错误资本观的全面批判。针对后一方面，马克思在《资本论》的第一手稿中侧重于从政治经济学的维度揭示产生束缚蒲鲁东等人的资产阶级法权观念之现实基础，并据此将资产阶级自由、平等观指认为一种虚假的意识形态，随着马克思对资本关系的再生产问题之认识的深化，在《1861—1863年经济学手稿》中，当马克思面对蒲鲁东对"生息资本"（G—G′）的错误认识时，他则从拜物教化现实和拜物教化观念相统一的维度对此作了更为充分的分析。这种分析，才真正彰显了马克思成熟的拜物教批判理论之深度。

当然，在关于资本主义社会的认识上，马克思与蒲鲁东的分歧，显然不止于上述提及的几个方面。大体说来，在《资本论》手稿及相关文本中，针对蒲鲁东，马克思还围绕生产过剩、资本关系的再生产、资本主义私有制的历史性等问题进行了全面的批判。从表面上看，这些批判显得琐碎且繁杂，但只要将此种批判所涉及的具体问题联系起来，那么，这些看似琐碎且繁杂的批判议题，恰恰构成了我们全面把握现代资产阶级社会之形成过程、本质及其再生产过程的"枢纽"。以此来看，自马克思创立历史唯物主义"新哲学"之后，不理解现代资产阶级社会的蒲鲁东恰恰是一个不可或缺的反面"教员"。他的作用就在于，以其自身的理论失误，刺激着马克思不断深入对资本主义生产方式的研究当中，从而使其历史唯物主义新哲学真正植根于对现代资产阶级社会的深刻理解之上。同时，只有推进到这一层面，马克思本人的历史唯物主义才能得到进一步的深化，而他对蒲鲁东的批判才是全面透彻的。

三　重思马克思与蒲鲁东思想关系的时代意义

在《巴枯宁〈国家制度和无政府状态〉一书摘要（摘录）》中，面对巴枯宁以"博学社会主义"对"科学社会主义"的嘲讽，马克思反驳道："'科学社会主义'，也只是为了与空想社会主义相对立才使用，因为空想社会主义力图用新的幻想欺蒙人民，而不是仅仅运用自己的知识去探讨人民自己进行的社会运动"①；这就又一次提示了，马克思批判包括蒲鲁东和巴枯宁在内的空想社会主义者，不纯粹是一个理论问题，这种批判同时承载着为无产阶级政党"赢得科学上的胜利"②的政治使命。

正因为如此，虽然马克思在《资本论》手稿中，针对蒲鲁东的批判已经全面清算了后者的理论错误，但是，在蒲鲁东逝世之后，针对蒲鲁东主义的批判并没有随之停止。譬如，早在1865年，《资本论》第一卷仍在写作过程中，马克思已经开始物色《资本论》第一卷法文版的译者和出版商了，其理论意图正在于"使法国人摆脱蒲鲁东用对小资产阶级的理想化把他们引入的谬误观点"③。为了使

---

① 《马克思恩格斯文集》第3卷，人民出版社2009年版，第407页。
② 《马克思恩格斯全集》第50卷，人民出版社2021年版，第461页。
③ 《马克思恩格斯全集》第31卷，人民出版社1972年版，第546页。

法国的工人阶级更易接受《资本论》中的科学理论，马克思甚至在《资本论》第一卷的法译本中策略性地弱化了其对蒲鲁东的批判。这些事实充分表明，对于马克思来说，批判蒲鲁东主义及与之相关联的错误思潮，除了包含理论斗争的维度外，还包含着政治实践的对抗性维度。以此来看，是否继续批判蒲鲁东主义及与之相关联的错误思潮，恰恰需要以无产阶级对科学社会主义理论的接受状况为转移。

　　然而，无论是蒲鲁东主义及与之相关联的错误思潮的彻底扫除，还是科学社会主义理论在无产阶级中的彻底胜利，都是一个任重道远的历史过程。蒲鲁东主义虽然在巴黎公社失败后逐渐淡出人们的视线，但这绝不意味着，蒲鲁东主义已经被彻底扫进历史的"故纸堆"中去了。如果从无政府主义发展史的角度把握蒲鲁东主义，那么正如汤庭芬所正确指出的那样，"作为人类政治思想史上一朵不结果实的花，它却能迎合处于愚昧落后状态的被压迫人民的政治心理，因而，哪里存在人压迫人的专制制度，存在资产阶级与小资产阶级个人主义的土壤，哪里就有可能出现无政府主义思潮；这些因素愈甚，无政府主义思潮便越加泛浮。事实证明，这是无政府主义传播史上的一种有规律性的现象"①。事实上，只要现代资本主义社会这一"土壤"依然存在，即使蒲鲁东主义在当下的社会主义谱系中已经鲜有人提起，但蒲鲁东式的幻想也依然会纠缠着一部分活人的头脑，并持续影响着科学社会主义的传播和发展。

　　譬如，在加拿大学者拉迪卡·德赛（Radhika Desai）看来，当下欧美流行的"公地的新共产主义"（The new communists of the commons）理论与实践，作为其主要推动者的巴迪欧、哈特和奈格里、齐泽克等著名的西方左翼学者，尽管声称自己同马克思主义具有亲缘关系，但实质上是21世纪的蒲鲁东主义，是19世纪的蒲鲁东主义在当代的化身。借用普兰查斯（Poulantzas）的分析，德赛指出，

---

① 汤庭芬：《无政府主义思潮史话》，社会科学文献出版社2011年版，第31页。

两者的不同点仅在于，当代左翼学者的立足点是 21 世纪的"新小资产阶级"，即"非生产性的工薪阶级"（non-productive wage-earners），而蒲鲁东的立足点是 19 世纪传统的小资产阶级，即从事小规模生产、拥有所有权的小手工业者和商人。除此之外，这些左翼学者对资本积累动力的无知、对社会中任何一般劳动组织的反感、对严肃的政治实践的反对，恰恰充分暴露了他们所主张的新共产主义不是同马克思主义具有亲缘关系，而是同蒲鲁东主义具有亲缘关系。在她看来，之所以如此，正是因为他们"绕开了马克思著作的核心，即马克思的政治经济学批判"①。

德赛对这部分左翼学者的评价与批判不能说是不深刻的。恩格斯曾精当地指出："科学社会主义的产生，一方面必须有德国的辩证法，同样也必须有英国和法国的发达的经济关系和政治关系……只有在英国和法国所产生的经济和政治状况受到德国辩证法的批判以后，才能产生真正的结果。"② 这就是说，科学社会主义的形成，离不开马克思的辩证法，也离不开马克思的政治经济学批判。回顾马克思对蒲鲁东的批判，不难发现，从理论逻辑上看，正是对德国（黑格尔）辩证法的庸俗化挪用，对政治经济学的形而上学阐释，才使蒲鲁东的社会主义沦为空想，并始终处于马克思批判错误思潮的核心位置。因此，回避马克思政治经济学批判，对政治实践持冷淡主义态度的当代左翼学者，从本质上看，的确同蒲鲁东主义具有千丝万缕的联系。

因此，基于对国外学界前沿理论动态的追踪和把握，结合科学社会主义之于社会主义运动未来定向的理论指导作用，我们有理由相信：重新思考马克思对蒲鲁东的批判，不只是有助于我们更为全面地把握马克思历史唯物主义的创立和发展过程，也有助于我们更

---

① Radhika Desai, "The New Communists of the Commons: Twenty-first-century Proudhonists", *International Critical Thought*, Vol. 1, No. 2, June 2011, p. 205.

② 《马克思恩格斯全集》第 25 卷，人民出版社 2001 年版，第 587 页。

加深刻地领悟奠基于马克思历史唯物主义和政治经济学批判之上的科学社会主义所独有的真理力量。这样，我们才能在面对社会思潮纷纭激荡的新形势时，自觉坚持马克思主义理论在意识形态领域的指导地位，坚持和加强党的全面领导，进而始终坚持中国特色社会主义道路。

诚如习近平总书记指出的："当前，世界百年未有之大变局加速演进，新一轮科技革命和产业变革深入发展，国际力量对比深刻调整"，"我国发展进入战略机遇和风险挑战并存、不确定难预料因素增多的时期"[①]，因此，基于这一特殊的时代背景，进一步深入研究马克思与蒲鲁东的思想关系的研究这一思想史课题，愈发彰显了"正本清源"，进而为各方面的创新奠定"守正"之前提的时代价值。

[①]　习近平：《高举中国特色社会主义伟大旗帜　为全面建设社会主义现代化国家而团结奋斗——在中国共产党第二十次全国代表大会上的报告》，人民出版社 2022 年版，第 26 页。

参考文献

一 经典著作

《马克思恩格斯全集》第 1 卷，人民出版社 1995 年版。
《马克思恩格斯全集》第 3 卷，人民出版社 2002 年版。
《马克思恩格斯全集》第 10 卷，人民出版社 1998 年版。
《马克思恩格斯全集》第 11 卷，人民出版社 1995 年版。
《马克思恩格斯全集》第 12 卷，人民出版社 1998 年版。
《马克思恩格斯全集》第 19 卷，人民出版社 2006 年版。
《马克思恩格斯全集》第 21 卷，人民出版社 2003 年版。
《马克思恩格斯全集》第 25 卷，人民出版社 2001 年版。
《马克思恩格斯全集》第 26 卷，人民出版社 2014 年版。
《马克思恩格斯全集》第 28 卷，人民出版社 2018 年版。
《马克思恩格斯全集》第 29 卷，人民出版社 2020 年版。
《马克思恩格斯全集》第 30 卷，人民出版社 1995 年版。
《马克思恩格斯全集》第 31 卷，人民出版社 1998 年版。
《马克思恩格斯全集》第 32 卷，人民出版社 1998 年版。
《马克思恩格斯全集》第 33 卷，人民出版社 2004 年版。
《马克思恩格斯全集》第 34 卷，人民出版社 2008 年版。
《马克思恩格斯全集》第 35 卷，人民出版社 2013 年版。
《马克思恩格斯全集》第 36 卷，人民出版社 2015 年版。
《马克思恩格斯全集》第 37 卷，人民出版社 2019 年版。
《马克思恩格斯全集》第 38 卷，人民出版社 2019 年版。

《马克思恩格斯全集》第 42 卷，人民出版社 2016 年版。
《马克思恩格斯全集》第 43 卷，人民出版社 2016 年版。
《马克思恩格斯全集》第 44 卷，人民出版社 2001 年版。
《马克思恩格斯全集》第 45 卷，人民出版社 2003 年版。
《马克思恩格斯全集》第 46 卷，人民出版社 2003 年版。
《马克思恩格斯全集》第 47 卷，人民出版社 2004 年版。
《马克思恩格斯全集》第 48 卷，人民出版社 2007 年版。
《马克思恩格斯全集》第 49 卷，人民出版社 2016 年版。
《马克思恩格斯全集》第 50 卷，人民出版社 2021 年版。
《马克思恩格斯文集》第 1 卷，人民出版社 2009 年版。
《马克思恩格斯文集》第 2 卷，人民出版社 2009 年版。
《马克思恩格斯文集》第 3 卷，人民出版社 2009 年版。
《马克思恩格斯文集》第 10 卷，人民出版社 2009 年版。
《列宁全集》第 55 卷，人民出版社 1990 年版。
习近平：《高举中国特色社会主义伟大旗帜　为全面建设社会主义现
　　代化国家而团结奋斗——在中国共产党第二十次全国代表大会上
　　的报告》，人民出版社 2022 年版。

二　中文译著

［联邦德国］A. 施密特：《马克思的自然概念》，欧力同、吴仲昉译，
　　商务印书馆 1988 年版。
［加］C. B. 麦克弗森：《占有性个人主义的政治理论：从霍布斯到洛
　　克》，张传玺译，浙江大学出版社 2018 年版。
［苏］阿·伊·马雷什：《马克思主义政治经济学的形成》，刘品大等
　　译，四川人民出版社 1983 年版。
［英］埃里克·霍布斯鲍姆：《如何改变世界：马克思和马克思主义
　　的传奇》，吕增奎译，中央编译出版社 2014 年版。
［英］埃里克·罗尔：《经济思想史》，陆元诚译，商务印书馆 1981
　　年版。

［苏］埃·瓦·伊利延科夫：《马克思〈资本论〉中抽象和具体的辩证法》，郭铁民等译，福建人民出版社 1986 年版。

［日］柄谷行人：《跨越性批判——康德与马克思》，赵京华译，中央编译出版社 2010 年版。

［美］波考克：《德行、商业和历史——18 世纪政治思想与历史论辑》，冯克利译，生活·读书·新知三联书店 2012 年版。

［美］大卫·哈维：《马克思与〈资本论〉》，周大昕译，中信出版社 2018 年版。

［英］大卫·李嘉图：《政治经济学及赋税原理》，郭大力、王亚南译，译林出版社 2014 年版。

［英］戴维·麦克莱伦：《马克思传》（第 4 版），王珍译，中国人民大学出版社 2016 年版。

［英］戴维·麦克莱伦：《马克思主义以前的马克思》，李兴国等译，社会科学文献出版社 1992 年版。

［德］弗里德里希·威廉·舒尔茨：《生产运动：从历史统计学方面论国家和社会的一种新科学的基础的建立》，李乾坤译，南京大学出版社 2019 年版。

［德］弗·梅林：《马克思传》，罗稷南译，生活·读书·新知三联书店 1956 年版。

［法］傅勒：《马克思与法国大革命》，朱学平译，华东师范大学出版社 2016 年版。

［苏］格·阿·巴加图利亚、维·索·维戈茨基：《马克思的经济学遗产》，马健行等译，贵州人民出版社 1981 年。

［日］广松涉编注：《文献学语境中的〈德意志意识形态〉》，彭曦译，南京大学出版社 2005 年版。

［日］广松涉：《马克思主义的哲学》，邓习议译，南京大学出版社 2019 年版。

［德］赫斯：《赫斯精粹》，邓习议编译，南京大学出版社 2010 年版。

［日］见田石介：《〈资本论〉的方法》，沈佩林译，山东人民出版社

1992 年版。

［苏］捷·伊·奥伊则尔曼：《马克思主义哲学的形成》，潘培新等译，生活·读书·新知三联书店 1964 年版。

［美］康芒斯：《制度经济学》上册，于树生译，商务印书馆 2009 年版。

［意］德拉-沃尔佩：《卢梭和马克思》，赵培杰译，重庆出版社 1993 年版。

［苏］卢森贝：《十九世纪四十年代马克思恩格斯经济学说发展概论》，方钢等译，生活·读书·新知三联书店 1958 年版。

［苏］卢森贝：《政治经济学史》第 3 卷，郭从周、北京编译社译，生活·读书·新知三联书店 1960 年版。

［法］路易·阿尔都塞、艾蒂安·巴里巴尔：《读〈资本论〉》，李其庆、冯文光译，中央编译出版社 2017 年版。

［法］吕贝尔：《吕贝尔马克思学文集》上，郑吉伟、曾枝盛等译，北京师范大学出版社 2009 年版。

［法］罗伯尔-让·龙格：《我的外曾祖父：卡尔·马克思》，李渚青译，新华出版社 1982 年版。

［联邦德国］罗曼·罗斯多尔斯基：《马克思〈资本论〉的形成》，魏埙等译，山东人民出版社 1992 年版。

［德］麦克斯·施蒂纳：《唯一者及其所有物》，金海民译，商务印书馆 1989 年版。

［民主德国］曼弗雷德·缪勒：《通往〈资本论〉的道路——1857—1863 年马克思的资本概念的发展》，钱学敏等译，山东人民出版社 1992 年版。

［英］米克：《劳动价值学说的研究》，陈彪如译，商务印书馆 2014 年版。

［法］米歇尔·维诺克：《自由的声音：大革命后的法国知识分子》，吕一民等译，文汇出版社 2019 年版。

［苏］И. С. 纳尔斯基、Б. В. 波格丹诺夫、М. Т. 约夫楚克等编写：

《十九世纪的马克思主义哲学》上、下，金顺福、贾泽林等译，中国社会科学出版社1984年版。

［苏］尼·拉宾：《马克思的青年时代》，南京大学外文系俄罗斯语言文学教研室翻译组译，生活·读书·新知三联书店1982年版。

［法］蒲鲁东：《贫困的哲学》上、下卷，余叔通、王雪华译，商务印书馆2010年版。

［法］蒲鲁东：《什么是所有权》，孙署冰译，商务印书馆2015年版。

［俄］普列汉诺夫等：《论空想社会主义》上卷，中国人民大学编译室等译，商务印书馆1980年版。

［法］汤姆·洛克曼：《马克思主义之后的马克思》，杨学功、徐素华译，东方出版社2008年版。

［德］瓦·图赫舍雷尔：《马克思经济理论的形成和发展（1843—1858）》，马经青译，人民出版社1981年版。

［日］望月清司：《马克思历史理论的研究》，韩立新译，北京师范大学出版社2009年版。

［美］沃伦·布雷克曼：《废黜自我：马克思、青年黑格尔派及激进社会理论的起源》，李佃来译，北京师范大学出版社2013年版。

［美］悉尼·胡克：《对卡尔·马克思的理解》，徐崇温译，重庆出版社1989年版。

［法］雅克·德罗兹：《民主社会主义（1864—1960年）》，时波译，上海译文出版社1985年版。

［英］亚当·斯密：《国富论》上、下，郭大力、王亚南译，译林出版社2014年版。

［英］以赛亚·伯林：《卡尔·马克思：生平与环境》，李寅译，译林出版社2018年版。

三　中文著作

陈岱孙：《从古典经济学派到马克思——若干主要学说发展论略》，

商务印书馆 2014 年版。

陈汉楚：《蒲鲁东和蒲鲁东主义》，江苏人民出版社 1981 年版。

陈先达、靳辉明：《马克思早期思想研究》，北京出版社 1983 年版。

陈先达：《走向历史的深处：马克思历史观研究》，北京师范大学出版社 2017 年版。

程广云：《马克思的三大批判：法哲学、政治经济学和形而上学》，中国人民大学出版社 2018 年版。

冯俊：《法国近代哲学史》，商务印书馆 2018 年版。

高宣扬主编：《法兰西思想评论·2011》，人民出版社 2011 年版。

韩蒙：《马克思思想变迁的社会主义线索》，江苏人民出版社 2021 年版。

胡大平：《回到恩格斯：文本、理论和解读政治学》，江苏人民出版社 2011 年版。

聂锦芳主编：《马克思的"新哲学"：原型与流变》，中国社会科学出版社 2013 年版。

聂锦芳、李彬彬编：《马克思思想发展历程中的"犹太人问题"》，中国人民大学出版社 2017 年版。

沈坚：《近代法国工业化新论》，中国社会科学出版社 1999 年版。

孙伯鍨：《探索者道路的探索：青年马克思恩格斯哲学思想研究》，北京师范大学出版社 2017 年版。

孙伯鍨、张一兵主编：《走进马克思》，江苏人民出版社 2020 年第 4 版。

孙承叔：《资本与历史唯物主义：〈资本论〉及其手稿当代解读》，复旦大学出版社 2013 年版。

孙乐强：《马克思再生产理论及其哲学效应研究》，江苏人民出版社 2016 年版。

唐正东：《从斯密到马克思——经济哲学方法的历史性诠释》，江苏人民出版社 2009 年版。

唐正东：《资本的附魅及其哲学解构》，江苏人民出版社 2013 年版。

吴晓明:《超感性世界的神话学及其末路——马克思存在论革命的当代阐释》,中国人民大学出版社 2011 年版。

吴晓明:《黑格尔的哲学遗产》,商务印书馆 2020 年版。

吴晓明:《马克思早期思想的逻辑发展》,云南人民出版社 1993 年版。

吴晓明:《形而上学的没落:马克思与费尔巴哈关系的当代解读》,北京师范大学出版社 2017 年版。

吴易风:《空想社会主义经济学说简史》,商务印书馆 1975 年版。

熊子云、张向东:《唯物史观形成史》,重庆出版社 1988 年版。

杨洪源:《〈哲学的贫困〉再研究:思想论战与新世界观的呈现》,社会科学文献出版社 2021 年版。

杨洪源:《政治经济学的形而上学:〈哲学的贫困〉与〈贫困的哲学〉比较研究》,中国人民大学出版社 2015 年版。

杨洪源:《政治经济学批判的逻辑建构——"1857—1858 年手稿"再研究》,中国人民大学出版社 2018 年版。

仰海峰:《〈资本论〉的哲学》,北京师范大学出版社 2017 年版。

余源培、虞伟人主编:《马克思主义哲学的理论与历史》,复旦大学出版社 1990 年版。

张一兵主编:《马克思哲学的历史原像》,人民出版社 2009 年版。

张一兵主编:《资本主义理解史》第 1—3 卷,江苏人民出版社 2009 年版。

张一兵:《回到马克思(第二卷)——社会场境论中的市民社会与劳动异化批判》上、下册,江苏人民出版社 2024 年版。

张一兵:《回到马克思:经济学语境中的哲学话语》,江苏人民出版社 2014 年版。

赵仲英:《马克思早期思想探源》,云南人民出版社 1994 年版。

周嘉昕:《马克思的生产方式概念》,江苏人民出版社 2020 年版。

周嘉昕:《重访青年马克思:历史、理论与文本》,江苏人民出版社 2021 年版。

朱进东：《马克思和蒲鲁东》，江苏人民出版社 2000 年版。

邹诗鹏：《激进政治的兴起：马克思早期政治与法哲学批判手稿的当代解读》，复旦大学出版社 2012 年版。

四　中文期刊

卞慕东：《平等是社会地位和"机遇"的平等——蒲鲁东平等观评析》，《广西大学学报》（哲学社会科学版）1999 年第 1 期。

陈权：《从两次批判看马克思平等观的理论本质》，《山东社会科学》2017 年第 12 期。

付畅一、余源培：《蒲鲁东经济哲学思想研究》，《上海财经大学学报》2012 年第 1 期。

姜喜咏：《论马克思哲学的经济哲学特质》，《西南师范大学学报》（人文社会科学版）2006 年第 3 期。

李彬彬：《社会平等及其实现的路径——重读〈神圣家族〉对埃德加尔和蒲鲁东的批判》，《社会科学辑刊》2016 年第 2 期。

林钊：《马克思对蒲鲁东无政府主义思想的批判》，《山东社会科学》2018 年第 3 期。

刘冰菁：《重新审视马克思与蒲鲁东的理论交锋》，《理论月刊》2019 年第 1 期。

刘建江：《马克思对蒲鲁东政治经济学批判的哲学意蕴——基于对〈哲学的贫困〉的研究》，《马克思主义理论学科研究》2023 年第 6 期。

刘秀萍：《重温〈神圣家族〉对〈蒲鲁东〉的分析和评判》，《现代哲学》2016 年第 1 期。

宋建丽：《马克思对蒲鲁东思想的哲学批判及其当代价值》，《厦门大学学报》（哲学社会科学版）2021 年第 6 期。

唐正东：《对蒲鲁东的批判给马克思带来了什么？——〈哲学的贫困〉的思想史地位辨析》，《江苏社会科学》2010 年第 2 期。

［日］田中菊次：《〈哲学的贫困〉马克思批注影印本出版和马克思

研究的发展》，金德泉译，《国外社会科学》1983 年第 1 期。

汪水波：《马克思的劳动价值理论及其与蒲鲁东的论战》，《天津社会科学》1984 年第 1 期。

汪水波：《一部从理论上铲除蒲鲁东主义的光辉文献——〈政治经济学批判（1857—1858 年）草稿〉初探》，《社会科学战线》1984 年第 1 期。

王德峰：《〈哲学的贫困〉对于我们时代的意义》，《云南大学学报》（社会科学版）2017 年第 6 期。

文兵：《蒲鲁东在马克思思想形成中的不同理论面相——马克思从政治哲学走向政治经济学的理论意义探析》，《学术研究》2022 年第 8 期。

许婕：《"重建个人所有制"的文本解读》，《马克思主义理论学科研究》2019 年第 5 期。

杨洪源：《破解所有权之谜的不同方式——马克思对蒲鲁东"自在所有权"理论的批判》，《学习与探索》2016 年第 6 期。

杨洪源：《重新研究〈哲学的贫困〉：意旨、思路与结构》，《哲学动态》2015 年第 11 期。

仰海峰：《从分化到整合——重申人文社会科学研究中的总体性方法》，《浙江社会科学》2008 年第 1 期。

仰海峰：《马克思〈哲学的贫困〉中的历史性思想》，《哲学研究》2020 年第 5 期。

余源培、付畅一：《马克思与蒲鲁东关系之历史演变》，《毛泽东邓小平理论研究》2010 年第 7 期。

余源培、付畅一：《新世界观的第一次公开问世——对〈哲学的贫困〉的解读》，《江苏社会科学》2010 年第 6 期。

[美] 约翰·伦纳德：《评〈蒲鲁东的革命生平、思想和著作〉》，黄育馥摘译，《国外社会科学》1980 年第 5 期。

张盾：《财产权批判的政治观念与历史方法》，《哲学研究》2011 年第 8 期。

张盾：《财产权批判与〈资本论〉的主题》，《江海学刊》2011 年第 6 期。

张盾、褚当阳：《从当代财富问题看马克思对蒲鲁东的批判》，《吉林大学社会科学学报》2011 年第 5 期。

张福公：《历史唯物主义与工艺学的初次联盟——兼论〈哲学的贫困〉在马克思思想发展史上的理论地位》，《理论月刊》2020 年第 3 期。

张福公：《重审〈德法年鉴〉时期马克思完成第一次思想转变的过程与实质》，《学术界》2020 年第 9 期。

张文喜：《马克思所有权批判及其相关的公平正义观》，《中国社会科学》2016 年第 8 期。

周成启、李善明：《马克思对蒲鲁东劳动货币论的批判——学习马克思〈1857—1858 年经济学手稿〉》，《贵阳师院学报》（社会科学版）1983 年第 1 期。

朱进东：《解读马克思对蒲鲁东的批判——从〈哲学的贫困〉到〈1857—1858 年经济学手稿〉》，《南京航空航天大学学报》（社会科学版）2008 年第 4 期。

朱进东：《蒲鲁东对马克思〈哲学的贫困〉的反应》，《南京社会科学》2002 年第 12 期。

庄忠正、杜雪曼：《马克思对蒲鲁东"历史叙述方法"的批判》，《中国高校社会科学》2024 年第 2 期。

五　外文文献

Alan Ritter, *The Political Thought of Pierre-Joseph Proudhon*, Princeton：Princeton University Press, 1969.

Alexandre Skirda, *Facing the Enemy：A History of Anarchist Organization from Proudhon to May 1968*, trans. Paul Sharkey, Edinburgh：AK Press, 2002.

Alex Prichard, *Justice, Order and Anarchy：the International Political*

Theory of Pirre-Joseph Poudhon, New York： Routledge, 2013.

Frédéric Bastiat and Pierre-Joseph Proudhon, *Gratuité du crédit. Discussion entre M. Fr. Bastiat et M. Proudhon*, Pairs： Librairie de Guillaumin et Cie, 1850.

George Woodcock, *Pierre-Joseph Proudhon： A Biography*, Montréal： Black Rose Books, 1987.

Henri de Lubac, *The Un-Marxian Socialist： A Study of Proudhon*, trans. Canon R. E. Scantlebury, London： Sheed and Ward, 1948.

J. Hampden Jackson, *Marx, Proudhon, and European Socialism*, London： The English Universities Press Ltd, 1958.

Pierre-Joseph Proudhon, *General Idea of the Revolution in the Nineteenth Century*, trans. John Beverley Robinson, London： Pluto Press, 1989.

Pierre-Joseph Proudhon, *The Priciple of Federation*, trans. Richard Vernon, Toronto： University of Toronto Press, 1979.

Robert Hoffman, "Marx and Proudhon： A Reappraisal of Their Relationship", *The Historian*, Vol. 29, No. 3, May 1967.

Radhika Desai, "The New Communists of the Commons： Twenty-First-Century Proudhonists", *International Critical Thought*, Vol. 1, No. 2, June 2011.

索　引

后　记

　　按照德国马克思主义者梅林的说法，蒲鲁东曾是法国无产阶级最卓越的代表，而他的成名作《什么是所有权》一书，更是一度被指认为"西欧社会主义的最前哨"。时过境迁，蒲鲁东早已淡出人们的视线，甚至在当下的社会主义谱系中，其处境也是颇为不堪的。问题在于，蒲鲁东本人的"退场"，是否意味着蒲鲁东式幻想的彻底破灭。答案显然是否定的。在《路易·波拿巴的雾月十八日》中，当谈及人们创造历史的条件性问题时，马克思早已敏锐地指出，正因为人们不是在自己选定的条件下随心所欲地创造历史，而是在直接碰到的、既定的、从过去承继下来的条件下创造历史，这就决定了，与承继下来的条件相适应的先辈们的传统，必然会像"梦魇"一般纠缠着活人的头脑。所以，只要产生蒲鲁东式的幻想的现实土壤即现代资本主义社会依然存在，即使蒲鲁东的名字已不再为世人所熟知，但始终会有一部分人不断地重蹈蒲鲁东的覆辙。这是一种不在场的在场。因此，在当下的语境中，重思马克思对蒲鲁东的批判，仍然是一个兼具理论与现实意义的思想史课题。

　　2019 年，我有幸投入唐正东老师的门下。在唐老师的指导下，我最终将"马克思对蒲鲁东的批判：一种历史性的解读"确定为自己博士论文的研究选题。坦白地讲，对于我个人来说，这绝对是一项艰难的理论任务。因为，读者但凡翻阅过《哲学的贫困》一书，蒲鲁东的理论形象在其脑海中便不可能是伟岸的。确切地说，马克思在该书中批判蒲鲁东时使用的致命的评论，辛辣的讽刺，使"小丑式"的理论家、"简单的批判对象"等标签往往成为一般读者对蒲鲁东的惯有评价。所以，将马克思与蒲鲁东的思想关系作为自己博士论文的研究选题，意味着我必须以研究者的姿态，首先突破自己内心对蒲鲁东根深蒂固的理论偏见。因此，论文的写作过程并不容易。但是，也正是经过这番探索，我终于明白唐老师的用心良苦，由衷地感激唐老师指导我进行这样一项工作。因为，不被日常生活中的表面现象所惑、不被僵化的观念所缚，回到社会历史的运动过程，理解所要研究的对象、探究事物的本质规律，本就是马克思历史唯物主义哲学极其重要的方法论启示。要切实揭示批判蒲鲁东之于马克思历史唯物主义的创立和发展所具有的思想史价值，以及领悟这一思想史课题的当代意义，恰恰需要历史唯物主义的方法论指导。套用周嘉昕老师"用历史唯物主义的方法来研究历史唯物主义"的说法，我们也必须以历史唯物主义的方法来研究马克思对蒲鲁东的批判。因此，关于马克思与蒲鲁东的思想关系研究，对于我个人来说，便成了一次思想上的洗礼，是对马克思历史唯物主义哲学的一次重新确证。这篇博士论文经过反复地打磨和修改，即将付梓，我也希望，它能够不辜负唐老师对我的期望。

最后，我还想借此机会，向在自己写作博士论文过程中关心帮助过我的老师们致以最诚挚的谢意！感谢张异宾教授、胡大平教授、孙乐强教授、周嘉昕教授通过课堂讲授为我论文写作提供的重要启发，也要感谢刘怀玉教授、蓝江教授、张传平教授在我论文开题和答辩过程中提供的宝贵意见，感谢朱进东教授分享的重要资料。同时，也要感谢厦门大学马克思主义学院的部分师生们，张有奎教授、林密教授对本书的出版给予了十足的关心，高晟贺、许诗艺、王月瑶为书稿的校对付出了辛勤的努力。

本书是在我的博士论文的基础上修改而成的，也是国家社会科学基金博士论文出版项目（23FYB010）的最终成果。因此，也要感谢国家社会科学基金的资助，感谢所有参加评选的专家学者的肯定，感谢中国社会科学出版社的程春雨等老师们的付出！学识所限，虽已尽力，但书中仍难免有不足之处，还请各位专家学者批评指正。

陈　铮

2024 年 7 月 13 日于厦门大学